왕세자 혼혈결혼의 비밀
—마지막 황태자 3

왕세자 혼혈결혼의 비밀
송우혜 지음

2010년 12월 6일 초판 1쇄 발행
2014년 6월 9일 초판 4쇄 발행
펴낸이 · 박혜숙 | 책임편집 · 신상미 | 펴낸곳 · 도서출판 푸른역사
주소 ⍓ 110-040 서울시 종로구 통의동 82
전화: 02)720 - 8921(편집부) 02)720 - 8920(영업부) | 팩스: 02)720 - 9887
E-Mail: 2013history@naver.com | 등록: 1997년 2월 14일 제13-483호

디자인 · 이보용 | 영업 및 제작 · 변재원 | 인쇄 · 백왕
제본 · 정원 | 종이 · 화인페이퍼

ⓒ 송우혜, 2010
ISBN 978-89-94079-41-7
　　　978-89-94079-42-4(세트)

· 잘못 만들어진 책은 교환해드립니다.

왕세자 혼혈결혼의 비밀
마지막 황태자 3

| 송우혜 지음 |

푸른역사

일러두기

1. 본문에 인용한 옛 자료들은 가능한 현대식으로 바꿔서 표기했다.
2. 일본 인명과 지명은 우리 한자음으로 읽고 한자를 병기했다. 예를 들어, 이토 히로부미는 이등박문伊藤博文으로, 도쿄는 동경東京으로 표기했다.

작가의 말
왕세자 혼혈결혼의 비밀

명치천황이 특별히 이은에게 베풀어준 것, 그것을 사랑이라고 부를 수 있다면, 그 사랑에는 시한이 있었다. 그것은 '대한제국을 멸망시킬 때까지'였다. 문자 그대로 '독 묻은 사랑'이었다. '마지막 황태자' 시리즈의 제3권 《왕세자 혼혈결혼의 비밀》은 1910년 8월에 드디어 대한제국이 멸망하고 명치천황과 일제 당국자들이 인질 이은에 대한 대우를 매우 야박하게 바꾸는 시점에서 시작된다.

대한제국의 멸망과 더불어 이은에게는 새로운 고난의 시절이 시작되었다. 이제부터는 '황태자' 대신 '왕세자'로 불러야 했고, 저택의 어학문소에서 대학교수들에게서 배우는 대신 특별귀족학교인 학습원에 편입하여 일본 학생들과 경쟁해야 했다. 간교한 일본인들은 이은을 열등생으로 만들려고 연상의 학생들과 한반이 되도록 조치했다. 그러나 머리 좋은 이은은 열심히 노력하여 놀랍게도 우등생이 되었다. 그 어두운 시절에 유일하게 환한 뉴스였다.

그러나 이은이 학기말 시험을 칠 때마다 우등생이 되자, 그들은 이은을 학습원에서 퇴교시켜서 군사학교인 육군중앙유년학교 예과에 편입시켰다. 학습원에서의 공부는 지력이 뛰어나면 우등생이 될 수 있지만, 군사학교에서는 체력이 뛰어나야 우등생이 될 수 있다. 그러나 이은은 키가 작고 뚱뚱해서 도저히 군사훈련을 소화할 수 있는 체격이 아니었다. 당연히 열등생이 될 수밖에 없었다. 그 시절의 동급생들이 남긴 증언에는 학과목 훈련과정에서 뒤처진 이은이 다른 학생들 뒤를 따라가느라고 얼마나 심하게 고생했는지가 생생하게 드러나 있다.

제1차 세계대전이 일어나자, 이은의 신상에 새로운 변화가 생겼다. 세계대전의 와중에서 발 빠르게 중국 대륙 침략에 착수한 일본 당국자들이 조선과 일본의 관계를 확고하게 굳혀놓기 위한 조치의 하나로서 이은의 혼혈결혼을 서두른 것이다. 그 일은 1916년 7월 4일에 동경에 귀환한 조선총독 사내정의가 전담했다. 7월 중순에 이은의 배우자 후보로서 3인의 황족 여성 명단이 발표되었고, 8월 3일에는 일본과 조선 양국에서 동시에 3인의 후보 중 하나였던 '이본궁 방자 여왕'을 이은의 약혼녀라고 발표했다.

그때 이후로 지금까지 당시의 약혼 발표는 일본 황실의 일방적인 조치였고 이본궁 방자는 그 정략결혼의 희생양이라고 알려져 왔다. 또한 "그녀는 일본의 황태자비 후보 3인 중 한 사람이었는데 아이를 낳지 못하는 체질이라는 모함을 받아서 이은 왕세자의 왕비로 정해졌다"는 이야기도 함께 전해지고 있다.

그러나 당대의 신문기사와 관련 기록들과 사건 관계자의 일기 등 각종 사료를 엄중하게 검증한 결과 놀라운 사실이 드러났다. 우선, 이은 왕세자비는 1916년에 선정되었고 일본 황태자비는 1918년에 선정되었다. 그렇기 때문에 이본궁 방자가 황태자비 후보였는데 모함으로 이은의 배필로 정해졌다는 말은 우선 시기적으로 도저히 성립할 수 없는 거짓말에 불과함을 알 수 있었다.

게다가 방자 여왕이 이은의 배필로 정해진 배경에도 극비의 감춰진 비밀이 들어 있었다. 1916년 7월에 일본 궁내성에서 발표한 이은 왕세자의 배필 후보자 3인 중에 이본궁 방자 여왕이 들어 있자, 그녀의 어머니인 이본궁 이도자비가 극비리에 사내정의 총독을 찾아가서 "나의 딸을 이은 왕세자비로 뽑아 달라"고 교섭하여 확정된 것이었다.

그리고 무엇보다도 놀라운 사실은 1916년에 발표된 이은의 왕세자비 후보

3인 중 한 사람이었던 구이궁 양자 여왕이 1918년에 일본 황태자비로 선정되어 일본 황태자와 결혼했다는 사실이다. 구이궁 양자 여왕이 1916년에 이은의 왕세자비 후보가 되었던 것이나 1918년에 일본 황태자비가 된 배경에는 모두 일본 최대의 군벌인 장주벌과 살마벌 사이의 치열한 세력 다툼과 그에 따른 승패가 개제되어 있었다.

결국 이은의 결혼과 관련하여 지금까지 알려져 있는 일들은 대부분 사실과 다른 것이었음을 밝혀낸 것이 이 책이 거둔 주요한 성과 중 하나다.

일본이 제1차 세계대전에 참여하여 중국 대륙 침략에 뛰어든 일은 이은에게는 물론 조선 왕실에도 특별한 영향을 미쳤다. 그래서 여러 가지 대사건들이 줄지어 일어났다.

벌여 놓은 전쟁으로 초조해진 일본 측은 조선 왕실로 하여금 한일합방 이래 미뤄 두었던 '천기봉사'를 거행하도록 강요했다. 천기봉사란 조선의 임금이 일본 동경에 가서 신하의 자격으로 일본 천황을 배알하는 예식을 치르는 것을 의미하는 일본 궁중 용어이다. 천기봉사로 일본과 조선 사이의 결속을 한층 공고하게 해 두겠다는 것이 일본 당국자들의 뜻이었다. 일본 측의 강박과 강요에 따른 갖가지 우여곡절의 소동 끝에 순종은 동경으로 가서 1917년 6월 14일에 일본 천황을 배알하고 돌아왔다.

그런데 그 사건은 석 달 뒤에 일어난 엄청난 창덕궁 대화재로 이어졌다. 총독부 기관지인 《매일신보》조차 거의 노골적으로 '방화설'을 부추겼던 의문의 대화재였다. 아마도 누군가 동경에 가서 천기봉사를 하고 돌아온 순종에 대한 실망과 항의로 창덕궁에 불을 지른 것이 아닌가 하는 추측이 가능했다. 끝내 원인은 밝혀지지 않았지만 그 대화재는 일본 측에서 조선 왕실을 대하는 태도가 크게 변하는 원인이 되었다. 일본은 대화재로부터 몇 달 뒤에 이은에게 최초의 귀국을 허락하고, 그 뒤로는 자주 고국을 방문할 수 있도록 조치했다.

이은과 이본궁 방자 여왕의 결혼일은 1919년 1월 25일로 확정되었다. 그리하여 이본궁에서는 화려하기 짝이 없는 혼사 준비를 시작했다. 그 결혼은 양국의 통치자 집안이 하나로 연결된다는 막중한 사회적 의미를 지닌 것이었다. 그래서 일본 당국자들은 의도적으로 그 결혼에 대하여 세상에 널리 알리기에 힘썼다. 결혼식 날이 가까워질수록 결혼 일정은 물론 각종 혼수품들에 대한 상세한 보도까지 연일 신문지상에 요란하게 오르내리면서 혼사 분위기를 한껏 고조시켰다.

그런데 그들의 결혼 날짜는 1919년 1월 18일에 개막된 파리강화회의의 일정과 직결되어 있었다. 일본 당국자들은 이은과 이본궁 방자 여왕이 결혼한 뒤 신혼여행으로 파리로 보내어 강화회의에 참석한 세계열강의 대표들에게 그들의 모습을 보여주기로 결정하고, 그런 사실 역시 신문에 대대적으로 보도시켰다.

일제 당국자들이 파리강화회의에 그처럼 신경을 쓴 이유는 바로 전해인 1918년 초에 미국 대통령 월슨이 발표한 제1차 세계대전의 종전처리 방침 14개조 중에 들어 있는 '민족자결주의' 때문이었다. 당시 전 세계의 억압받는 약소국 국민들은 그 조항에 대해서 환상과도 같은 믿음을 갖고 있었고, 관련 강대국에서도 그 조항이 자국의 식민지에도 적용될까봐 크게 고심했다. 일본 역시 그러했다. 그래서 일본과 조선이 평화롭고 자발적으로 한 나라가 된 것이라고 과시하기 위해서 이은과 방자의 신혼여행을 파리로 보내기로 결정했던 것이다.

이제는 '고종 독살설'의 실체도 정확하게 검증해야 할 때이다. 그동안 고종은 일본의 사주에 의해서 독살되었다고 알려져 왔다. 그러나 그 또한 사실이 아니다. 고종의 사망이야말로 이은의 결혼문제와 직결되어 있었다.

당시 '이태왕'이라고 불리고 있던 고종은 '민족자결주의'에 관한 소식을 듣자 파리강화회의를 잃은 나라를 회복할 천재일우의 기회로 알았다. 그래서 다시 밀사를 파견하려고 노심초사했다. 그는 전에 미국에서 열린 기독교 관계 국제대회에 참석한 전력이 있는 신흥우와 하란사를 밀사로 선정해 놓고 파견할 준비를 하고 있었다. 그런 상황에서 갓 결혼한 이은과 이본궁 방자를 파리강화회의에 보낸다는 신문보도는 청천벽력과 같았다. 자신의 아들의 결혼이란 행사가, 절대 실패해서는 안 되는 자신의 국권 회복의 큰 계획을 물거품으로 만들어 놓을 일이 눈앞에 박두해 있었던 것이다. 그리하여 1919년 1월 21일, 이은의 결혼식을 나흘 앞두고 고뇌에 싸인 고종은 과도한 스트레스와 긴장을 견디지 못하고 쓰러져서 붕어했다.

당시 일본 측은 이은과 이본궁 방자의 결혼을 파리강화회의에서 극력 활용할 계획이었기 때문에, 처음에는 고종의 죽음을 비밀에 부치고서라도 이은의 결혼식을 예정대로 진행시킬 작정이었다. 그래서 고종이 사망한 사실을 일체 알리지 못하게 하고 발상도 못하게 했다. 그러나 정보를 들은 상인들이 국상에 대비하여 삼베를 구하는 긴급 전보를 산지에 보내는 등 이미 고종이 사망한 사실이 새어나가서 도저히 덮을 수 없었다. 그래서 일본 당국자들은 뒤늦게 고종의 승하를 발표하면서 도리 없이 이은의 결혼식도 연기했다. 산 고종은 아들의 결혼식을 막을 방도가 없어서 고뇌 끝에 죽었는데, 죽은 고종의 시신은 간단하게 아들의 결혼식을 막아낸 것이다. 결국 이은의 혼혈결혼이 고종의 죽음의 원인이 되었다.

고종이 그처럼 믿었던 '민족자결주의'는 한민족에게 적용되지 않았지만 저 거대한 삼일운동의 힘찬 동력이 되었고, 그날의 함성은 영원히 우리 민족사를 빛내고 있다.

2010년 11월
송우혜

차례 | 왕세자 혼혈결혼의 비밀 | 마지막 황태자 3

작가의 말 _ 5

야박한 칙지 _ 19
저택 한 채, 마차 세 량, 말 네 마리 _ 31
공부 잘하는 어린 인질 _ 39
엄귀비의 처연한 승하 _ 49
너무도 고통스러운 군사교육 _ 71
명치 시대가 막을 내리다 _ 95
1차 세계대전 중에 나온 혼담 _ 105
일본 황실의 일방적인 약혼 발표 _ 117
일본 황가의 규수, 방자 여왕 _ 129
이본궁 방자 여왕의 가문 _ 145
2대 조선 총독 장곡천호도 장군의 새 임무 _ 157
몰이꾼들의 참혹한 간지 _ 165
검광 속에서 길 떠난 임금 _ 179
명고옥역에 흐른 네 줄기 눈물 _ 187
아! 치욕의 1917년 6월 14일 _ 193
보라! 창덕궁이 타고 있다! _ 207
뒤로 미뤄진 결혼식 _ 217
착잡한 최초의 공식 귀향 _ 235
'나의 운명이 빛을 잃던 날', 비운의 약혼녀 민갑완 _ 247
《매일신보》의 야무진 저항 _ 271
동경 이본궁의 화려한 혼사 준비 _ 283
마지막 승부처 '파리강화회의' _ 301
고종은 독살되지 않았다! _ 315

참고문헌 _ 362

차례 | 못생긴 엄상궁의 천하 | 마지막 황태자 1

작가의 말 _ 5

황실 최고의 응석받이 어린아이 _ 19
엄상궁이 승은하다 _ 33
명민하고 잔혹한 스승, 민비 _ 45
궁궐, 그 너른 심연 _ 71
치욕의 을미년 _ 103
밤에는 잠들지 못하는 임금 _ 121
재입궁한 엄상궁 _ 129
새로운 권력자의 등장 _ 139
궁궐 높은 담 안의 고뇌 _ 151
엄상궁의 거사, '아관파천' _ 161
엄상궁이 막은 새 왕후의 가례 _ 193
아라사 공관이 준 선물, 엄상궁의 임신 _ 215
꽃길 따라 환궁하다 _ 225
왕국에서 제국으로 _ 235
최초의 황제, 등극하다 _ 241
엄상궁, '황제의 아들'을 낳다 _ 255
엄귀인의 고속 출세 _ 267
사재로 여학교 세운 엄귀비 _ 287
영친왕비의 초간택 _ 315
재간택 대상 규수는 누구? _ 335

차례 | 황태자의 동경 인질살이 | 마지막 황태자 2

작가의 말 _ 5

명치천황의 제갈공명, 이등박문 _ 19

비운의 정미년 밀사들 _ 37

광무황제의 비통한 퇴위 _ 61

영친왕 이은, 황태자 되다 _ 85

종이 위의 전쟁 '가례'와 '일본 유학' _ 91

이등박문의 간계, 인질대작전 _ 103

일본 황태자의 4박 5일 방한 _ 119

만주환은 바다 위를 달리고 _ 147

남은 이들의 비애 _ 157

태황제의 친필, 참을 '忍'자 _ 185

엄귀비의 강인한 대응책, 민갑완 _ 193

동경에 도착한 어린 인질 _ 213

이등박문의 유명한 저택, 창랑각 _ 227

명치천황의 독 묻은 사랑 _ 235

낙선재 뜰의 조약돌 _ 243

압류된 여름방학 _ 257

어린 인질의 제1차 일본 순유 — 1908년 여름 _ 279

이등박문의 간계, 융희황제의 처연한 겨울 순행 _ 291

어린 인질의 제2차 일본 순유 — 1909년 여름 _ 321

안중근 의사, 덤덤탄으로 이등박문을 사살하다 _ 335

안중근은 누구인가 _ 349

어린 인질의 제3차 일본 순유 — 1910년 여름 _ 367

1910. 8. 29. 끝없이 흐르는 등불의 강물 _ 371

1918년 왕세자 이은의 일시 귀국을 축하하며 찍은 황실 가족사진.
오른쪽부터 덕혜옹주, 순정효황후, 고종, 순종, 이은.

5월 8일 밤, 바깥어른과 나는 마지막 만찬회에 참석했습니다. 짧은 시일이었지만 어느덧 깊은 정이 서린 듯, 작별의 인사를 주고받을 때에는 애석한 정이 넘쳐흘렀습니다. 때마침 달빛도 흐린 밤이었습니다. 그 속을 우리를 태운 차는 창덕궁을 등지고 떠났습니다. 미주美酒와 환담歡談에 취한 몸을 푹신한 쿳숀에 파묻으면서 무거운 임무를 마친 즐거움에 잠겨 있으려니까 바깥어른께서, "정말 수고 많이 했소. 왕공족王公族네들이나 궁녀들까지도 당신을 퍽 좋게 말하더군. 어여쁘고, 명랑하다고……. 그래서 나두 마음이 놓였지."
이렇게 기쁜 낯으로 말씀하시는 것이었습니다(이방자, 《비운悲運의 왕비王妃》 중에서).

야박한 칙지

▐ ▐ ▎ ⋮⋮⋮   사람이 세상에 대해서 느끼는 슬픔의 크기는 그가 세상에 대해서 지니는 애정의 크기를 말한다. 큰 독이 많은 물을 담아 내듯이, 삶을 많이 사랑하는 자는 삶이 주는 상처도 크게 받는다. 그래서 세상의 밑바닥은 큰 슬픔을 가슴에 품은 자들의 고통스러운 신음으로 언제나 소용돌이치고 있다.

1911년 1월 7일.

한겨울의 얼음 같은 냉기를 품은 매운바람이 크고 작은 구름장들을 북쪽으로 북쪽으로 밀어내고 있는 아침이다. 헤아릴 길 없는 괴로움과 쓸쓸함이 공기 중에도 배어 있는 듯하다. 집안에 늘어선 기둥들조차 외롭다고 뇌이고 있는 것 같다. 지난해 8월에 나라를 잃고 나서 처음 맞은 새해 벽두가 이처럼 마음 아릴 줄은 몰랐다. 구름이 무심히 흘러가는 모양조차 보는 이의 가슴을 에이는 듯하다.

"전하!"

어린 주군을 부르는 동궁대부 고희경의 얼굴에 어두운 그늘이 드리워 있다. 국권을 일본에 모두 강탈당하고 빈껍데기만 남아 있는 상태였다고 해도, 자신의 나라가 존재하고 있던 때와 그것이 아주 없어진 때는 달랐다. 아니, 그냥 달랐다고 해서는 정확하지가 않다. 실로 천양지차의 차이가 있었다. 우선 심리적으로 그러했고, 실제로는 더욱 그러했다. 비록 남의 나라에 와서 살고 있는 인질살이라고는 하나 내 나라가 존재하고 있을 때는 그 호칭부터 당당한 '황태자 전하'였다. 그런데 나라가 망하고 보니 졸지에 그 위상이 일본의 여러 황족들보다도 못한 처지로 굴러 떨어졌다. 이제는 호칭조차 '왕세자 전하'라고 불리고 있다. 현재 일본 여러 황족 가문의 '왕세자 전하들', 곧 황족이자 가장인 '왕'의 가문의 장남인 아들들과 같은 처지가 된 것이다. 고희경은 그것이 마음 아파서 요즘 이은을 볼 때마다 마음이 찢어지는 듯했다. 공식적으로는 영원히 흘러가 버린 호칭이 된 '황태자 전하'라는 단어가 새삼 애틋하게 가슴을 친다.

"일본 천황 폐하의 시종장이 칙지를 전하러 출발했다는 전화 연락이 왔사옵니다. 곧 이곳에 도착할 것이옵니다."

"폐하의 칙지를 전하러요?"

"예."

"무슨 일로 칙지를 내리신다고 하던가요?"

이은의 얼굴에 자못 의아하단 기색이 떠올랐다.

"잠깐 듣기로는, 전하의 학업 문제에 대해 새로운 칙지가 내렸다고 하옵니다."

"학업 문제라뇨?"

"예. 그게 저, 여기, 어용저에 설치한 어학문소御學問所를 폐쇄하고……."

말하다 말고 고희경은 크게 숨을 내쉰다. 자신도 모르는 사이에 목소리가 낮고 착잡하게 잦아들고 있음을 깨달은 그는 우정 음성을 크게 높여서 말을 잇는다.

"앞으로는 전하께서 직접 학습원으로 통학하시면서, 거기서 교육을 받으라고 하는, 그런 내용이라고 들었사옵니다."

"예? 나보고 학습원에 가서 교육을 받으라고요?"

"예."

"왜 갑자기?"

말끝을 흐리는 어린 인질의 조그마한 얼굴이 금세 어두워졌다. 잠시 뒤에 한숨처럼 낮은 소리가 그 조그만 입에서 흘러나왔다.

"난 지금 이대로가 좋은데……."

크게 흔들리는 음성이다. 아이의 가슴에 갑자기 들어찬 불안과 두려움이 듣는 이에게로 그대로 알알이 전해진다. 아이의 그 불안한 마음을 충분히 짐작하고도 남는다.

"예, 전하! 지금 이대로가 더 좋고 편할 것이옵니다."

고희경이 안간힘을 써서 목소리에 힘을 주었다.

"전하! 그렇긴 하오나, 전하! 모든 것은, 세상만사는, 모두 큰 눈으로 보셔야 하옵니다. 전하! 부디 큰 눈으로 보시옵소서!"

그는 불안해하는 어린 주군을 잘 다독이고 격려하여 힘을 줄 수 있는 말을 골라 간곡하게 건넨다.

"전하! 지금처럼 어학문소에서 대학교수들에게 배우시는 것도 여러모로 좋긴 하옵니다. 하오나, 일본인들의 학교에 다니면서 일본 학생들과 똑같이 공부하면서 경쟁해 보는 것도 아주 중요하옵니다."

"……"

"전하! 남과 경쟁한다는 것은……, 물론 경쟁하는 것이 안 하는 것보다 더 힘이 들기는 하옵니다만, 경쟁을 거쳐야만 남의 힘을 제대로 짐작할 수 있고 내 힘의 크기도 바로 알 수 있게 되는 것이옵니다. 전하! 옛말에도 적을 알고 나를 알면 싸울 때마다 승리한다는 뜻인 '지피지기知彼知己하면 백전불패百戰不敗' 라는 말이 있지 않사오니이까!"

"……"

"전하! 그러하오니, 전하! 천황의 칙사가 도착하면 당당하고 흔연하게 칙지를 받아들이소서! '좋다! 나보고 학습원에 가서 배우라면 배우겠다. 학습원의 아이들이라면 일본의 최상류층 가문의 아이들, 거기 가서 그 일본 애들과 당당하게 겨루어 보겠다. 내, 결코 그 애들에게 뒤지지 않겠다', 그런 생각으로 마음을 강하게 잡수시옵고, 저들의 조치를 흔연하게 받아들이소서! 전하!"

"……"

"전하! 마음을 굳게 잡수시옵소서!"

고희경은 애써 아이를 다독인다. '천황의 칙지'. 천황제 국가인 일본에서 그 말이 뜻하는 것은 절대적이다. 일단 천황의 칙지가 내린 다음에는 그걸 거부할 길이 전혀 없다. 간곡한 당부를 거듭해도 아무런 대꾸가 없지만, 그래도 이은의 작은 얼굴에 차츰 알아볼 만큼 뚜렷하게 강인한 기색이 떠올라 고희경은 마음을 놓는다.

고희경이 밖으로 나가자, 이은은 의자에서 일어나 창가로 갔다. 유리창 저 너머로 흐린 하늘이 보였다. 눈길은 하늘을 보고 있으나, 마음은 어지럽게 지상을 헤맨다. 자신의 인생에 또 다른 힘든 고비가 닥치고 있음을 본능으로 알아차린 아이의 마음에 매운 안개처럼 아픔이 내려 깔렸다.

나보고 학습원으로 가라고 한다고…….

일본에 끌려온 이래 지금까지, 이은은 자신의 저택에 차려진 어학문소에서 공부했다. 각 과목별로 정해진 일본인 교수들이 저택으로 와서 학과를 가르쳤다. 그간 일본에 함께 왔던 친구들의 신상에 변동이 있어서, 네 명 중 두 명이 떨어져 나갔다. 일본 아이인 증아만은 초기에 돌아갔고, 서병갑이란 한국 아이는 좀 더 있었으나 일본생활에 끝내 적응하지 못하고 일찍 귀국했다. 그래서 지금은 엄주명과 조대호 두 명만 남아 있다. 그간 그들과 셋이서 어학문소에서 공부하고 있었는데 이제 그런 방식의 공부는 끝이 난 모양이다. 일본 학습원에서의 공부는 어떨까. 아이는 차디찬 서리에 몸이 닿은 듯 마음이 자꾸 움츠러든다.

1907년 12월에 이은을 따라서 일본에 갔던 네 명의 아이들 중에서 먼저 떨어져 나간 서병갑과 증아만은 명이 짧았다. 《순종실록부록》에서 확인해 보면 서병갑은 1914년 9월 30일에 사망하고 증아만은 1921년 4월 18일에 사망했는데, 그때마다 조선 왕실에서 "황태자 전하의 학우로서 일본까지 모시고 갔었다"는 이유로 그 유가족들에게 상당액의 부의금을 보냈음이 기록되어 있다.

현재 이은과 함께 살면서 교육도 함께 받고 있는 엄주명과 조대호는 둘 다 집안과 환경이 특이한 아이들이었다.

엄주명은, 엄귀비의 동생으로 입적한 엄준원의 외아들로 이은에게는 외사촌형이 된다. 이은의 외척이라는 혈연 관계를 바탕으로 이은을 보호하려는 의욕과 강한 유대감이 '인질의 벗'이라는 힘든 생활을 견디게 하는 힘이 되었다. 조대호는 현재 일본 여인과 살고 있는 농상공부대신 조중응趙重應의 큰아들로, 사별한 전처인 한국 여인의 소생이었다. 일본 여인이 계모로 들어와서 안주인 노릇을 하고 있는 집안의 장남으로서 복잡하고 특이한 가족 관계 때문에 일찍 철이 들었고, 그래서 자신에게 닥친 어려움을 견디는 힘이 남달랐다.

대한제국의 황태자, 대한제국 황귀비의 조카, 대한제국 대신의 아들…….

모국이 멸망하기 전까지, 그들 세 아이는 각자 그런 신분으로 대한제국 황태자의 저택에서 함께 지냈다. 이은으로서는 자신의 저택에서 이 친구들과 함께 배우는 특별교습이기에 편하게 공부할 수 있었다.

아니, 그렇게 말하는 것은 어폐가 있다. 아무리 교습 여건이 좋고 교수진이 훌륭하다 해도, 한국어를 전혀 모르는 일본인 선생들에게서 일본어로 배우는 공부였다. 어린아이로서 결코 따라가기 쉬운 공부가 아니었다. 그럼에도 어린 이은은 그간 열심히 배우고 힘껏 익히면서 성심으로 공부에 마음을 쏟았다.

그러나, 그러나, 학습원이라면…….

이은의 작은 얼굴에 어두운 그늘이 짙게 내려앉았다. '학습원'이라는 말이 날카로운 송곳처럼 그의 마음을 후볐다.

학습원學習院은 '일본 황실에서 황족과 화족華族(공·후·백·자·남작의 작위를 가진 귀족) 집안 자제들의 교육을 위해서 설립한 귀족학교'였다. 그래서 고희경의 말대로, 학습원의 학생들은 모두 일본의 최상류층 가문의 아이들이었다. 이은도 그쯤은 이미 알고 있었다.

나보고 학습원에서 그 애들과 경쟁하라니…….

얼굴엔 소름이 돋았다. 추운 겨울날에 헐벗긴 채 밖으로 내몰린 듯 마음에 한기가 들어찬다. 난로가 붉게 달아오르고 벽에는 두꺼운 모직 휘장이 쳐 있어 큰 거실이 훈훈한데도, 창밖에 불고 있는 1월 초순의 찬바람이 그대로 벽을 뚫고 들어와서 어린 가슴을 휑하니 꿰뚫고 지나는 듯하다.

"아아, 어마마마! 아바마마!"

이윽고 아이의 입에서 피 같은 한 마디가 낮게 흘러나왔다.

"……정말 힘듭니다!"

작년(1910) 8월 29일의 한일합방으로 '대한제국'이라는 나라가 지상에서 사라졌다. 그 뒤로 지금까지 넉 달 남짓 시간이 흘렀다. 그간 어린 인질 이은은 혼신의 힘을 다해서 망국의 황태자로서의 굴욕을 견디어 냈다. 우선 가장 힘든 것이 신분의 격하였다. 국망과 동시에 그의 신분이 '대한제국 황태자'에서 '조선 왕세자'로 강등당함에 따라서, 즉각 일본인들이 그를 부르는 호칭이 '왕세자'로 변했다.

황태자와 왕세자의 사이는 한 대의 격차가 있는 군신君臣의 관계…….

그런 신분의 전락은 당장 일상생활부터 눈에 띄게 바꾸어 놓았다. 즉각 그를 모시는 시종들의 제복부터 바꿔야 했다. 모양새와 색깔과 장식이 화려하고 복잡한 황태자 시종용의 제복 대신 단순하고 소박한 왕세자 시종용 제복을 입어야 했다. 그러나 그는 고통스런 신분의 추락을 잘 견디어 내며 오직 공부에 힘을 쏟았다.

아주 행복하고 따뜻한 어린 시절을 보낸 사람은 춥고 불행하게 자란 사람보다 삶의 고통을 견디고 포용하는 힘이 오히려 크다고 한다. 이은의 경우 역시 그러했다. 대한제국 궁정의 최고 실력자인 엄귀비의 외아들로 사랑을 한 몸에 받으면서 자란 어린 시절이 만들어 낸 밝고 낙천적인 성품이 나이 어린 인질로서의 고통스러운 삶을 견디는 데 결정적인 도움이 되었다.

그러나 그런 넉넉한 성품에도 불구하고, 아이는 학습원에 가서 교육을 받도록 조치가 취해질 것이라는 소식에 큰 충격을 받았다. 그것은 지금까지의 교육 방식이 전적으로 달라짐을 뜻하기 때문이었다.

이은이 인천에서 만주환에 올라 해로와 육로를 거쳐 일본의 수도 동경에 도착한 날은 1907년 12월 15일이었고, 다음 해인 1908년 1월 8일부터 어학문소에서 교육을 받기 시작하였다. 그날부터 대한제국이 멸망한 작년 12월

25일까지 3년 동안, 이은은 '심상고등소학교(초등학교 과정)' 과정을 마친 뒤 '중등과(중학교 과정)' 제1학년 과정을 밟고 있었다. 작년(1910) 겨울학기는 12월 25일에 끝났고, 지금은 연말연초에 걸친 짧은 겨울방학 기간이었다. 그런데 느닷없이 이은의 저택에 설치한 "어학문소를 폐쇄한다"는 칙지가 내려올 것이라는 통보인 것이다.

동궁대부 고희경의 귀띔은 정확했다.

"칙지 봉독이오!"

이내 저택에 들이닥친 명치천황의 시종장 덕대사실칙德大寺實則이 칙지를 한 음절 한 음절 또박또박 읽었다.

"조선 왕세자 이은은 1월 9일부터 학습원에 입학하여 공부하라!"

일개 시종을 보내 알려도 될 일이었다. 그런데도 굳이 이쪽에서 대하기 어렵도록 궁중 안에서도 비중이 매우 큰 중신인 시종장을 보내 전한 칙지였다.

"삼가 받들어 거행하겠나이다."

이은은 격식에 따라 앵무새처럼 뇌이고 천황의 칙지를 받아들였다.

돌아보면 이때 일본 황실이 이은의 교육 문제에서 보인 태도는, 일본인들이 이은을 상대로 늘 써먹었던 얄팍하고 간교한 술수와 협량을 그대로 드러낸 수많은 사례 중의 하나에 불과했다. 그들에게는 상대가 작고 어리고 연약한 어린이, 그것도 자신들이 인질로 끌고 온 외롭고 불행한 어린이라는 점은 따로 고려할 사안이 전혀 아니었다. 그간 벼르고 별렀던 대한제국 삼키기 작업을 성공시키자마자 일본 천황과 정부는 인질인 이은을 대하는 태도를 거침없이 바꾸어 버렸다. 합방된 지 불과 4개월 만에 맞는 1911년 새해를 계기로, 이은에 대한 대우를 대폭 격하시켜 버린 것이다.

합방 전에 일본인들이 이은을 대하는 태도는 늘 조심스럽고 정성스러웠다.

왕세자 혼혈결혼의 비밀

그들이 삼키고자 하는 이웃 나라의 황태자여서, 혹시라도 그 어린아이가 인질로서의 삶에 적응하지 못해 계속 잡아 두기 힘든 문제가 야기될까 봐 늘 염려했다. 그래서 명치천황은 특별히 이은을 대하는 기준으로서 "만사, 일본 황태자와 똑같이"라는 지시를 내렸고, 위로는 천황 부부에서부터 아래로는 어용저를 관리하는 말단 관리들까지 모두들 어린 인질 이은을, 쥐면 꺼질까 불면 날까 조심조심 귀하게 다독이고 소중하게 감싸 안았다.

그러나 이제는 상황이 달라졌다. 이미 그들 식민지의 왕세자에 불과한 작은 아이, 더 이상 금 간 유리그릇을 다루듯 조심하며 애쓸 필요를 전혀 느끼지 않았다. 오히려 앞으로는 윽박질러서라도 일본식 교육과 일본식 삶의 진수를 더 빨리 더 철저하게 익히게 하여 아이의 정신 자체를 일본화하는 것이 중요하다는 쪽으로 생각이 바뀌었다. 그러한 일본 측의 입장 변화가 이은의 교육 방식에 반영된 것이다.

당시 일본에서는 해마다 4월 초에 새 학년 새 학기가 시작됐다. 그러니까 이은을 학습원에 편입학시킨다고 해도 어학문소의 교육을 3월 말까지 계속하여 중등과 1학년 과정만이라도 제대로 끝마치게 한 뒤에, 4월 초에 새로 시작되는 2학년 과정으로 편입하도록 하는 것이 정상이고 정도였다.

그럼에도 그들은 새 학년이 시작될 때까지 단 3개월조차 기다려주지 않고, 1학년 과정을 이수하는 도중인 1911년 1월 9일자로 이은을 학습원에 편입학시키기로 결정한 것이다. 바로 이날 내려진 명치천황의 칙지야말로 어린 인질 이은을 대하는 일본 황실과 정부의 태도가 야박하게 변해 갈 것임을 알리는 첫 신호탄이었다. 명치천황은 그처럼 야박한 조치를 취하는 것이 미안하긴 했는지, 칙지와 함께 학습원의 제복용 옷감 한 벌과 배낭 1개와 문방구 1세트를 선물로 보냈다.

이은이 편입학할 당시, 학습원에는 명치천황의 손자인 황태손 유인친왕裕仁親王(뒷날의 소화천황)이 초등과 3학년에 재학 중이었다. 학습원에서는 학생들을 남자부와 여자부로 분리해서 교육했고, 학제는 초등과·중등과·고등과로 나누어져 있었다. 재학생 수가 적어서, 한 학년 당 남자부가 사오십 명가량이고, 여자부는 대략 삼십 명 정도였다고 한다. 학생 수는 적었지만, 일본 사회의 최상류층인 가정 배경과 신분에 걸맞게 학교 건물과 시설은 매우 훌륭해 강당에는 샹들리에가 걸려 있었고 교사들은 붉은 벽돌로 지어진 것이었다.

이은은 명치천황의 칙지대로 1911년 1월 9일에 학습원 중등과 제1학년의 마지막 학기에 편입했다. 엄주명과 조대호도 같은 반으로 함께 편입했다. 엄주명은 대한제국 황실의 엄귀비 조카이고 조대호는 대한제국 대신의 아들이었기에 귀족으로 대우해 학습원에 편입할 자격을 인정해 준 것이다.

"여러분! 인사 나누세요. 이 분은 조선의 왕세자 이은 전하이십니다."

학습원 등교 첫날, 이은은 중등과 1학년생인 낯선 일본인 학생들 앞에 서서 일본인 교사의 입에서 자신의 새로운 칭호가 언급되는 것을 들으면서 보이지 않게 이를 악물었다.

대한제국 영친왕 이은.
대한제국 황태자 이은.
조선 왕세자 이은.

돌아보면, 자신의 조그만 몸뚱이에 거듭 바뀌어 가며 내려졌던 그 호칭들 하나하나가 모두 조국의 역사와 직결된 것들이었다. 회오리바람 같은 착잡함이 뇌리를 휘감는데, 일본인 교사의 음성이 계속 들려왔다.

왕세자 혼혈결혼의 비밀

"조선 왕세자 전하께서는 오늘부터 여러분과 함께 이 교실에서 공부하실 겁니다. 같이 잘 지내도록 하세요!"

교사의 소개말이 끝나자 이은은 고개를 숙여서 처음 보는 급우들을 향해 인사를 건넸다.

"이은, 입니다. 잘 부탁, 합니다."

의례적인 짧은 인사말이었는데도 소리가 거듭 목에 걸려 멈칫거렸다.

당시 일본은 위계의식이 몹시 철저한 계급사회였다. 각 계급 사이의 간격을 엄격하게 떼어 놓고 까다롭게 고수하는 것이 확고한 전통이었다. 그래서 학습원 안에서도 그런 전통이 매우 엄격하게 지켜지고 있었다. 그게 얼마나 엄격했는가 하면, 학습원의 여학생들을 모시고 다니는 시녀들이 머무는 대기실까지도 주인인 학생의 신분에 따라서, '황족 여학생 보호자 대기실'과 '화족 여학생 보호자 대기실'로 따로 설치했을 정도였다.

그토록 철저한 계급사회의 한가운데 매정하게 내던져진 이은의 경우, 그 신분이 '황태자'에서 '왕세자'로 격하된 사실이 미치는 영향은 겉으로 보기보다 훨씬 심각했다. 그래서 당시 일본 측 기록들을 보면, 귀족층의 일본인들은 이은의 위호가 강등된 것을 불쌍히 여겨서 "참 안됐다!"면서 크게 동정했다고 한다.

이은이 편입학했을 당시 학습원 원장은 러일전쟁 당시 여순공략전에서 승전함으로써 유명해진 육군대장 내목희전乃木希典이었다. 조선의 왕후 민씨를 시해한 일본 공사 삼포오루도 한때 학습원 원장을 역임했다고 하는데 이들 원장의 인물됨만 고찰해도 학습원의 분위기와 성격이 드러난다. 내목 대장은 특히 천황이 천하를 다스리는 도리 곧 '황도皇道'에 집착한 인물이었다. 이은이 편입한 다음 해인 1912년 여름에 명치천황이 죽자 그 장례일에 부부가 함께 순사했을 정도로 명치천황에게 심복했다. 명치천황은 7월 30일에 사망했는데, 45일의 애도 기간을 거쳐 9월 13일 밤에 영결식을 마치고 장지인 경도京都의 도산桃山에 묻히기 위해 영구가 동경을 출발했다. 그날 내목 대장 부부는 명치천황의 영구가 궁성을 떠남을 알리는 예포 소리를 들으면서 함께 자결했다. 더욱이 내목 대장은, 일본의 옛 무사들이 지켜온 전통 방식인 할복으로 자결함으로써 일본 사회에 비상한 충격을 주었다. 그토록이나 일본 혼과 일본 정신을 내세우는 인물이 책임자로 있었던 특수교육기관인 학습원의 중등과 1학년으로, 당년 14세인 망국의 황태자 이은이 중도 편입해 들어간 것이다.

아! 모두 나보다 나이가 많구나······.

교사가 가리키는 자리에 앉아서 새삼 한 바퀴 교실 안을 둘러본 소년 이은은 저도 모르게 마음이 서늘해짐을 느꼈다. 그렇게, 이은의 학습원 시절은 시작되었다.

저택 한 채,
마차 세 량, 말 네 마리

▮▮▮ ▮▮▮ ▮▮ ▮▮ 태풍은 작은 나무라고 해서 비켜 지나가 주지 않는다. 세찬 비바람에 큰 나무가 꺾일 때 작은 나무가 어찌 무사하랴! 동경에 있는 인질 소년 이은의 주변에도 역시 본국 궁궐과 같은 변화가 몰아쳤다.

1911년 2월 1일.

한일합병이 선포된 후 그간 유예하고 있던 '새로운 체제에 맞는 정리'가 이날 실시되었다. 일본 궁내성의 지시에 따라, 이 날짜로 이은을 모시고 있는 관리들의 관직 명칭이 전부 바뀌고 인원도 축소되었다. 문관 측 총책임자인 고희경의 경우, 그 직명이 '동궁대부'에서 '이왕직 사무관'으로 강등되었다. 일본 황태자를 '동궁東宮'이라 부르기 때문에, 일본과 조선이 한 나라가 된 이상 조선 왕세자인 이은에게는 '동궁'이란 호칭을 쓸 수 없다는 논리에 따른 조치였다. 마찬가지 논리가 무관들의 직명에도 적용되어, '동궁무관' 김응선은 '왕세자부 무관'으로 바뀌었다. 다른 직원들의 직명도 모두 그와 같은 식으로 바뀌었다.

동시에 일본 궁내성은 저택의 명칭 역시 격하하여 바꿔 부르도록 지시했다. 그때까지는 '어용저'라고 지칭했는데, 앞으로는 '왕세자저'라고 부르라는 지시였다. 이은은 이제 황태자가 아니므로 그의 저택 명칭에서 '어御' 자를 빼도록 한 것이다.

 같은 날, 명치천황은 이은이 살고 있는 '동경 마포麻布 조거판鳥居坂 저택의 소유권과 마차 세 량과 말 네 마리'를 이은에게 하사했다. 대한제국을 온통 삼키고 나니, '이은에게 전보다는 좀 더 큰 선물을 해야겠다'라는 생각이 들었던 모양이다. 그래서 이때부터 조거판 저택의 법적 소유주가 명치천황에서 이은으로 바뀌었다. 대한제국을 멸망시킨 뒤에 마지막 황태자에게 그에 대한 보답처럼 준 선물이 '저택 한 채, 마차 세 량과 말 네 마리'였던 것이다. 어린 소년 이은의 심정은 어땠을지 모르나, 그를 모시고 있던 이들은 그 선물을 받으면서 참으로 착잡하고 절통한 심정이었을 것이다.

 이날 일본 당국이 취한 조치 중에서 무엇보다도 눈에 띈 잔혹한 처사는, 이은의 경호 총책임자인 동궁무관장 조동윤趙東潤을 전격 해임한 일이었다. 조동윤은 이은이 1907년 8월에 황태자로 책봉되었을 때 동궁무관장으로 임명되어 이은을 모시기 시작했고, 그해 12월에 이은과 함께 일본으로 건너왔다. 그래서 이은을 모시기 시작한 지 햇수로 벌써 5년의 세월이 흘렀다. 그런데 이날 돌연 일본 정부에 의해 파면된 것이다.

 일본은 왜 이때 조동윤을 파면했을까? 그는 한국에 있을 때 황태자 이은을 보호하는 경호 총책임자인 동궁무관장으로서 일본 측의 비위를 심하게 건드린 적이 있었다. 이은을 인질로 끌고 가려는 사전 공작의 일환으로 1907년 10월 중순 일본 황태자가 방한했을 때, 통감 이등박문은 일본 황태자 가인친왕(훗날 대정천황)을 한국인들의 테러로부터 보호하려고 입국할 때부터 출국할 때까지 한국 황태자 이은이 동행하도록 했다. 당연히 일본 황태자가 일본으로 돌아갈 때도 이은이 인천항 부두까지 동행하여 전송하도록 계획을 짜 두었었다. 그런데 동궁무관장 조동윤이 강력하게 제동을 걸고 나섰다. "예절이나 법도상 우리 황태자 전하께서는 일본 황태자 전하를 남대문역까지 배웅하는 것으로 충분하다. 멀리 인천항까지 전송하러 갈 필요는 없다"고 주장한 것이다. 그 시점에서 웬만한 뱃심과 기개가 아니면 정말로 하기 어려운 행동이었다. 당연히 이등박문을 비롯한 일본 측 인사들이 크게 진노했다.

조동윤은 그 일로 일본 측의 미움을 깊이 샀지만, 그동안은 대한제국의 황태자를 모시는 동궁무관장을 일본 정부에서 내쫓을 수가 없어서 그냥 두고 보기만 했었다. 그런데 이제는 일본이 조선 왕실에 관한 사무와 인사권을 모두 장악하게 되자 조동윤부터 해임한 것이다.

그러나 조선 왕실 측에서는 조동윤의 인품과 기개가 그러하기에, 더욱이나 그를 이은의 옆에 계속 붙여 두고 싶었다. 그래서 태황제(고종)가 앞장서서 조동윤으로 하여금 맡은 바 직책이 전혀 없는 신분으로라도 동경 저택에 계속 머물면서 이은을 경호하도록 조치했다. 말하자면 백의종군하도록 했다. 일이 이렇게 되자, 조동윤의 신상을 두고 이면에서 일본 측과 조선 측 간에 머리싸움이 벌어졌다. 먼저 일본 당국이 다시 손을 쓰고 나섰다. 그들은 어떻게 해서든 조동윤을 조선으로 쫓아 보내기 위해 "관직이 없으므로 급료를 줄 법적 근거가 없다"는 이유를 내세워 봉급을 주지 않았다. 조선 왕실은 그에 기민하게 맞섰다. 조선 왕실의 재산 관리를 포함하여 왕실과 관련된 업무 일체를 전담하는 기구인 '이왕직李王職'에 명하여 이왕직 돈으로 조동윤에게 봉급을 주되 그 법적 근거를 육군급여령에 의거하도록 조치함으로써 해결했다. 강자는 강포한 힘으로 내리누르고 약자는 에둘러 가는 편법을 동원하여 대항하면서 마주 싸운 것이다.

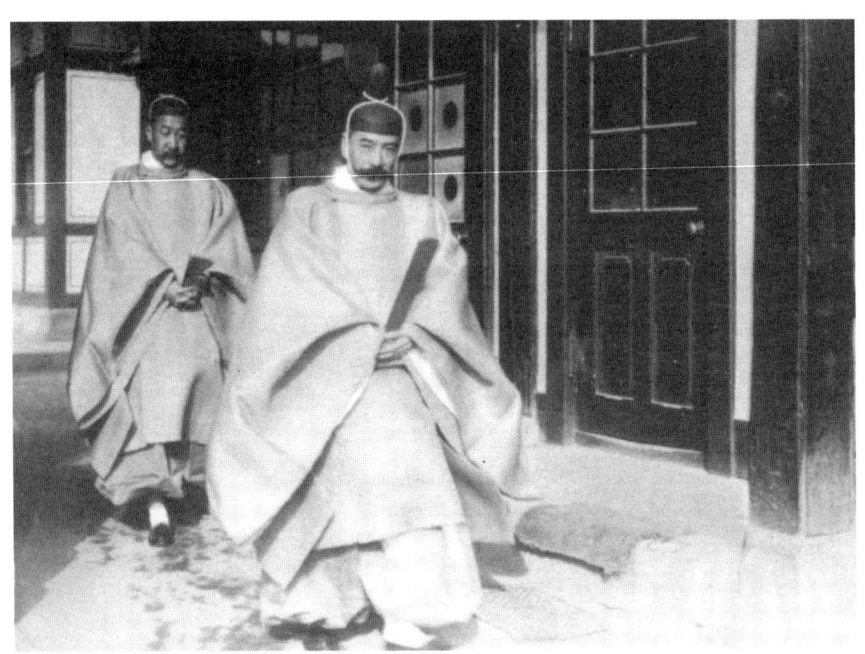

　조동윤은 그처럼 국망 직후에 이은을 둘러싼 주변 인물들 중에서 조선 왕실과 일본 당국이 그 거취를 둘러싸고 가장 먼저 극심하게 대립했던 인물이다. 그가 어떤 사람이었기에 그런 일이 있어났는가?

　조동윤의 집안은 철종이 붕어한 뒤 고종을 왕으로 맞아들이게 조치했던 조대비의 친정 가문이었다. 그래서 고종의 등극 이후 왕실에서는 조씨 가문에 대해서 크게 대우하는 묵계가 있었다. 그런데 세월이 흘러 대한제국 시대에 들어온 뒤 조대비의 친정 가문 남자들 중에서 가장 두드러졌던 중심인물이 조동윤이었다. 더욱이 조동윤의 집안과 엄귀비 모자는 인연이 매우 깊었다. 1906년에 엄귀비가 세운 명신여학교(숙명여학교의 전신)의 초대 교장이 바로 조동윤의 어머니인 정경부인 이정숙李貞淑이었다. 이정숙은 갑신정변 때 남편 조영하趙寧夏가 피살된 뒤 홀로 지내던 중 엄귀비의 간곡한 부탁에 응해 명신여학교 교장을 맡아 학교를 개교했고, 그 뒤 수십 년 동안 교장으로 학교를 운영했다. 명신여학교를 세운 곳은 조대비의 사궁私宮인 용동궁龍洞宮이 있던 땅으로 엄귀비가 권세를 잡은 뒤 그녀의 소유가 되었는데, 엄귀비가 전 소유주였던 조대비 집안의 여인인 이정숙에게 학교 운영을 맡긴 것이다.

학교가 개교한 다음 해인 1907년에 이은이 황태자로 책봉되자, 두 집안의 관계는 더욱 가깝고 긴밀해졌다. 이정숙 교장의 아들인 조동윤이 동궁무관장에 임명되어 이은을 가장 가깝게 모시는 최측근이 되었기 때문이다. 그런데 조씨 가문 사람들의 기개와 배짱이 남달랐던 것은 조동윤의 아버지 조영하 때부터 유명했다. 조영하는 조대비가 가장 아끼고 사랑했던 친정 조카였다. 따라서 그가 누린 권세와 부귀영화는 실로 대단했다. 그래서 당대 사람들이 '을사년(1845)에 태어난 이들로서 뛰어난 부귀를 누리는 네 사람'이라 해서 특별히 '4을사四乙巳'라는 별호로 불렀던 4인 중에 그가 들어 있었다.

《매천야록》에 의하면, 조영하는 성정이 아주 호협한 데다가 아랫사람들에게 너그럽게 은혜를 베풀고 잘 거느려서 큰 인망을 얻었다고 한다. 그러나 1884년 갑신정변 때 그는 당년 39세의 젊은 대신으로 수구파의 거두로 지목되어 피살되었다. 갑신정변의 와중에 피살된 이들을 일컫는 말인 세칭 '6대신大臣 1환관宦官' 중의 한 사람이었다.

갑신정변 당시 쿠데타 주역들은 정적들을 살해하고자 거짓으로 임금이 부

🦴 **조동윤.** 조동윤은 이은이 1907년 8월에 황태자로 책봉되었을 때 동궁무관장으로 임명되어 이은을 모시기 시작했고, 그해 12월에 이은과 함께 일본에 건너왔다. 사진은 1919년 고종의 장례식에서 조동윤(뒤쪽)의 모습이다. 조동윤 앞은 이등박문의 아들 이등박방이다.

르는 듯이 "입시入侍하라"는 가짜 조명을 내렸다. 조영하는 민태호閔台鎬(명성황후 민씨의 오라버니)와 임금이 옮겨 가 계신 경우궁景祐宮으로 들어갔다가 임금을 뵙기도 전에 거사를 일으킨 자들이 후려친 칼을 맞고 죽었다. 피살 당시, 조영하는 칼을 휘두르는 자들에게 찔려서 치명상을 입은 몸으로 "누가 조선의 법에 문신文臣은 칼을 차지 못하도록 만들었는가! 내 손에 칼이 없어 너희들을 만 갈래로 쳐 죽이지 못하는 것이 한스럽다!"라고 크게 질타하다가 숨이 끊어졌다고 한다.

　조영하의 아들인 조동윤 또한 기개가 있으면서도 시세의 흐름을 깊이 이해하는 사람이었던 듯하다. 갑신정변의 주모자인 김옥균이 상해에서 자객 홍종우에게 피살된 뒤에 그 시신을 국내로 들여왔을 때 일이다. "시신을 노량진에 내어다가 육시戮屍를 가한 뒤 그 잘라낸 머리를 효수하라"는 왕명으로 김옥균의 시신은 참형에 처해졌다. 그런데 갑신정변 때 살해된 이들의 유족 중에서 참형이 집행되기 전에 먼저 김옥균의 시신에 보복을 가한 자가 있었다. 이른바 피살된 '6대신 1환관'의 유족 중에서 환관 유재현의 양자가 김옥균 시신의 배를 갈라 간을 꺼내어 씹어 먹었다. 여섯 대신들의 자제 중에서는 이조연의 아들 이탁李倬이 김옥균의 시신을 보러 갔었다. 그러나 나머지 대신들의 자제들은 가지 않았다. 그래서 복수심이 매우 강한 성품인 중전 민씨는 그 소문을 듣고 "재상의 친아들들이 환관의 양아들보다도 못하구나!"라고 탄식해 마지않았다. 당시 김옥균의 시신을 욕보이러 가지 않은 대신의 자제들 중에 조동윤도 들어 있었다. 중전 민씨의 표현에 따르자면 "환관의 양아들보다도 못한 재상의 친아들"이 된 셈이다. 김옥균이 자신의 아버지를 죽인 원수임에도 불구하고 조동윤이 그렇게 처신한 것은 김옥균이 품었던 이상과 개혁에 대한 비원과 충정을 동정한 점이 있었기 때문이라고 보인다.

갑신정변은 조동윤의 신상에 여러 면에서 큰 영향을 끼쳤다. 아버지와 사별하게 한 것으로 그치지 않고, 부인과는 생별生別하게 만들었다. 공교롭게도 조영하와 갑신정변의 주역이었던 홍영식洪英植은 사돈 사이였다. 조동윤의 아내가 홍영식의 친형인 홍만식洪萬植의 딸이었다. 조동윤 내외는 결혼한 뒤 금슬이 아주 좋았다고 한다. 그러나 갑신정변 때 조영하가 피살되자, 조씨 집안에서는 "의리상 원수 집안의 딸과 부부로 살 수 없다"고 하여 조동윤의 아내를 친정인 홍씨 집안으로 돌려보냈다. 그런데 홍씨 부인은 기개가 유별나고 대가 매우 센 여인이었다. 친정으로 쫓겨 간 후 다시 머리를 풀어 땋아 내려 처녀로 자처하면서, "내 맹세코 다시 조씨 집안의 며느리가 되겠다"며 별렀다는 것이다.

뒷날 한말의 유학자 매천 황현이 쓴 《매천야록》의 '광무 3년 4월조'에, 이들 부부의 기이하기 짝이 없는 인생 역정의 후일담이 전설처럼 기록되어 있다.

조동만趙東萬이 상소하여 자신의 당제堂弟 조동윤이 양처兩妻를 거느릴 수 있도록 청하여 윤허를 받았다. 갑신정변(고종 21) 때 조영하가 홍영식에게 살해되었다. 조영하의 아들 조동윤은 홍영식의 형인 홍만식의 딸과 혼인하여 애정이 매우 돈독하였는데, 이때 조동윤은 원수 집안의 딸이라고 하여 이혼하고 김상준金商濬의 딸을 재취로 맞았다. 홍만식의 딸은 본가로 돌아간 뒤 머리를 다시 땋아 처녀로 단장하고 "생전에 다시 조씨 집안의 며느리가 되겠다"고 맹세하였다. 갑오경장(고종 31) 이후 갑신정변 때의 역신逆臣들이 신원되었으나, 조동윤은 물의物議가 일어날 것을 꺼려서 감히 전처와 다시 합하지 못하고 있었다. 그래서 조동만이 여성제呂聖齊의 고사故事를 인용하여 조동윤이 두 아내를 거느릴 수 있도록 해 달라는 상소를 올리자 윤허가 내렸다.

갑신정변은 1884년의 일이고, 광무 3년은 1899년이다. 그러니 홍씨 부인은 이혼당한 지 15년 만에 시댁으로 돌아와서 새 부인과 함께 남편을 섬긴 것이다. 그래서 당시 세간의 큰 화제가 되었다.

조동윤은 일본에 간 이듬해인 1908년의 2월과 3월에 그렇듯 구절양장의 기구한 사연을 지닌 유명한 '양처兩妻' 곧 두 아내를 한 달 간격으로 차례차례 불러들여 집안을 아예 동경으로 모두 옮겨 놓고 어린 황태자 이은을 섬겼다. 그러나 나라가 망하자 이내 일본 궁내성에 의해서 일방적으로 해임당했다가 망국의 태황제의 완강한 고집과 저항으로 백의종군의 형식으로 동경에 남아서 계속 이은을 모셨으니, 그 또한 실로 기이한 인연이었다.

이리하여 소년 인질 이은의 삶은 심히 불우하게 바뀐 자신의 위상과 처지에 적응하면서 살아가야 하는 새로운 시기에 접어들었다.

공부 잘하는 어린 인질

▌▌▌ ▌ ▌▌ ▌▌ ▌▌▌ ▌▌▌ 불우함은 사람을 위축시키고 소심하게 만든다. 그러나 사람에 따라서는 불우함을 새로운 도약의 토대로 삼아 더 앞으로 나아가기도 한다. 1911년 1월 9일에 학습원에 중도 편입한 이은이 그러했다. 그는 자신에게 불리하게 바뀐 환경에 적응하기 위해서 힘껏 공부했다. 일본어로만, 그것도 자신보다 나이 많은 일본 아이들과 함께 공부하는 것인데도 불구하고 그는 아주 빨리 적응했다.

  일본에 끌려오기 전 서울의 수학원에서 공부할 때, 그는 동료와의 경쟁에서 지면 밥도 제대로 안 먹고 잠도 제대로 자지 않을 뿐더러 분한 마음에 울면서 이기려고 별렀던 억척 같은 승벽勝癖을 드러내면서 공부했다. 그런데 이때도 그런 기질이 십분 발휘되었던가 보다. 편입한 지 거의 석 달 뒤인 3월 30일에 중등과 1학년 과정의 공부를 총결산하는 학년말 시험이 실시되었는데, 놀랍게도 이은은 전체 1학년 동급생 55명 중에서 4등을 했다. 5등 안에 든 학생들은 '상급 우등상'을 받게 되어 있었기에 이은은 수상 대상자가 되었다. 과연 머리 좋은 엄귀비의 아들다운 쾌거였다. 성적표를 가지고 집에 돌아오자, 이은보다 이은을 모시는 이들이 더 크게 기뻐하며 환호성을 올렸다.

"전하께서는 전하보다 나이 많은 일본 귀족 가문의 애들과 일본말로 공부하면서 겨루신 것이지 않소. 그런데도 우등을 하시다니요!"

"오, 참으로 놀랍고도 영광스러운 경사요!"

그들이 그처럼 기뻐한 것은 앞으로의 국운이 그 소년에게 달려 있다고 생각한 때문이었다. 그들은 차기 군주가 될 소년이 이토록 영명한 자질을 지녔다면, 멸망한 고국의 광복도 불가능하지 않다고 느꼈다. 정초에 일본 천황이 이은을 학습원으로 보내 공부하게 하라고 명했을 때 학교 수업을 제대로 따라가지 못할까 봐 모두들 크게 걱정했었다. 걱정이 너무도 무겁고 컸던 것만치, 기쁨은 더욱 찬연했다. 조선인들끼리 있을 때는 으레 나라가 망하기 전의 옛 칭호를 그대로 쓰는 그들은 약속이나 한듯 모두 이은의 거실로 모여들어서 이은에게 축하의 큰절을 드렸다.

"황태자 전하! 실로 장하시옵니다! 참으로 감축하옵니다!"

조선인 직원들을 대표해서, 사무관 고희경이 새삼 눈물을 금치 못하면서 목이 메어 아뢰었다.

"이제, 소신들은 우리나라의 전도가 양양함을 굳게 믿어 의심치 않사옵니다!"

고희경은 즉각 서울의 덕수궁과 창덕궁으로 전보를 쳐서 이 기쁜 소식을 알렸다. 일본에서 전보가 날아오자 조선의 대궐들에서도 환호성이 크게 울려 퍼졌다. 특히 부모인 엄귀비와 태황제의 기쁨은 이루 형언할 수가 없었다.

"폐하! 들으셨사옵니까! 폐하! 우리 황태자가 일본 학습원에서 뛰어난 성적을 거두어 우등상을 받는다고 하옵니다!"

엄귀비가 너무도 기쁘고 또 기뻐서 웃다가 울고 울다가 웃는 것을 보면서 태황제의 눈가에도 물기가 어렸다.

"암! 들었다마다! 과연 우리 태자요! 참으로 장하기도 하지!"

성적통지표를 받은 날로부터 사흘 뒤인 4월 2일, 이은은 '상급 우등상장'을 받았다. 우등상 시상을 마친 뒤 학습원은 9일간의 짧은 봄방학에 들어갔다. 중등과 1학년 과정을 끝내고 맞는 학년말 방학이었다. 명치천황은 이은이 우등상을 탄 것을 축하하면서 각종 문방구와 배낭과 군복 옷감 등을 선물로 보냈다.

1911년 4월 11일.

이은과 그의 학습원 동급생들은 시업식을 치르고 중등과 2학년이 되었다. 이은은 2학년에 올라가서도 여전히 두각을 나타냈다. 그리하여 7월 초에 있었던 중등과 2학년 1학기를 마감하는 학기말 시험에서 당당히 5등의 성적을 거두어 다시 상급 우등생이 되었다. 1학년 학년말 시험 때 4등을 했는데 이번에는 5등으로 전보다 한 등급이 내려간 것은 무슨 이유일까. 아마도 1학년 때 마지막 학기 중간에 들어온 편입생이자 외국인인 조선의 왕세자 이은이 학년말 시험에서 상급 우등생이 된 것에 자극을 받은 동급생들이 이은에게 뒤지지 않으려고 맹렬하게 공부한 탓이 아닐까 싶다. 아무튼 다시 상급 우등생이 된 그는 우등상장을 받고 천황의 축하선물을 받았다. 이은이 두 번째로 학습원에서 우등을 했던 당시의 정황이 《순종실록》 1911년 7월 5일조에 다음과 같이 적혀 있다.

왕세자가 학습원 중등과 제2학년 제1학기 시험에서 5등으로 우등함으로써 상장을 받다. 천황 폐하가 칠종 교어 한 통을 하사하다.

당시 명치천황이 이은의 우등상 수상에 대한 축하 선물로 하사했다는 '교어'는 도미인데, 일본인들은 좋은 일을 축하해 주는 선물로 특히 도미를 주고받는 풍습이 있다고 한다. '칠종'이라 함은 도미의 질을 구분하는 용어로, 도미를 잡은 달에 따라서 '육종' '칠종' 등으로 나눈다. 우리가 새우젓을 두고 오월에 담근 것을 '오젓', 유월에 담근 것을 '육젓', 가을에 담근 것을 '추젓'이라고 불러서 구분하는 것과 같다.

본래 타인과의 경쟁이란 힘든 것이지만, 바로 그렇기 때문에 거기서 거두는 승리에는 경쟁을 통해서가 아니면 결코 맛볼 수 없는 쾌감이 있다. 일본 황족과 귀족 가문의 자제들만 다니는 학습원에 편입한 이은이 연이어 우등상을 타자, 조선 왕실의 상하 대소인원은 온통 환희 작약했다.

"오! 우리 황태자 전하가 이처럼 어린 나이에 이토록 뛰어난 천품을 드러내시다니! 이 어찌 우리 황실의 홍복이 아니리오!"

나라를 빼앗긴 이래 망국의 왕실에서는 그간 "믿을 것과 기를 것은 오직 인재!"뿐임을 절감하는 나날을 보내고 있었다. 빼앗긴 나라를 되찾으려면, 그리하여 남 못지않은 나라를 재건하려면, 그런 막중대사를 추진하고 성취해낼 역량이 있는 뛰어난 인재가 있어야 했다. 국방도 경제도 문화도 모두 그걸 감당할 만한 사람이 있고 나서의 문제임을 나라가 망하는 과정에서 더욱 뼈저리게 깨달았던 것이다.

그런데 이 무슨 황감한 축복이랴! 다른 사람도 아닌 어린 황태자 이은이 이역만리 적국에 끌려가서 인질살이를 하고 있는 역경을 의연하게 감내하면서 이리도 영특함을 드러낸 것이다. 이은이 우등상을 받았음을 알려 온 전보는 이미 한 장의 종잇조각이 아니었다. 그들의 눈앞에서 찬연하게 밝은 빛을 발하고 있는 거대한 발광체였다. 그들은 조선 왕실의 앞날을 비출 서광이 환하게 눈앞에 드리워 있는 듯 너나없이 기뻐했다.

그들의 기쁨이 문자로 형상화되어 오늘날까지 남아 있으니, 곧 이은이 우등상을 탄 날로부터 닷새 뒤에 순종이 동경의 이은에게 전보로 보낸 유시諭示다. 《순종실록부록》 1911년 7월 10일조에 그 유시의 내용이 기록되어 있다.

왕께서 10일에 왕세자에게 전보로 다음과 같이 유시하셨다. "앞서 시험성적 발표에서 동급생 44인 중에서 5등을 했다는 전보를 받고, 네가 본토어本土語(일본어)를 써야 하고 또 나이도 동급생들보다 어림에도 불구하고 능히 이 같은 성적을 올린 것을 알았다. 심히 가상하다. 앞으로도 더욱더 부지런히 힘쓰기를 바란다."

일본 측이 검열하는 전보로 보내는 유시라서, 이은을 '왕세자'라는 호칭으로 부르고 또한 일본어를 '본토어'라고 표기한 것이 후인들의 눈길을 새삼 머물게 한다.

한일합병 이래 나라를 잃은 조선 왕실의 상하 인원들이 겪은 고통이 어디 한둘이리오마는, 그중에서도 특히 일본에 인질로 가 있는 이은 때문에 겪는 마음고생이 매우 심했다. 더구나 일본이 대한제국을 삼킨 뒤로 태도를 표변하여 그간 이은에게 베풀던 저택의 어학문소 특별교육을 철폐하고 대뜸 학습원에 편입시킨 것을 보면서 느낀 배신감과 걱정은 너무도 크고 무거웠다.

그랬던 만치 뜻밖에도 이처럼 감히 바랄 수도 없던 뛰어난 결과를 보고 느끼는 환희는 더욱 거창하고 화려했다. 그래서 왕(순종)의 이름으로 기쁨과 칭찬과 격려를 가득 담은 유시를 전보로 동경의 이은에게 보낸 것이다.

그러나 이은이 학습원 중등과 제2학년 1학기말 시험에서 5등으로 우등을 한 일에 관한 후속 소식은 참으로 기구하다. 조선 왕실에서는 아직 몰랐지만, 그들이 격려 전보를 동경의 왕세자저로 보내고 있을 때 이미 일본 황실과 정부 당국자들은 어린 인질 이은의 신상에 새로운 박해를 가하고 있었다.

이은이 학습원에 들어가서 거듭 뛰어난 성적을 거두자 놀란 것은 비단 조선 왕실만이 아니었다. 이은을 관리하는 책임을 지고 있는 일본 당국자들 또한 그 못지않게 경악했다. 이은이 우등상을 탄 뒤, 일본 정부와 궁내성의 수뇌부는 즉각 구수회의를 열었다. 앞으로 왕세자 이은이 계속하여 거둘 우수한 성적에 대한 걱정과 대책 마련이 주제였다.

"호오……. 조선 세자가 학습원 중등과에 편입한 지 불과 반년이오. 그런데 1학년 학년말 성적이 4등, 2학년 1학기말 성적은 5등……, 연속 우등이라……."

"지난번에 1학년 학년말 시험에서 4등을 했을 때만 해도, 또다시 이런 사태가 벌어지리라고는 전혀 예상하지 못했습니다. 어학문소에서 일본 최고의 대학교수들에게서 1학년 과정을 배우다가 와서 '아마도 거기서 이미 잘 배웠던 부분을 다시 배웠기 때문에 그렇게 좋은 성적을 올렸나 보다'라고 생각했지요. 그런데 이번에 보니 그런 판단이 전혀 정확하지 않았음을 알겠습니다. 어학문소에서 전혀 배운 적이 없는 2학년 과정을 동급생들과 똑같이 공부하여 시험을 친 것인데도 5등이니까요.……"

"그러게 말입니다. 그 아이가 지금 시점에서 이런 성적을 거둘 정도면, 앞으로 학교생활에 더 익숙해지고 우리 일본어에도 더 숙달하게 되어 더욱 뛰어난 성적을 거두지 않겠습니까!"

"흠! 매우 곤란한 일이오!"

만일 그런 사태가 벌어지면, 일본 사회의 상류층에 매우 불쾌한 충격을 주게 될 터였다. 학습원의 재학생들은 모두 오늘의 일본을 이끌어 가고 있는 황족과 귀족들의 자제들이자, 내일의 일본을 직접 맡아 이끌어 갈 일본 최고의 예비 동량들이었다. 그런 학생들이 인질로 끌려온 외국 소년인 조선 왕세자보다 못한 존재들임이 세상에 드러나게 되면 어찌 되는가. 체면이 완전히 구겨지는 것도 큰 문제지만, 그보다 더욱 큰 문제가 있다. 자신들보다 나이도 어린 조선 왕세자에게 뒤처짐으로써 일본인 동급생들이 갖게 될 열등감이 그것이었다. 바로 그들이 내일의 일본을 책임질 인재들이기 때문에 그것은 매우 심각하고 중요한 문제였다.

그렇잖아도 일본 황실과 궁내성 당국자들은 애당초 이은을 학습원으로 편입학시킬 때 혹시라도 이은이 학업성적에서 두각을 나타내지 못하도록 미리 술수를 써두었다. 기본적으로 언어가 다른 외국인이라는 약점을 지닌 이은을 같은 나이 또래들이 배우는 초등과 학급에 넣지 않고, 이은보다 더 나이가 많은 아이들이 배우고 있는 중등과로 편입시켰던 것이다.

실은 조선 왕실에서도 내심 바로 그 점을 몹시 우려하고 있었다. 왕(순종)이 "네가 본토어를 써야 하고 또 나이도 동급생들보다 어림에도 불구하고 능히 이 같은 성적을 올린 것을 알았다. 심히 가상하다!"라고 극구 칭찬하는 전보를 보낸 처사의 이면에는 그런 상황과 배경이 있었다. 일본 당국자들로서는 그렇게 용의주도하게 대비를 했는데도 불구하고 이처럼 뜻하지 아니한 사태가 발생하자 매우 당황했다. 그들은 착잡한 눈길을 교환했다.

"시급히 대처해야겠소."

"어떻게 처리할까요?"

"즉시 퇴교시켜야지요!"

"퇴교시킨 다음에는요?"

"그 다음에는, 그러니까, 군사교육을 받도록, 육군중앙유년학교 예과로 보내는 것이 좋겠습니다!"

그들이 생각하고 있는 것은 이은의 체격 조건이었다. 군사교육을 제대로 소화하는 데 필수적으로 요구되는 것은 우수한 체격과 체력이다. 그런데 이은은 나이보다 키가 아주 작고 뚱뚱한데다 체력도 매우 열세였다. 도저히 군사교육을 제대로 소화해 낼 수 있는 체격이 아니었다. 그러니 이은을 육군중앙유년학교 예과에 편입시켜 놓는다면 그가 '우등생'이 될 염려는 전혀 없었다.

그들의 결정에 명치천황도 빠른 재가로 응했다. 빠른 결정에 신속한 실행이 따랐다. 이은이 학습원에서 우등상을 탄 7월 5일에서 단지 이틀이 지난 7월 7일, 일본 당국자들은 이은을 학습원에서 퇴교시키는 수속을 모두 끝내 버렸다. 그래서 조선 왕실에서 환희에 찬 전보를 보낸 7월 10일에는, 이은은 이미 학습원의 학생이 아니었다.

"왕세자 전하! 앞으로는 육군중앙유년학교의 예과에 편입학하셔서 공부하셔야겠습니다!"

그들은 학습원에서 퇴교시킨 뒤 일방적으로 이은에게 통고했다.

"이 일은 모두 전하를 배려하는 마음에서 결정된 일로서, 일본의 여러 교육기관들의 교육 형태를 직접 경험하시게 하여 견문을 넓혀 드리려는 것이옵니다. 육군중앙유년학교 예과 편입학 시험이 8월에 있으니까, 그동안 열심히 준비해 주시기 바랍니다. 그럴 리야 없겠지만, 전하께서 혹시라도 편입학 시험에서 실패하시게 되면 위로는 천황 폐하를 위시하여 아래로는 저택의 뜰을 청소하는 어린 일꾼에 이르기까지 수많은 사람들이 모두 크게 실망하게 될 것입니다!"

"알겠소."

.

왕세자 혼혈결혼의 비밀

아이는 편안한 얼굴로 선선하게 고개를 끄덕였다. 자신감은 포용력을 키운다. 학습원에서 일본 최상류층 가문의 아이들과 일본어만 사용하면서 똑같이 공부하고 경쟁하여 우등생이 되었던 자신에 대한 크나큰 자부심과 자긍심이 있었기에, 아이에게는 일본 황실의 새로운 조치에 대한 두려움이 전혀 없었다.

당시 일본에서 직업군인의 길을 선택하여 장교가 되려는 아이들이 가장 선망하는 최고의 엘리트 코스가 곧 육군중앙유년학교를 거쳐 육군사관학교로 진학하는 것이었다. 육군중앙유년학교는 육군사관학교의 축소판과 같은 특수군사학교였는데, 보통은 전국 각지에서 중학교를 마친 청소년들이 진학했다. 그런데 육군중앙유년학교 안에 따로 특별 과정이 설치되어 있었으니, 아직 유년학교에 입학할 연령이 안되는 어린 학생들을 교육하는 '예과' 과정이었다. 당시 일본 당국자들이 이은을 편입시키기로 한 곳이 바로 그 '예과'였다.

그런데 일반교육 과정인 학습원에서 받는 교육과 군사교육 과정인 육군중앙유년학교 예과에서 받는 교육은 아예 구조 자체가 서로 달랐다. 학습원에서의 교육은 훌륭한 지력知力을 요구했다. 반면 중앙유년학교 예과의 교육은 뛰어난 체력을 요구했다. 그래서 중앙유년학교 예과 교육을 제대로 받기 위해서는, 곧 체력을 가지고 경쟁하기 위해서는 강인하고 뛰어난 체격과 체력이 있어야 했다. 그렇기 때문에 체격과 체력에서 워낙 열세인 이은으로서는 아무리 노력해도 남보다 앞서기는커녕 남의 뒤꽁무니를 따라가는 것만으로도 힘에 부칠 것이 뻔했다.

게다가 특별히 주목할 것은 함께 공부할 급우들의 계층과 출신 배경이었다. 학습원과 달리 유년학교나 그 예과는 출신 계층에 대한 제한도 없고 수업료도 없었다. 따라서 대부분의 학생들이 평민 가정 출신의 체력이 우수한 아이들이었다. 그렇기 때문에 이은이 유년학교 예과에 들어가면, 즉각 '조선 왕세자 이은의 학업성적은 일본 평민 아이들보다도 못한 상태에 떨어지게 되어 있었다.

그런 상황을 명확하게 파악하고 있었기에, 일본 당국자들은 학습원의 우등생 이은을 편입학시킨 지 반년 만에 전격 퇴교시켜서, 군사학교인 육군중앙유년학교의 예과에 집어넣기로 결정한 것이다. 그들의 눈매는 영악했고, 그들의 짐작은 정확했다. 그들이 원했던 대로, 이은은 중앙유년학교 예과에 편입학한 뒤로는 나중에 사관학교 교육을 마치고 임관될 때까지 긴 학창 시절 동안에 한 번도 우등생이 된 적이 없다.

게다가 특히 일본 당국자들의 마음에 들었던 것은 중앙유년학교 예과의 체제였다. 그 학교 학생 전원은 학교 구내에 있는 기숙사에서 생활해야 했다. 일주일 내내 하루 24시간을 모두 학교에서 보내고, 일요일과 공휴일에만 집으로 가는 것이 허락되는 전료제全寮制 학교였다. 그러니 앞으로 이은과 왕세자 저택의 조선인 관리들과의 접촉은 극단적으로 줄어들게 된다. 그런 상황은 이은을 더욱 빨리 일본인화하는 데 크게 기여할 터였다.

그들은 그렇게 조건을 하나하나 따져볼수록 현 시점에서 '조선 왕세자 이은'을 중앙유년학교 예과에 편입학시키는 일은 백 개 천 개의 이점이 있는 중요한 조치라고 공감하고 즉각 실천에 들어갔던 것이다.

당시 일본이라는 나라가 어린 소년 인질에게 그 얼마나 참혹한 죄업을 지은 것인가! 어떤 의미에서는, 그 당시 일본이라는 나라 전체가 지닌 무게가 어린 외국인 인질 소년이 지닌 의지와 인내의 무게만도 못했던 것이다.

엄귀비의 처연한 승하

어두운 곳에 있다가 어두운 곳으로 옮겨가면 그 어둠을 별로 의식하지 못한다. 그러나 밝은 빛 속에 있다가 어두운 곳으로 들어가면 아주 캄캄하게 느끼기 마련이다. 일본인들이 이은을 학습원에서 퇴교시켰다는 소식이 전해졌을 때 조선 왕실의 상하 대소 인원들이 느낀 마음의 움직임이 바로 그러했다. 이은이 학습원에서 계속 우등생이 되었다는 소식으로 서울의 조선 왕실에 가득 찼던 기쁨은 일시에 가라앉고 온 궁중이 뒤숭숭해졌다.

"폐하! 저 간교한 왜인들이 어찌하여 갑자기 우리 태자를 학습원에서 퇴교시키는 것이오니까?"

상황 판단이 빠른 엄귀비가 덕수궁 함녕전 안 깊은 지밀에서 태황제(고종)를 향해 고통스럽게 뇌었다. 분노와 걱정으로 그 큼직한 얼굴이 온통 거무죽죽 어둡다.

"글쎄 말일세. 일본 궁내성의 통보로는, 우리 태자를 육군중앙유년학교 예과에 편입시켜서 교육을 받게 할 것이라지 않은가."

태황제가 무겁게 대꾸했다.

"그래서 말씀이오니다. 듣자 하니, 그 유년학교란 곳이 장차 군인장교가 되려는 아이들이 사관학교에 들어가기 전에 다니는 군사학교라는 것이고, 예과는 그 군사학교에 부속된 하급교육기관이라고 하지 않더이까! 게다가 거기는 일본의 궁벽한 산골에 사는 무지하고 천한 평민들의 자식들까지도 함께 받아서 모두 한 교실에 몰아 넣고 가르치는 곳이라 하지 않더이까!"

"……그러게 말일세."

태황제의 입에서도 긴 한숨이 흘러나왔다.

조선 왕실에서는 학습원과 육군중앙유년학교의 가장 본질적인 차이점은 '학생들의 신분'이라는 것에 크게 주목하고, 또 그 점을 가장 고통스러워했다. 학습원은 황족과 화족의 자제들만 다닐 자격이 있는 특수한 귀족학교였기에, 이은을 학습원으로 편입시킨 것까지는 그래도 받아들이기가 수월했다. 그에 반해, 육군중앙유년학교 및 그 예과는 군사교육기관이고 학생들의 신분에 아무런 제한이 없는 학교라서 대부분의 학생들이 평민 가정 출신이었고 그들과 나란히 앉아서 똑같은 대우를 받으면서 함께 배워야 했다.

"어찌하여 귀하신 우리 태자가 비천한 평민들 자식들과 나란히 군사교육을 받아야 하는 것이오니까! 저 저주 받을 왜인들이 어찌하여 우리 귀하신 태자에게 이토록 가당찮은 모욕을 마구 가하는 것이오니까!"

엄귀비는 분노를 못 이겨 주먹으로 가슴을 쳤다.

"만 보를 양보해서 생각한대도 그렇사옵니다. 저들이 우리 태자에게 저들의 군사교육을 받게 한다 해도, 거기에도 도리가 있고 순리가 있어야 하지 않사오니까! 이왕 학습원 중등과에 넣었으면 그 과정이나마 제대로 마치게 한 뒤에, 육군중앙유년학교로 진학하도록 하는 것이 순리가 아니오니이까!"

"그러게 말이네!"

왕세자 혼혈결혼의 비밀

"폐하! 저 자들이 우리 태자를 학습원에 편입시킨 지 이제 육 개월이오이다. 불과 육 개월 만에 황급하게 퇴학시켜서 하필 유년학교 예과로 옮긴다니, 이게 말이 되오니까! 대체, 예과가 무엇이오니까! 어찌하여 저 왜인들이 우리 귀하신 태자를 손안에 공깃돌 놀리듯 이리저리 마구 굴려 대는 것이오니까! 저 원수의 왜놈들이 그 죄업에 대한 벌을 어찌 다 받으려고, 사람의 마음을 이토록 아프게 쑤셔대는 것이오니까! 폐하! 참으로 원통하고 또 원통해서 도저히 견딜 수가 없나이다!"

엄귀비는 이를 악물었다. 그러나 그 기세는 이미 전날의 엄귀비와 달랐다. 분노하면 착 치켜뜨는 눈꼬리에서 매운 기운이 살벌하게 뻗쳐 나오던 그 사납고 위풍당당하던 모습이 아니라, 감때사나운 객주 주인한테 무고하게 욕을 당하는 가난한 뜨내기 길손처럼 질정 없고 섬약한 모습이었다.

나라를 잃으니 그토록 어기찼던 귀비조차 기력을 잃는구나.

태황제는 마음이 너무 아파서 열린 창문 너머 한적한 궁궐 뜰로 눈길을 돌렸다.

천하에 내로라하는 인물이라는 사내 통감을 상대로도 전혀 꺾이지 않고 사납게 대들던 때가 엊그제 같은데…….

일본에 합병되기 전 아직 대한제국이 국호를 유지하고 있을 때만 해도, 엄귀비는 한 나라의 국모로서 당당한 기개를 내외에 과시하던 여걸이었다. 그녀가 3대 통감으로 부임한 사내정의 자작을 상대로 한바탕 거친 설전을 벌였던 것은 거센 풍운으로 가득한 구한말의 궁중사에서도 특히 유명한 사건이었다.

사내정의는 빠른 두뇌와 사나운 성품을 무기 삼아서 세상에 우뚝 선 사내였다. 그는 이등박문과 마찬가지로 장주번의 하급 무사라는 하찮은 신분에서

몸을 일으켜 일약 일본 육군과 정계의 최고위 거물로 출세했다.

그의 군대 경력은 실로 남달랐다. 명치유신 뒤에 일어난 내란인 서남전쟁에 정부군으로 참전했을 때 총알이 오른손을 관통해 불구가 되었다. 오른손을 쓰지 못하는 장애인이 되었다는 것은 군인으로서의 삶을 접을 수밖에 없는 치명적인 결격사유였다. 웬만한 사람이면 실의 속에서 그대로 퇴역했을 것이다. 그러나 워낙 인품이 표한했던 그는 끄떡도 하지 않았다. 그런 불구의 몸으로 계속 군대에 남아 승승장구 출세한 끝에 장군이 되었고, 그간 세운 군공으로 작위까지 받아 귀족이 되었다. 게다가 러일전쟁 때에는 내각에 들어가서 육군대신으로서 전쟁을 총지휘해 승전으로 이끌었다. 그는 정치 감각이 있을 뿐더러 군사 업무를 다루는 능력이 특히 뛰어나다고 인정받았다. 그래서 러일전쟁 이후 거듭된 일본 정부 개각에서 다른 각료들은 자주 바뀌었으나 그만은 계속 육군대신으로 살아남았다. 그는 그처럼 자타 공히 인정하는 당대 일본 제일급의 무관으로 타고난 사나운 성품이 하늘을 찌를 듯했던 경골한硬骨漢이었다.

이등박문도 안중근도 모두 저세상 사람이 된 뒤인 1910년 5월 30일에, 명치천황은 그를 대한제국의 3대 통감으로 임명했다. 그리고 그가 지니고 있던 기존의 직책들을 모두 겸직하도록 명했다. 그리하여 대한제국 통감직은 '제1대 이등박문, 제2대 증이황조, 제3대 사내정의'로 이어졌다.

사내정의는 통감으로 임명된 지 오십여 일 뒤인 1910년 7월 23일에 비로소 임지인 대한제국에 부임했다. 그 뒤 그의 행적을 보면, 통감에 임명된 상태로 일본에 머물고 있던 동안에 그는 대한제국을 합병시킬 책략을 최종적으로 마무리하고 있었던 것으로 보인다. 그리하여 한국에 부임하자마자 질풍노도처럼 사납게 대한제국 황실과 정부를 밀어붙이면서 합병 정책을 추진하여 현지에 부임한 지 한 달 만에 합병조약의 조인을 끝냈다.

한일합병으로 '대한제국 통감부'는 '조선총독부'로 문패를 바꿔 달았고, 그는 다시 초대 조선 총독으로 임명되었다. 그래서 사내정의는 제3대이면서 최후의 대한제국 통감이자 제1대 조선 총독으로서 역사에 이름이 올라 있다.

그의 통치 스타일은 표한한 성품 그대로여서 어찌나 혹독한 무단정치를 자행했던지, 그 악명이 조선 팔도를 뒤흔들었다. 그는 심지어 어린아이들을 가

🍂 **사내정의.** 사내정의는 빠른 두뇌와 사나운 성품을 무기 삼아서 자기 자신을 세상에 우뚝 세운 그야말로 입지전적인 인간상의 전형인 사내였다. 1910년 이완용 친일내각으로부터 경찰권을 이양받아 헌병과 경찰을 동원한 삼엄한 공포 분위기에서 한국의 국권을 탈취하였다. 국권 탈취 후 초대 조선 총독이 되어 언론을 탄압하고 강력한 무단 정책을 폈다.

르치는 소학교 교사들까지 관복을 입고 허리에는 칼을 찬 채로 수업하도록 조치했다.

그의 성품이 워낙 그러하고 그의 관록 또한 워낙 그러하여 일본 정계에서 뜨르르하게 소문나기를 "천하에 내로라 큰소리 치는 담이 큰 대장부들도 사내정의 앞에만 가면 절로 기에 눌려 움츠러든다"고들 했다. 그러나 뛰는 자 위에 나는 자가 있다고 했던가. 엄귀비 앞에서는 그런 것이 전혀 통하지 않았다. 놀랍게도 엄귀비는 그 유명한 사내정의를 상대로도 전혀 위축됨이 없이 맞대놓고 거침없이 일본 측의 횡포를 질책함으로써 옆사람들이 겁에 질려 낯빛을 잃게 했다. 엄귀비가 지닌 성깔의 드셈과 기세의 사납고 대담함이 사내정의를 단연 능가했던 것이다.

엄귀비가 사내정의를 질책했던 이유는 바로 이은의 귀성과 관련된 사안 때문이었다. 이등박문은 어린 황태자 이은을 일본으로 끌고 갈 때, "일 년에 한 차례씩 여름휴가 때마다 한국으로 귀성하여 부황과 모비를 뵈올 수 있게 하겠다"고 철석같이 약속했으나 전혀 지키지 않았다. 해마다 여름이면 이등박문이 일본으로 건너가서 직접 이은을 데리고 일본 각지를 여행하고 다닐 뿐, 부모가 있는 고국에는 잠깐이라도 다녀가게 하지 않았다. 이등박문이 죽은 뒤에 맞은 1910년 여름방학에도 일본 황실과 정부에서는 이등박문이 세운 원칙과 방식 그대로 이은으로 하여금 계속 일본을 순유하도록 조치했다.

사내정의가 한국의 제3대 통감으로 임명된 것은 1910년 5월 30일이지만, 앞에서 보았듯 그는 대한제국을 일본에 합병시키는 전략의 마무리 작업 등으로 7월 23일에야 임지인 한국의 서울에 부임했다. 그런데 사내정의가 동경을 출발하는 것보다 먼저, 이은은 명치천황의 칙지에 의해 역시 예년과 마찬가지로 여행을 떠나야 했다.

사내정의가 한국 통감으로 서울에 부임한 뒤 아직 한일합병을 강행하기 전의 어느 날이었다. 그가 덕수궁에 입궁하여 태황제를 배알했을 때 동석했던 엄귀비가 돌연 이은의 귀성 문제를 꺼내면서 그를 향해 맹렬하게 화를 내기 시작했다.

"사내 통감! 내 한 마디 말 좀 물읍시다. 대체 일본이라는 나라는 어찌하여 그리도 신의가 없소?"

엄귀비로서는 그간 누르고 눌러왔던 울화가 폭발한 것이다. 1907년 12월 5일에 이은을 일본으로 끌고 간 뒤 단 한 번도 귀국시키지 않은 채 1910년 여름이 되었으니, 엄귀비로서는 햇수로 사 년째나 어린 아들을 전혀 만나보지 못하고 있는 터였다.

"이등박문 공작이 우리 황태자를 일본으로 데려갈 때, 매년 여름이면 우리 태자를 귀성시켜 부모와 대면하게 해 준다고 철석같이 약속했었소. 그 약속은 이등 공작 개인이 아니라 일본국의 대표로서 한 것이오. 그런데 일본은 어찌하여 아직까지도 그 약속을 지키지 않는 거요? 우리 황태자가 일본에 건너간 지 벌써 사 년째요, 사 년째! 그런데도 우리는 부모로서 아직껏 단 한 번도 우리 태자의 얼굴을 못 보고 있소! 대체 이게 말이 되는 일이오?"

엄귀비가 거칠게 책망하는 말을 통역을 통해 전해 들은 사내 통감은 심한 모욕감으로 얼굴이 확 붉어졌으나 자기딴에는 꾹 참고 대꾸했다.

"예, 그 모두 황태자 전하의 교육을 위함이니 그리 아소서. 모국으로 자주 귀성하면 학업 성취에 방해가 되기 때문에, 황태자 전하를 위해 실행하지 못할 뿐이오이다."

"학업을 핑계하지 마시오! 말도 되지 않는 소리요!"

엄귀비는 맞대놓고 코웃음을 쳤다.

"학교마다 한여름과 한겨울에는 방학하여 생도들로 하여금 학업을 쉬고 휴양하도록 하지 않소! 나도 그쯤은 알고 있소이다. 더구나 우리 황태자가 지금 공부하고 있는 게 아니잖소. 올 여름에도 일본 국내 어딘가로 여행을 보냈다면서, 어찌 학업을 핑계하는 거요!"

엄귀비는 노골적으로 노기를 드러내며 사내 통감을 노려보았다.

"학업이구 어쩌고, 그런 따위 말은 아예 꺼내지도 마시오! 어째서 여름마다 수십 일씩 일본 각 지방을 돌아다니는 여행을 보낼 시간은 있으면서도 부모가 애타게 기다리는 조선으로 보낼 시간은 없다는 게요! 그게 대체 말이 되는 말이오! 일본으로 데려갈 때 그토록 굳게 다짐했던 약속이면 스스로 지킬 줄을 알아야지, 대체 이게 무슨 꼴이오! 더 이상 당치도 않는 소릴랑 그만두고, 우리 황태자를 당장 이리로 데려오시오!"

엄귀비가 잘못을 저지른 미천한 하인배 나무라듯 마구 퍼붓자, 사내정의 통감은 격분하여 의자를 밀치고 일어섰다. 분노로 손이 부들부들 떨리는 바람에 그가 왼손에 들고 있던 시가가 바닥에 떨어졌고 얼굴빛은 붉으락푸르락 요란했다. 후환이 두려운 태황제가 중간에 들어서 "자식을 그리는 아녀자의 분별없는 말이니 괘념하지 마시오!" 하고 사내 통감을 좋은 말로 달래는데도, 그는 엄귀비를 향해 삿대질을 하며 무엄하게 소리쳤다.

"이 사내, 오늘의 이 수모를 똑똑히 기억해 두겠소이다!"

그가 크게 입신출세한 이후로 남에게서 그토록 가차 없는 수모를 당한 것은 평생 유례를 찾아볼 수 없는 일이었다. 그랬던 만치 그는 그 사건을 훗날까지 마음 깊이 담아 두었다. 뒷날 그는 측근 사람들에게 당시 일을 회고한 뒤에, "내가 무사도에 한 치만 더 투철했거나 한 치만 더 모자랐거나 했던들, 그 자리에서 세상 사람들이 깜짝 놀랄 일이 벌어졌을 것이다!"라고 덧붙이더라는 것이다. 그건 '칼부림이 났을 것'이란 소리니, 그날 여러 사람들 앞에서 엄귀비가 퍼붓는 성난 질책에 사내정의가 얼마나 극심한 모욕감을 느꼈는지를 극명하게 알려 준다. 사납고 거친 성격으로 유명한 사내정의조차 감당하기 어려웠던 엄귀비의 감때사나운 성깔과 어기찬 뱃심을 선연하게 증명하는 일화다.

그러나 그토록 억센 여인인 엄귀비도 1910년 8월 29일에 끝내 대한제국이 멸망하여 일본의 식민지가 되자 그만 기가 푹 꺾였다. 그리고 엄귀비의 기가 꺾이지 않았다면 결코 일어나지 않았을 처연한 비극이 나라가 망한 뒤 이듬해인 1911년 여름에 일어났다. 엄귀비가 7월 20일에 돌연 급사한 것이다. 그것은 이은의 일생에서 가장 통절했던 비극 중 하나로서, 이때 그는 학습원에서 퇴교당한 직후였다.

"이것이 조선 왕세자 전하의 학업생활을 찍은 활동사진이오."

1911년 7월 18일, 돌연 일본에서 보내온 영화 필름 한 통이 조선 왕실에 도착했다. 일본인들이 학습원에서 교육받는 이은의 모습을 찍었다는 필름이 인편으로 온 것이다. 일본 측이 이은을 학습원으로 편입시키더니 불과 육 개월 만에 다시 퇴학시킨 처사에 심각한 의구심과 불만을 가지고 있던 차에 전해진 필름이었다.

"마마! 지금 일본에서 활동사진을 보내왔는데, 황태자 전하께서 일본 학습원에서 공부하시는 모습을 찍은 활동사진이라 하옵나이다!"

"뭣이라! 우리 황태자를 찍은 활동사진이라고?"

나라가 망했다고는 하나, 궁중 안의 조선인들 사이에서는 여전히 망국 전의 칭호를 쓰고 있어서 이은을 가리켜 반드시 '황태자 전하' 또는 '태자 전하'로 부르고 있었다. 그렇잖아도 "우리 태자 전하가 일본의 황족과 귀족 가문의 아이들과 어떻게 공부하시면서 우등의 성적을 올리신 것인가?" 하고 궁중 상하가 모두 호기심 가득 궁금했었다. 그런데 황태자 전하가 그 일본 아이들과 공부하는 모습을 찍은 필름이라니 모두들 귀가 번쩍 뜨였다. 태황제(고종)와 엄귀비며 황제(순종)와 황후 윤씨를 비롯한 황실 가족 모두가 덕수궁 석조전에 모여서 그 필름을 관람했다.

"아니! 저, 저런! 저, 저, 저럴 데가!"

한창 필름이 돌아가고 있는데 화면을 지켜보던 엄귀비가 돌연 주먹으로 가슴을 쳤다.

"아이고! 태자야! 아이고! 아이고! 우리, 우리 태자야!"

엄귀비는 숨이 컥컥 막혀 계속 가슴을 치면서 비명을 질렀다.

일본 상류층 자녀들의 교육을 담당하는 학습원의 원장이 교육자가 아닌 육군대장 내목희전이었던 것에서 보듯, 학습원 교과목 중에도 일반 학과 외에 군사훈련을 받는 시간이 끼어 있었다. 군사훈련 시간에 야외에서 행군하던 이은이 점심 식사 시간이 되자 다른 아이들과 나란히 앉아서 주먹밥을 먹고 있는 모습이 화면에 비치고 있었다.

"아이고! 우리 귀한 태자에게, 우리 황태자에게, 주먹밥을 먹이다니! 아니, 주먹밥이라니!"

엄귀비는 가슴을 치고 또 쳤다.

"아이고! 주먹밥, 아이고! 우리 태자에게 주먹밥을 먹이다니!"

엄귀비는 아기 궁녀로 입궁한 뒤, 중전 민씨에 의해 내쫓겼던 10년간을 빼고는 평생을 궁궐에 살면서 의식주 모든 면에서 궁궐살이의 호사스러움을 실컷 누린 사람이다. 고기도 먹어 본 사람이 먹을 줄 안다고 하듯, 평생을 누려 온 터라 좋은 음식, 좋은 의복, 좋은 거처에 대한 선호와 집착이 남달랐다.

그런데 이 무슨 괴악한 광경인가! 눈에 넣어도 아프지 않을 내 귀한 외아들, 황태자 책봉까지 받은 그 귀하고 귀한 어린 아들이 인질이 되어 외국으로 끌려가 오랜 세월 잡혀 있는 것만으로도 늘 가슴이 타고 억장이 무너지는데, 그것도 공부랍시고 일본 애들과 나란히 한갓 졸병처럼 등에 배낭을 메고 행군하는 모습을 보는 것만으로도 억장이 무너지고 또 무너지는데, 바로 그 금지옥엽의 귀한 아들로 하여금 땅에 앉아서 주먹밥을 먹게 하다니!

"아이고!"

그대로 숨이 콱콱 막혀서 주먹으로 가슴을 두드리던 엄귀비는 그만 기가 넘어 그대로 쓰러졌다. 급성 관격(먹은 음식이 갑자기 체하여 가슴속이 막히고 위로는 계속 토하며 아래로는 대소변이 통하지 않는 위급한 증상)으로 기맥이 꽉 막혀서 전혀 통하지 않게 되어 쓰러진 것이다. 즉시 그녀의 침전인 즉조당으로 업어다가 자리에 눕혔는데 엄귀비는 그대로 인사불성 상태에 빠져 버렸다. 온 궁중이 다 놀라서 즉각 의원을 대령하고 약을 썼지만 차도는 전혀 없었다.

그런데 겨우 실낱 같은 숨만 붙어 있은 지 이틀째이던 1911년 7월 20일 새벽, 돌연 엄귀비의 입술이 희미하게 움직였다.

"태자야! 태자야!"

엄귀비는 두 번 애타게 아들을 부르고는 그대로 숨이 끊어졌다.

향년 57세. 일본 학습원의 이은이 우등상을 타고 나서 전격 퇴교당한 지 불과 13일 만인 1911년 7월 20일 새벽 3시 10분에 일어난 흉변이었다. 《순종실록부록》에는 이러한 엄귀비의 죽음이 딱 한 줄로 기록되어 있다.

인시에 귀비 엄씨가 덕수궁 즉조당에서 훙거하다(《순종실록부록》, 1911년 7월 20일조).

部○英國人神學博士奇一헬進獻韓英辭典一部嘉納仍賜銀製花甁一箇
○十日電諭王世子曰昨接試驗成績發表同級生四十四人中占第五之電
報知爾用本土語年又較少而成績乃能如是甚可嘉尚將來益加勉勵是所
望也○十三日賜京城圖書館寄附金一百五十圓爲其發展也○十五日特
賜金五百圓于子爵趙重應爲其父緬禮時葬需也○二十日詣德壽宮觀謁
王妃隨詣○寅時貴妃嚴氏薨于德壽宮之卽祚堂、未時沐浴申時襲○命
殯宮以興德殿爲之魂宮以永福堂爲之初銘旌書寫處所以昔御堂爲之
命子爵李完鎔嚴俊源守園員差下侯爵李載完侯爵李載覺侯爵李海昇侯
爵李海昌侯爵朴泳孝伯爵李址鎔子爵李埼鎔男爵李載克男爵李載趙
用求趙鼎九李垓鎔李達鎔李海忠李載允李載鼏李德趙
漢國男爵趙東潤閔泳瓚趙命九趙鼎植閔俊植弘植嚴俊源嚴柱益嚴柱
承嚴忠源朴昌善李容復金永振嚴健閔夏永嚴斗永金宅鎭李明九金容
鎭李丙瓚爲宗戚執事一本職長官閔丙奭啓差初銘旌書寫員子爵閔泳徽
改銘旌書寫員朴齊純下玄室銘旌書寫員侯爵朴泳孝梓室上面上字
書寫員爵金宗漢昇梓室員金東昱啓攢室員李會九行狀製述員男爵金

인시는 오전 3시부터 5시 사이를 말한다. 위에서 보듯, 《순종실록부록》에는 엄비가 돌연 사망한 원인에 대해 전혀 언급되어 있지 않다. 그러나 조선과 일본 양국에는 엄귀비의 사망 원인에 관한 이야기가 각기 따로 전해져 내려온다. 그런데 내용이 서로 크게 다르다.

"엄귀비는 일본에서 보낸 활동사진을 보던 중 황태자 이은이 군사훈련을 받으면서 주먹밥을 먹는 모습을 보고 충격을 받아 급체로 훙거했다."

이것은 조선 궁중에서 전해져 내려온 이야기로서, 《선원보감》 등 조선의 궁중 문서들에 기록되어 있는 사망 원인이다.

"엄귀비는 장티푸스로 별세했다."

이것은 당시 조선총독부가 발표한 엄귀비의 사인이다. 신문 보도에도 그렇게 나왔고, 대다수의 일본인들은 그 발표를 그대로 믿었다. 그래서 일본 황족인 이방자 여사의 회고록 등에도 그렇게 기록되어 있다.

"엄귀비는 심장마비로 사망했다."

이것은 일본 궁내성 내부 문서의 기록이다. '심장마비 사망설'이 '장티푸스 사망설'보다는 진상에 더 가깝지만, 궁내성의 내부 기록일 뿐 당시 일반인들에게 일체 공표되지 않았다.

위와 같은 몇 가지 사망설 중에서, 물론 우리 측 기록이 정확하다. 조선총독부 당국자들은 엄귀비의 정확한 사인이 알려지면 그녀의 아들 이은은 물론 조선 민중들 사이에서 치솟을 반감과 후유증을 염려하여 '장티푸스로 인한 사망'이란 거짓말을 꾸며 냈던 것이다.

🔺 《순종실록부록》 1911년 7월 20일조 기사. 엄귀비는 일본에서 보낸 활동사진을 보던 중 황태자 이은이 군사훈련을 받으면서 주먹밥을 먹는 모습을 보고 충격을 받아 급체로 훙거했다. 《순종실록부록》에는 엄귀비의 죽음이 딱 한 줄로 기록되어 있다.

생각하면 엄귀비의 죽음은 실로 처연하고 애달프다.

당대의 여걸로서 성미 드세고 늘 스스로 당당했던 여인! 권력에 대한 욕구도 비할 데 없이 뜨겁고 강렬하여 못생기고 나이 든 상궁의 몸으로 끝내 임금의 총애를 쟁취했고, 자신의 아들을 일약 황태자로 만들었으며, 경운궁의 그 많은 전각들 중에서도 굳이 광해군과 인조가 즉위식을 거행했던 즉조당을 자신이 거처하는 내전으로 만들어서 살았던 억센 여장부였다. 아마도 자신의 아들인 이은이 반드시 황위에 오를 것을 기약하는 마음으로 즉조당을 선호했으리라. 그뿐인가. 사람의 인정과 심리와 시세가 움직이는 기미를 알아보는 안목 또한 탁월했다. 그리하여 위로는 황제로부터 아래로는 대소 관리는 물론 손아래 두고 부리는 궁녀들까지 자신의 뜻대로 움직이는 데 능란했다.

그러나 일본에 나라를 빼앗긴 사실은 엄귀비의 그 억센 기질에도 깊고 어두운 그늘을 드리웠다. 나라가 멸망하기 전 같았으면, 인질로 끌려간 어린 아들이 이역 땅 야외에서 주먹밥을 먹고 있는 활동사진의 화면을 보았다 해도 "우리 귀한 금지옥엽의 태자에게 주먹밥이 다 무어냐! 저런 짓거리를 자행하는 왜놈의 종자들도 사람이란 말이냐!" 하고 펄펄 뛰면서 목청 높여 일본을 꾸짖고 또 꾸짖어 마지않았을 성미였다. 그러나 나라가 멸망하자 엄귀비는 예전의 엄귀비가 아니었다. 일본인들을 꾸짖기는커녕 극심한 분노와 절망감을 견디지 못하고 스스로 숨이 막혀 맥없이 생명줄을 놓아 버린 것이다. 실로 처절한 임종이었다.

되돌아보면 기이하다. 결국 고종은 유일한 정실이던 명성황후 민씨와 정실 못지않은 측실이던 엄귀비 두 사람을 모두 일본인들과 관련된 일로 잃은 것이다. 생각하면 그 또한 너무도 기구하고 참혹한 인연 아닌가.

엄귀비가 쓰러진 날인 1911년 7월 18일, 일본 동경의 이은 저택에서는 본

왕세자 혼혈결혼의 비밀

국에서 그런 참혹한 일이 벌어진 줄은 꿈에도 모르고 다음 날에 일본 국내 여행을 떠날 준비를 하고 있었다. 며칠 전에 "조선 왕세자 이은은 7월 19일에 출발하여 산이山梨와 신사新潟 지방을 돌아보라!"는 명치천황의 칙지가 내렸기 때문에 이은의 왕세자저에서는 여행 준비를 시작했다. 그리고 전례대로 출발 이틀 전인 7월 17일에 이은은 궁성에 들어가서 명치천황 내외에게 여행을 떠난다고 보고하고 천황이 하사하는 선물을 받아 가지고 돌아왔다.

그런데 7월 19일 아침이었다. 이등박방 공작과 함께 막 여행길에 나서려는 참인데 느닷없이 서울로부터 '엄귀비 위독하심'이라는 전보가 날아왔다. 그래서 즉각 여행을 중지하고 저택에서 대기하면서 회복하셨다는 소식이 오기만을 애타게 기다렸다.

그러나 다음 날인 7월 20일 새벽에 엄귀비는 끝내 절명했고, 그날 아침에 서울의 대궐에서 황급하게 보낸 급보가 그 흉보를 전했다.

"전하! 놀라지 마오소서!"

전보를 손에 든 고희경 사무관이 창백한 얼굴로 이은의 앞에 와서 섰다.

"귀비마마께오서 오늘 새벽 인시에 승하하셨다 하옵니다."

"아악!"

어린 인질 이은의 입에서 단말마의 비명이 터져 나왔다. 순식간에 얼굴에서 핏기가 빠져 나가서 시체처럼 창백했다.

"장티푸스 때문에, 귀비마마께서 갑자기 장티푸스에 걸려서 고생하시다가, 끝내 회복하지 못하오신 거라고 하옵니다!"

거기까지 듣고 이은은 정신을 잃고 쓰러졌다. 모두 황급하게 구완에 나섰는데, 한참 만에야 겨우 깨어났다. 이은의 나이 13년 9개월일 때 겪은 참극이었다.

슬픔은 사람을 조숙하게 만든다. 나라가 멸망한 뒤, 이은은 망국인으로서의 아픔을 겪으며 새삼 고국에 계신 늙은 부모의 건강과 안녕에 마음이 크게 쓰였다. 그래서 그림엽서에 '문안問安 세자 은世子 垠'이라고 다섯 자를 쓴 문안편지를 날마다 고국의 궁궐로 보내면서 늙으신 부모의 건강을 기원해 왔다. 그런데 이처럼 청천벽력과 같은 뜻밖의 비보가 날아온 것이다.

기절했다가 깨어난 이은은 일본에 온 뒤 처음으로 목 놓아 통곡했다. 눈물은 연이어 흘러내려 그칠 줄 몰랐다.

"조선 왕세자 이은은 조선에 가서 모비의 상례를 치르고 돌아오라!"

엄귀비가 별세하자, 명치천황은 이은을 인질로 일본에 끌어다 놓은 이래 처음으로 귀국을 허락했다. 물론 영구 귀국이 아니라, 모친의 장례식에만 참석하고 곧 돌아와야 하는 아주 한시적인 귀성 허락이었다. 아마도 이은이 엄귀비의 사망 소식을 듣고 그대로 기절했다가 깨어났다는 이야기를 전해 듣고, 장례식에 참석하지 못하게 막으면 기절 이상의 변고가 생길 것이 염려되어 어쩔 수 없이 짧은 귀성을 허락하는 쪽으로 결정한 듯하다. 명치천황은 어린아이를 인질로 끌고 온 이래 계속 여러 해 동안 붙잡아 놓아서 다시는 생모와 만나보지 못한 채 생사가 갈리게 만들고 임종도 못하게 한 것이 내심 안쓰럽기는 했던 모양이었다. 관계자들에게 특별명령을 내렸다.

"조선 왕세자 이은과 그의 수행원들이 타고 갈 열차와 기선이며 도중에 머물 숙박소의 주선 등 이번 귀성에 필요한 것들을 모두 잘 챙겨서 일체 불편이 없도록 특별히 조처하라."

이은과 그 수행원들은 7월 21일 밤 동경역을 출발했다. 일본에 끌려 온 지 햇수로 5년 만에 처음으로 실현된 최초의 귀국 목적이 '생모 엄귀비의 장례 참석'이었으니 그 어린 마음이 얼마나 참담했을 것인가. 이은 일행은 기차를 타고 하관 항구까지 가서, 명치천황의 칙지에 따라 조선의 진해만에서 급히 하관으로 건너와 있던 춘일환에 올라서 현해탄을 건너 7월 23일 아침 부산에 도착했다.

부산까지 출영나온 조선총독부 관리들과 함께 이은은 그날 오전 9시발 임시특별열차에 올라 상경했다. 그가 서울에 도착한 때는 같은 날 오후 6시 40분이었다. 21일 밤에 동경역을 출발하여 23일 저녁에 서울 남대문역에 도착했으니, 동경을 출발한 지 만 이틀이 채 되지 않아서 고국에 도착한 것이다. 그간 교통기관이 발달하고 기능도 향상되어서 왕래하는 시간이 크게 줄어들었다. 생각하면 그처럼 짧은 시간이면 고국에 돌아갈 수 있었는데도 불구하고 지난 5년 동안 단 한 번도 가지 못했으니 실로 기구한 일이었다.

열차가 닿은 남대문역에는 조선 궁중의 관리들과 조선총독부 관리들은 물론 서울의 각급 학교 학생들과 일반 백성들이 무리 지어서 봉영하러 나왔다. 조선 백성들은 남대문 역전에서부터 엄귀비의 시신을 모셔 놓은 빈전殯殿이 있는 덕수궁의 정문인 대한문까지 '사람 울타리를 친 듯' 하얗게 늘어서서 대한제국 황태자로서 일본에 끌려갔다가 나라가 멸망한 뒤에야 조선 왕세자라는 신분이 되어 귀국한 비운의 소년 인질 이은을 맞았다. 그들은 마지막 황태자였던 어린 인질을 다시 보면서 새삼 나라를 잃은 슬픔에 겨워 모두들 통곡하면서 그를 맞았다.

그런데 돌아온 상제 이은을 두고 해괴한 일이 일어났다. 조선총독부 당국자들은 이은이 귀성 중에 묵을 거처를 일본으로 떠나기 전에 거처하던 동궁 곧 창덕궁 낙선재가 아닌 덕수궁의 석조전으로 정해 놓았다. 그리고는 이은이 서울에 도착하자마자 그를 남대문 정거장에서 곧장 덕수궁 석조전으로 데려가서는 그곳에서 일체 밖으로 나오지 못하게 막았다. 이은이 궁인들을 만

왕세자 혼혈결혼의 비밀

나서 엄귀비 승하의 진상을 알게 될까 봐 두려워서 아예 만남 자체를 차단하느라고 궁리해 낸 궁여지책이었다. 궁궐 안의 다른 전각들은 구조 자체가 열린 공간이라서 통제가 어려운데, 서양식 건물인 석조전은 건물의 구조상 철저한 통제가 가능했기 때문에 그리 조치한 것이다.

일본인들은 이은이 심지어 같은 덕수궁 안에 있는 전각인 함녕전에 계시는 아바마마인 태황제(고종)에게 귀국 인사를 하러 가는 것조차 막았다. 그리고는 이왕직 관리를 시켜 태황제에게 아들 이은을 만나러 석조전으로 들어오라고 통고했다.

"무엇이라! 이, 이 무슨 무엄한 짓거리인고!"

태황제는 격분하여 입술이 다 떨렸다.

"아들이 집에 돌아왔으면 마땅히 아버지를 찾아서 뵈어야지, 아니! 아비가 아들을 찾아가서 인사를 드리란 말이냐!"

그러나 총독부 관계자들은 눈 하나 꿈쩍 않고 버티었다.

"예. 전하! 태왕 전하께서 석조전으로 납시어 주셔야 되겠사옵나이다. 이것은 모두 왕세자 전하의 건강을 위하는 조치이오니, 너그럽게 생각하시어 저희 소청에 따라주소서! 왕세자 전하께서는 어리신 데다가 모비 전하의 상사로 인하여 충격이 크사옵고, 또 멀리 동경에서부터 수만 리 길을 쉴 새 없이 급하게 달려온 여독에 몹시 시달리고 있사옵니다. 귀비 전하께서 장티푸스로

↖ 덕수궁 석조전. 덕수궁 준명당 서쪽에 있는 르네상스식 건물인 석조전은 1900년(광무 4) 영국 기사 하딩의 설계로 착공해 1909년(융희 3) 8월에 준공했다.

← 석조전 내부. 조선총독부 당국자들은 이은이 귀성 중에 묵을 거처를 동궁 곧 창덕궁 낙선재가 아닌 덕수궁의 석조전으로 정해 놓았다. 그리고는 이은이 서울에 도착하자마자 남대문 정거장에서 곧장 덕수궁 석조전으로 데려가서는 그곳에서 일체 밖으로 나오지 못하게 막았다.

갑자기 훙거하신 터에, 혹시라도 왕세자 전하에게 같은 병이 전염이라도 되는 일이 있어서는 절대 아니 될 일이옵니다. 그러하오니, 왕세자 전하의 건강을 생각하시와 태왕 전하께서 위생시설이 잘 되어 있는 석조전으로 오셔서 만나보옵심이 왕세자 전하의 건강 유지에 큰 도움이 되리라고 믿사옵니다."

태황제는 너무도 격노하여 벌어진 입이 다물어지지 않았다. 무엇보다도 엄귀비의 사망 원인이 '장티푸스'라고 눈 하나 깜짝하지 않고 거짓 주장을 하고 있음이 너무도 끔찍했다. 그래서 계속 "당장 왕세자가 여기 와서 배알하게 하라"고 강력하게 요구했지만 상대방은 들은 척도 안 했다.

시간이 자꾸 흐르는데도 자신의 요구를 아예 무시하고 아무런 반응도 하지 않자, 태황제는 문득 그런 일본인들의 존재 자체가 소름끼치게 두려워졌다. 이토록 방약무인하고 모질고 사나운 자들, 뻔한 거짓말과 거짓으로 가득찬 사악한 행위를 서슴없이 감행하는 이런 종자들의 손아귀에서 자신의 소중한 막내아들이 꼭두각시처럼 움직이고 있는 현실이 새삼 날카로운 끌처럼 가슴을 찍어대었다.

태황제는 어린 왕세자가 너무도 가엾고 너무도 걱정스럽고 너무도 보고 싶은 나머지, 결국 궁중 법도를 굽히고 자신이 석조전으로 찾아가기로 결심했다. 일단 마음이 그렇게 돌아서자, 한시바삐 아들의 얼굴을 보고 음성을 듣고 싶어서 잠시도 지체할 수 없었다. 그는 황황하게 연을 불러 타고 석조전으로 향했다.

"아바마마! 소자, 이제야 돌아왔사옵니다! 아바마마!"

부황의 얼굴을 보자 이은은 그대로 석조전 바닥에 엎드려 절했다.

"오오! 어디 보자! 아가야! 얼굴 좀 들어라!"

1907년 12월 4일에 헤어진 뒤 햇수로 5년이 흐른 1911년 7월 23일에야 비

왕세자 혼혈결혼의 비밀

로소 처음으로 얼굴을 대면한 두 부자는 손을 맞잡고 하염없이 뜨거운 눈물을 흘렸다. 한 나라의 태황제와 황태자로서 헤어졌었는데, 이제는 나라를 잃고 신분도 격하된 태왕과 왕세자라는 처지로 다시 만났다. 그리고 이제 그들이 함께 사랑했던 여인의 장례를 같이 치러야 한다. 그들 부자는 자신들의 눈에서 눈물이 아니라 피가 흐르고 있는 듯 느꼈다.

엄귀비의 장례는 8월 2일에 치러졌다. 별세한 지 불과 13일 만이니, 왕족의 장례로서는 너무나 촉박하고 각박한 일정이었다. 묘소는 영휘원永徽園이라고 이름 지어졌다. 지금 서울 청량리에 있다. 당시 궁인들이 남긴 증언을 보면, 이은이 장례를 치르느라 조선에 머물러 있는 동안 이은을 길렀던 보모상궁은 물론 동궁에서 모시던 상궁들과 각 전의 상궁들이 "우리 태자 전하의 얼굴을 먼발치에서나마 잠깐이라도 뵙고 싶다"면서 계속 석조전 아래까지 가서 건물 주위를 빙빙 돌며 살폈다고 한다. 그러나 이은이 장례를 마치고 다시 일본으로 떠날 때까지 그의 얼굴은커녕 지나가는 옆모습조차 단 한 번도 볼 수 없었다고 한다.

당시 이은을 만날 수 있었던 조선인은 태황제 및 극소수의 고위 관리들뿐이었다. 그들은 총독부의 통제와 감시가 워낙 삼엄했기도 하지만, 무엇보다도 혼자 다시 일본으로 돌아가서 살아야 할 이은의 장래를 생각해서 엄귀비의 사망 원인을 제대로 알려주지 못했다. 그래서 이은은 오랜 훗날까지도 엄귀비가 장티푸스로 별세한 것으로만 알고 있었다.

생모 엄귀비의 장례를 치른 지 불과 엿새 만인 8월 8일, 이은은 일본 궁내성과 조선총독부의 지시에 따라 부랴부랴 서울을 떠나 동경으로 향했다.

그래야 했던 이유가 일본 측의 관계문서에 명확하게 기록되어 남아 있다. 바로 "조선 왕세자가 8월 23일에 육군중앙유년학교 예과 제2학년의 편입시험을 치르게 되어 그 시험 준비를 해야 했기 때문이었다"는 것이다. "편입시험을 치르기 위해서는 종래에 배운 것에 덧붙여서 수학, 국어(일본어), 한문 등의 과목을 더 공부해야 하니 빨리 동경으로 돌아가야 한다"고 하여 이은은 급히 서울을 떠날 수밖에 없었다.

당시 일본 당국의 그런 조치에 대해서 조선 민중들 사이에 물의가 대단했던 모양이다. 그에 관한 기사가 총독부 기관지 《매일신보》에 실려 있다. 당시 여론 중에는 일본인들의 그런 조치의 모순점을 맵게 꼬집은 강력한 비판도 있었다. "엄귀비 전하의 상사가 일어나지 않았더라면 현재 편입시험 준비가 아니라 일본 각 지방을 여행하고 다니도록 계획해 놓고 있었지 않느냐. 그런데 왜 지금 돌아가신 모비의 상사도 제대로 치르지 못하도록 편입시험 준비 운운하면서 급박하게 일본으로 다시 끌고 가느냐?"는 이야기였다. 그래서 《매일신보》 기사 중에는, "이번에 계획되었던 일본 내지 여행 중에는 본래 도중에서 열흘가량 쉬면서 편입시험 공부를 하도록 미리 계획되어 있었다"는 일본 당국자의 구차한 변명까지 들어 있다.

그렇게 비통하고 황황하게 이은은 일본으로 돌아갔다. 그리고 학습원의 우등생이던 이은은 8월 23일에 치른 육군중앙유년학교 예과의 편입학 시험을 거뜬하게 통과했다. 이제 그 앞에는 또 다른 새로운 세상이 기다리고 있었다.

너무도 고통스러운 군사교육

▦ ▤ ▥   ▦   평온한 삶을 사는 사람이 가는 길은 대개 예측이 가능하다. 그러나 불운한 사람의 생애에는 예측하기 어려운 일이 많다. 그래서 불운한 사람의 삶은 망가지기가 쉽다.

1911년 9월 1일.

원통하게 승하한 생모 엄귀비의 장례를 치르고 일본으로 돌아온 지 이십일 남짓한 이날, 이은은 그의 생애에서 매우 중요한 고비를 맞았다. 일본 육군중앙유년학교 예과에 편입학하여 생도가 된 것이다. 그리하여 지금까지의 삶과는 완전히 다른 새로운 세계로 들어갔다.

육군중앙유년학교는 동경의 시곡대市谷臺 곧 현재 일본 자위대가 주둔하고 있는 곳에 있었고, 예과도 그 구내에 같이 있었다. 이은은 이날부터 시곡대로 가서 공부해야 했다.

"전하! 마음을 강하게 가지시옵소서! 같은 중등과 과정을 가르치는 학교라 해도 학습원과 육군중앙유년학교 예과는 여러 면에서 많이 다를 것이옵니다. 우선 군사교육에 해당하는 과목들이 많아서, 학과 공부 자체가 전과 많이 다를 것이옵니다."

이은이 새 학교로 처음 가는 날 아침, 고희경 사무관이 이은의 옷차림을 다시 한 번 점검해 주면서 다짐에 다짐을 거듭했다. 도무지 마음을 놓을 수가 없는 것이다.

"전하! 그뿐이 아니옵니다. 학습원은 일본의 황족과 화족의 자제들만 다니는 귀족학교지만, 유년학교는 평민의 아이들과 어깨를 나란히 하여 함께 배워야 하는 곳이옵니다. 전하! 학교생활에서 경험하지 못한 어려움을 많이 겪을 수 있사옵니다!"

군복과 흡사한 일본 육군중앙유년학교 예과의 교복을 입은 조그만 소년, 긴장이 느껴지는 그 작고 하얀 얼굴을 바라보며 고희경은 마음이 아파서 이를 악물었다.

고희경이 마음을 놓지 못하는 것은 어린 이은이 군사교육을 받기 힘들 것이라는 예상 때문만은 아니었다. 무엇보다도 육군중앙유년학교 재학생 전원은 24시간 내내 학교 안에서만 생활해야 했는데, 예과 또한 같은 체제였기 때문이었다. 이은은 황족급이어서 구내에 따로 세워져 있는 작은 독립건물인 황족 숙사에서 지내게 되어 있다. 그렇지만 재학생들은 누구를 막론하고 일요일과 공휴일 외에는 외출이 전혀 허락되지 않았기에, 이은 역시 이제부터는 대부분의 시간을 고희경을 비롯한 조선인 직원들과 따로 떨어져 지내게 된 것이다. 그렇잖아도 외로운 어린아이의 인질살이가 더욱 외롭게 된 것이다.

"전하! 언제 어떤 장소에서 어떤 상황에 처하시거나 간에, 늘 자중자애하오소서! 그리하오시면 어떤 곤란이 닥쳐 와도 의연하게 이겨나갈 수가 있사옵니다."

근심이 태산같이 무겁게 마음을 누르고 있어, 고희경은 숨을 쉬는 것조차 뻑뻑했다.

"전하! 멀리 고국에서 전하를 바라보고 계시는 태황제 폐하와 황제 폐하의 뜻이 그러하올지며, 저세상에서 전하를 든든하게 지켜주고 계신 황귀비 전하의 뜻도 그러하올 것이오며, 목을 늘여서 멀리 전하를 안타깝게 우러르고 있는 이천만 조선 백성들의 뜻 또한 모두 그러하올 것이옵니다. 그 많은 기대가 오로지 전하의 일신에 걸려 있는 것을 언제나 기억하오소서!"

이제는 자주 만날 수도 없는 처지가 된 이은을 향해 고희경은 간곡하고 또 간곡하게 당부했다.

"전하! 그런 기대들에 조금이라도 어긋남이 없도록 늘 마음을 굳게 가지소서! 전하! 이제부터 아무리 어렵고 고생스러운 난관이 닥친다 해도 배전의 힘을 쏟아서 보란 듯이 극복해 내겠다, 그런 각오를 마음에 깊이 단단하게 간직하오소서! 전하!"

"예! 깊이 명심하겠습니다."

아이가 긴장으로 굳은 얼굴로 고개를 끄덕였다. 고희경 사무관은 옆에서 대기하고 있는 군복 차림의 김응선을 바라보았다. 저택의 직원 중에서 단 한 사람 김응선 무관이 육군중앙유년학교 기숙사에서 이은과 함께 살면서 시중 들기로 되어 있었다.

"김 무관!"

"예!"

"전하를 모시고 가시오."

"예!"

"모시고 가서 우리 몫까지 모두 합하여 정성껏 전하를 보필해 주시오. 우리는 그저 김 무관만 믿으오. 오직 김 무관만 믿을 수밖에 없소."

"예!"

역시 긴장한 표정인 김응선이 침통하게 대답했다.

"김 무관!"

그때까지 침묵하고 있던 전 동궁무관장 조동윤이 한 발 앞으로 나서면서 무겁게 입을 열었다.

"예!"

"전하를 부탁하오! 전하를 오직 김 무관의 손에 맡기오! 전하를 부탁하오!"

깊은 염려와 견딜 수 없는 격정과 참기 어려운 울분이 뒤엉킨 음성이었다.

"예!"

짧은 김응선의 대답 속에도 같은 느낌이 흠뻑 배어 있었다.

"전하! 떠나시오소서!"

김응선이 이은을 모시고 초가을바람이 잔잔히 불고 있는 뜰로 나가자 저택의 직원들이 모두 따라 나갔다.

"전하! 안녕히 다녀오십시오!"

"전하! 기다리고 있겠습니다!"

직원들이 모두들 목 메인 음성으로 작별을 고했다.

"모두 잘들 있소!"

이은이 낮게 대답하고 현관 앞에서 대기하고 있던 마차에 올랐다. 그의 뒤를 따라 엄주명과 조대호도 마차에 올라탔다.

"육군중앙유년학교로 가라!"

아이들의 뒤를 따라 마차에 오른 김응선이 마부를 향해 명령하자 "옛!" 하는 대꾸와 함께 허공에 크게 휘둘러진 말채찍이 공기를 날카롭게 갈랐다.

"오늘 새로 편입학하여 앞으로 여러분과 같이 공부하게 될 학우를 소개한다. 조선 왕세자이신 이은 전하이시다."

육군중앙유년학교 예과 2학년 담임교사가 학생들에게 이은을 소개했다.

"이은입니다. 잘 부탁합니다."

이은은 학생들에게 머리를 숙여 인사했다. 불과 육 개월 전에 학습원에 중도 편입학하던 때와 똑같은 풍경이었다. 그리고 돌아보면 바로 이날이 이은의 생애에서 장장 35년에 걸친 일본군인 생활의 첫 막을 연 운명적인 날이었다.

바늘 가는 데 실 간다고 했던가. 이날 공부 동무인 엄주명과 조대호도 함께 육군중앙유년학교 예과에 편입했다. 일본 당국자들은 그들도 이은과 함께 학습원을 중퇴하고 육군중앙유년학교 예과에 편입하도록 조치했다. 그들의 삶은 그처럼 이은의 삶에 그대로 직결되어 있었다. 그런 점에서 그들의 삶 또한 이은의 삶에 못지않게 비극적이었다.

"아, 힘들다. 아, 너무 ……힘들다. 아아."

예과에 편입학해서 교육받기 시작한 첫날부터 이은은 하루에도 몇 번씩 그 조그만 입을 벌려 남 몰래 거친 숨을 몰아쉬었다. 지금까지 받았던 교육과 체제가 매우 다른 수업 방식이어서 적응하기가 너무나 어려웠다.

육군중앙유년학교는 학교 이름 자체에 '육군'이라는 단어가 들어가 있는 것이 보여주듯, 명실상부한 군사학교였다. 당연히 예과 역시 같은 체제였다. 그래서 학생들을 배치하는 편제조차 일반 학교처럼 '몇 반 몇 번'이 아니라, 정규 부대처럼 '몇 중대, 몇 구대' 하는 군대식으로 편성되어 있었다. 그 학교에 편입학하면서부터 어린 인질 이은의 앞에 펼쳐진 매일매일은 잔혹하고 고통스러운 열등감을 주입하는 날들뿐이었다. 그건 기본적으로 이은의 체격과 체력이 동급생들보다 많이 뒤떨어졌기 때문에 필연적인 상황이었다.

체격이나 체력의 문제를 떠나서 본다 해도, 그것은 또한 근본적으로 매우 공평치 못한 처사였다. 이은을 일본으로 끌고 갈 때, 일본 측은 "대한제국의 황태자 이은을 일본의 황태자와 똑같이 대우하겠다"고 약속했다. 그러나 일본 천황가의 황족들이 육군중앙유년학교에 진학한 사례들을 보면, 이은을 학습원에서 퇴교시켜서 육군중앙유년학교 예과로 편입학시킨 처사는 황족 대우치고는 매우 예외적인 사례였다.

명치유신으로 이른바 '명치 시대'가 시작된 1868년부터 이은이 편입학한 1911년까지 43년 동안, 육군중앙유년학교에 입학하거나 편입학한 일본 황족은 단지 6명에 불과했다.

명치 5년(1872)의 복견궁 정애친왕伏見宮 貞愛親王.

명치 10년(1877)의 한원궁 이왕閑院宮 易王.

이 두 사람 뒤로는, 청일전쟁 뒤에 새롭게 편제를 정비하여 기수를 따지기 시작한 육군유년학교 시대로 내려간다.

제1기로 명치 32년(1899)에 편입학한 죽전궁 항구왕竹田宮 恒久王.

제5기로 명치 36년(1903)에 입학한 조향궁 구언왕朝香宮 鳩彦王, 북백천궁 성구왕北白川宮 成久王, 동구이궁 수언왕東久邇宮 稔彦王.

이들 6명 외에는 이은이 편입학한 1911년까지 황족이 재학한 사례가 없다. 제5기 이후로는 아무도 없다가 이은이 제14기로 편입했으니, 9년 만에 다시 황족급의 생도가 입교한 것이다.

이런 통계가 증명하다시피, 그 시대에 일본 황족 가문에서 어린아이를 육군중앙유년학교에 보내는 것은 보편적인 현상이 아니었다. 그럼에도 불구하고, 이은을 육군중앙유년학교도 아니고 그 아래 과정인 예과로 전학시킨 것은 매우 잔혹하고 비열한 횡포였다.

당시 이은은 도무지 체력으로 경쟁하는 교육 과정을 제대로 따라가지 못했다. 당연히 날이 갈수록 자신감과 긍지를 잃고 저절로 위축되어 만사에 소심하고 소극적인 사람으로 바뀌어 갈 수밖에 없었다. 일본 당국자들은 바로 그 점을 노리고 이은을 육군중앙유년학교 예과에 집어넣은 것인데, 그들의 속셈은 그대로 적중했다.

1911년 여름에 이은이 학습원에서 퇴교하고 육군중앙유년학교 예과에 편입학하여 군사교육을 받아야 했던 일이 없었다면, 그의 인생은 어떻게 되었을까? 그가 일본의 황족과 귀족의 자제들만 다니는 학습원에서 일반적인 인문학 계통의 교육을 계속 받으면서 자신의 출중한 지력으로 일본제국 최상류층 계급의 아이들을 압도하는 우월감을 계속 즐기면서 성장할 수 있었더라면, 그는 어떤 인물이 되었을까? 아마도 그는 배짱과 지모를 함께 갖춘 당당한 인물이 될 수 있었으리라. 그의 인격과 품성은 훗날의 그가 보여 준 것과는 아주 다른 형태가 되었음이 틀림없다.

그러나 일본 황실과 정계 지도자들은 온실에서 뽑혀 황야로 내던져진 어린 묘목 같은 조그만 어린아이가 오로지 자신의 능력과 노력과 인내와 의지에 의해서 성장하는 것조차 막으면서 집요하게 아이를 망가뜨려 갔다. 이때의 육군유년학교 예과 편입학은 그들이 작고 무력한 어린아이였던 인질 이은에게 가했던 구조적인 학대의 잔인함과 혹독함을 매우 생생하고 가시적으로 드러낸 사례였다. 명치천황은 그런 조치가 미안하기는 했던지, 이은이 편입학하기 이틀 전인 8월 30일에 전속 어용괘를 통해서 양과자를 보내 주었다.

당시 이은이 편입해야 했던 육군중앙유년학교 예과는 군국주의로 치닫던 일본의 시대정신이 만들어 낸 전문군사교육기관이었다. 육군중앙유년학교 예과의 수업연한은 3년이었고 각 학년 정원은 50명이었다. 예과를 졸업하면,

수업연한 2년인 중앙유년학교로 진학해서 1년 6개월간 교육 받은 뒤에 사관후보생의 자격을 받았고, 사관후보생으로서 6개월 동안의 부대 배속 근무 과정을 거친 뒤에 졸업했다. 그 뒤에 다시 육군사관학교로 진학하는 것이다.

  대한제국의 마지막 황태자 이은의 삶은 그가 1911년 9월 1일에 군사학교인 육군중앙유년학교 예과에 편입학한 때로부터 확실하게 일그러지기 시작했다. 그러나 명치천황을 비롯한 일본 황실과 정부 당국자들은 이은이 적응하기에 너무도 힘들어했고 고통스러워했던 이 군사학교에 아이를 편입학 시킨 뒤로는 다시는 다른 데로 전학시키지 않고 계속 전문군사교육기관에서 공부하게 했다. 그래서 이은은 예과를 마친 뒤에 육군중앙유년학교로 진학해야 했고, 그 뒤에는 다시 육군사관학교로 진학해서 군사교육을 받았다.

  군사교육을 받으면서부터 시작된 이은의 고통스럽고 험난하던 학창 시절을 생생하게 증언하는 자료들이 현재 남아 있다. 과거 학창 시절의 일본인 동급생들이 '이왕은전기간행회李王垠傳記刊行會'를 구성하여 《영친왕 이은전英親王李垠傳》(일본 共榮書房 발행)이라는 제목의 전기를 1977년에 간행했다. 이 책에 이은과 함께 일본 육군중앙유년학교 예과와 본과 및 그 뒤에 진학한 육군사관학교에서 같이 배운 이들의 증언들이 실려 있는데, 그 시절에 이은이 겪었던 고통과 슬픔을 눈앞에 보듯 선명하게 재생해 놓았다.

  그들의 증언은 한결같다. 이은은 영어와 음악은 남보다 뛰어나게 잘했지만, 체격 때문에 군사훈련 과목이나 체조 과목에서 다른 학생들을 도저히 따라가지 못하여 많은 어려움을 겪었다는 것이다. 몸과 마음은 함께 간다지만, 그것이 필수적으로 요구되는 학업이라는 형식으로 강요될 때는 또 다르다. 몸이 남들 뒤를 따라가는 것조차 해내지 못하면 마음은 그보다 훨씬 더 절망하고 나락으로 주저앉기 마련이다. 이은의 학우들은 학창 시절에 보고 기억하고 있던 이은에 관한 추억을 다음과 같이 기술했다.

상조보광上條保廣

동경유년학교에 다닐 때 우리는 매주 토요일마다 추억이 얽힌 호산戶山 평원에까지 야외훈련을 가고는 했다. 내가 주번을 맡은 어느 날 우리는 북원北原 생도감生徒監의 뒤를 따라 씨근거리면서 호산 평원을 향해 구보로 뛰었다. 생도들이 땀을 비 오듯 쏟으며 숨이 턱에 차서 뛰었으나, 북원 생도감은 모르는 척 속도를 늦추지 않고 뛰어갔다. 생도들의 속도가 조금이라도 늦춰질 기미가 보이면, 그는 가차 없이 "주번, 더 빨리!" 하며 선두에 선 나를 족쳤다. 그러면 나는 속도를 더욱 빨리 하곤 했다. 내 뒤로는 전하께서 뒤따르고 계신다. 전하가 숨차게 말씀한다. "좀 천천히!" 우정, 자비慈悲, 나도 좀 살겠구나! 전하의 말씀에 따라 속도를 늦춘다. 그러면 금세 생도감과의 사이가 벌어진다. 생도감이 재촉한다. "주번, 더 빨리!" 다시 씨근거리면서 속도를 빨리 한다. 그렇듯 속도를 빨리 했다가 늦추었다가 하며 달리는 것이니, 말이 되었다가 소가 되었다가 한 셈이다. 스승을 따르자니 님이 울고, 님을 따르자니 스승이 울고!

시야준개矢野俊介

전하께서 재학하시던 시절에 특히 인상에 남는 일은 전하 곁에는 늘 전속무관이던 김응선씨가 있어서 이것저것 시중을 들던 장면이다. 또 어린 마음에 군사훈련 같은 때 전하의 행동을 눈여겨보던 기억이 난다. 대정 3년(1914) 4월, 우리는 처음으로 야영野營이라는 것을 체험했는데, 고된 전투훈련을 끝내고 잠시 휴식 시간을 이용해서 모두들 땀에 젖은 몸으로 풀밭에 앉아 물통의 물을 마시고 있었다. 이때 전하께서 내 바로 곁에서 쉬시게 되었는데 어디선지 김 무관이 보온병을 가져와 전하께 온차溫茶를 드리는 것을 보았다. 그때까지 보온병이라는 것을 구경도 못해 본 나는 나중에 저게 뭐냐고 옆의 동료에게 물었다가 톡톡히 시골뜨기 노릇을 한 기억이 난다. 그 보온병이 너무나 신기했기 때문에 나는 김 무관에게 '보온병'이라는 별명을 붙여줬다.

천도정川島正

호산 평원 또는 그 밖의 야외연습 때 전하의 구대와 조우하였는데, 다른 생도들과 똑같이 완전무장을 하고 뛰시는 것이나, 하사관용의 군도를 질질 끌듯이 허리에 차고서 지휘하시는 것을 보고 몹시 고생스러우시리라고 생각했고, 몸이 큰 생도들에 비해 더 괴로우실 텐데 참으시는 것이라고 생각하며 탄복했었다. 야외연습은 이따금 말을 타고서 해야 했는데, 전하께서 커다란 밤색 말을 타고 계신 것을 보면 발이 말의 옆구리 부근에 있어서 마치 말등에 올라앉아 계신 듯이 보였다.

천전훈千田薰

전하께서는 일상생활이 실로 남의 모범이 되셨으며, 공부도 잘하셨습니다. 특히 기억력이 뛰어나셔서 답안에는 교정敎程과 글자 한 자 다르지 않은 수가 많았습니다.

술과術科 후의 교실에서는 후보생들이 곧잘 졸곤 하였으나 전하께서는 한 번도 조는 법 없이 자세를 바로 하여 앉아 계셨습니다. 교관들도 모두 감탄하였습니다. 계단식으로 된 강당에서는 몸이 작으셔서 발끝이 마루에 겨우 닿을까 말까 할 정도여서 여간 민망하지 않았습니다. 총검술에 있어서는 자세가 좋고 동작 또한 확실하였기 때문에 졸업식 때에는 절전일웅折田一雄 후보생과 짝이 되어 천황폐하 앞에서 기본동작을 시범해 보이기도 했습니다.

야영훈련을 위해 습지야習志野에까지 행군할 때였지요. 체격이 비만하신 전하께서는 빨리 피로를 느끼셔서 선교船橋에 도착했을 때에는 얼굴에 땀이 절어 소금이 되어 엉겨 있었고 몹시 괴로워하셨습니다. 보다 못해 저는 김 무관과 의논하여 선교역에서 기차로 먼저 가시도록 해드렸습니다. 뒤에 생도대장 대야大野 대좌로부터 전하의 교육은 일반 후보생과 똑같이 하도록 하라고 주의를 받았습니다.

토요일 오후 대대목代代木 연병장에서 야외교련을 받을 때 전하께서 소대장이 되셔서 산개전진散開前進을 하다가 발목을 삐시게 되어 다른 후보생과 교대하시고 김 무관과 함께 저택으로 돌아가셔서 치료를 받으셨습니다. 제가 저택으로 병문안을 갔을 때 "염려를 끼쳐 미안합니다"고 말씀하셨었지요.

특명검열特命檢閱 때 교정에서 무장 검사가 있었습니다. 참모인 대위가 후보생 각자의 배낭을 앞에 놓게 하고 내용물을 검사해 나갔습니다. 이때 맨 뒤에 계시던 전하의 배낭에서 사용물私用物이 나오자 전하는 아무 말씀 못하시고 참모는 자꾸 문책하다가 나중에는 화가 난 듯 하기에 제가 "전하에게는 사물 사용을 허가하고 있습니다", 이렇게 얼른 변명을 하자, 총총히 사라졌던 일은 퍽 통쾌하였습니다.

고하후평古賀厚平

호산 평야에서 있었던 정찰 기동훈련 때의 일이다. 정찰대장이 되신 전하께서는 부하 5명을 인솔하고, 지휘관이던 감박甘粕 구대장에게 차렷 자세로 "호산 평야에서 군병원郡病院 방면까지 적정敵情을 정찰하고 돌아오겠습니닷!" 이렇게 복명한 다음 부하들에게 "장전裝塡! 착검!" 하고 명령하시고 뛰어서 출발하시자 김 무관이 전하의 뒤를 따라 뛰어갔다. 그런 광경은 내가 바로 이웃 구대 區隊에 있었기 때문에 직접 목격할 수 있었던 것이다. 이때 나는, 전하께서도 우리와 똑같이 고된 훈련을 받으시는구나 하는 생각에 깊은 감명을 받았다.

암좌융岩佐隆

사관학교 시절 나는 전하의 바로 이웃 구대에 있었기 때문에 늘 전하께서 체조를 하시는 것을 볼 수 있었다. 전하께서는 체격이 그러하시니 철봉의 턱걸이, 흔들어 오르기와 같은 동작은 정말 무리였다. 그러나 조수 두 사람이 거들어 드리면 가까스로 해내시곤 했다. 그런데 목마, 특히 목마에서도 건너 뛰어넘기와 같은 것은 옆에서 거들어 드리려야 거들 수가 없다. 전하께서 힘차게 뛰어와 목마 앞에서 "하낫!" 소리치며 땅을 걷어차는 데까지는 좋았지만 건너 뛰지를 못하시고 번번이 목마 한가운데 털썩 주저앉아 버리곤 하셨다. 그 무거운 체중이 공중에 떴다가 내려앉으니 엉덩이가 아프지 않을 리 없겠지만 굽히지 않으시고 스스로 "다시!" 하고 소리친 뒤 세 번, 네 번 거듭 거듭 구령을 부치며 건너 뛰신다. 그러나 몇 번을 해도 무리였다. 그때마다 목마의 허리에 댕강 주저앉곤 하셨으니까…….

구대장이나 조교는 왜 '전하, 이제 그만 하십시오' 하고 말을 하지 않을까. 나는 보기가 너무 민망스러워서 '내가 대신 해 드릴 수 있다면' 하는 생각으로 얼굴을 옆으로 돌리지 않을 수가 없었다.

이은이 군사학교에서 어떤 모습으로 어떤 어려움 속에서 학창 시절을 보내고 있었는지, 그 실황을 그림처럼 선명하게 전하는 동료 학생들의 증언들이다. 군사훈련에는 매우 불리한 신체 조건이었던 그가 다른 학생들의 뒤꽁무

↑ **육군 중장 시절의 이은.** 이은을 학습원에서 퇴교시켜서 육군중앙유년학교의 예과에 편입시키기로 결정한 것은, 어린 소년 인질의 조그만 입을 벌리고 독약을 들이부은 것과 같았다. 이은은 신체 조건이 아주 작고 통통해, 도저히 군사교육을 제대로 소화해 낼 수 있는 체격이 아니었다.

니조차 제대로 따라가지 못하여 심히 고생하고 있던 모습을 생생하게 전하고 있다. 그리하여 그는 극히 단시일 내에 '일본 최상류층 황족과 귀족 가문 출신 학생들만 다니는 학교의 뛰어난 우등생'에서 '일본의 궁벽한 시골에 거주하는 가난한 평민의 자식들도 다니는 학교의 최하급 열등생'으로 빠르게 전락한 것이다.

이은의 군사학교 시절의 동료 학생들은 고귀한 신분인 이은이 자신들과 똑같이 고된 훈련을 받고 있음을 보고 일종의 감명을 받고 그에 대해 상당한 호감을 갖고 있었다. 당시 이은의 학우들 중에는 시골 출신이 많았고, 대개 입학하기 전부터 이은에 대해 잘 알고 있었다. 오래된 기억들이라서 그들이 남긴 증언에는 처음 도일하던 때의 이은의 나이나 호칭, 특정한 사안의 연도 같은 것들이 다소 부정확하게 기록된 부분도 있는데, 아무튼 그들은 자신들이 이은을 직접 보기 전부터 그를 알고 있었음을 이렇게 술회했다.

도전정순稻田正純
명치 43년(1910), 내가 광도廣島 유년학교에 입학했던 해의 봄이던가, 당시 이 왕세자께서 이등 공의 안내로 한국 황태자의 자격으로는 마지막 여행을 하셨었다. 그때 아직 미자米子 중학생이던 나는 환영 대열 속에서 군복 차림을 한 애처로운 왕세자를 호기심 어린 눈으로 바라보던 일이 생각난다.
그로부터 3년 뒤, 나는 중앙유년학교 생도가 되었다. 이제는 동기생으로서 매주 토요일 야외연습 때마다 전하의 군복 차림을 뵙게 되었는데, 나는 이상스럽게도 언제나 그 중학생 때 환영 대열 속에서 뵙던 애처로운 전하가 연상되고는 했었다. 2학년 때였던가, 수두水痘가 유행하여 전하께서도 수두에 걸리셨고 나도 걸려서 며칠 동안 의무실에 격리된 적이 있다.

그때 나와 나란히 자리에 누워 있었던 사람이 바로 전하의 학우인 조대호趙大鎬였다. 그래서 심심할 때마다 조대호로부터 그가 전하와 함께 처음 일본에 왔을 때의 여러 이야기들을 들을 수 있었다. 가령 하관에 도착해서 이등박문이 안내한 요정에서 먹은 일본 요리가 어찌나 맛이 없던지 혼이 났었다는 이야기 등등. 그런데도 왠지 그런 이야기를 들으면서 나의 머릿속에 떠오르는 전하의 모습은 당시의 전하가 아니라 미자에서의 환영 대열에서 뵈었던 군복 차림의 어린 왕세자의 모습이었다.

광원희여光原喜與

명치 43년(1910)의 일이다. 전하께서 한국의 황태자로서 산음가도山陰街道를 지나시는 길에 조취鳥取에 들르셨던 것은 7월 18일의 일이다. 이등 공작을 비롯한 수많은 높은 벼슬아치들이 수행했는데, 그 가운데는 전하의 학우도 두 사람 끼어 있었다는 기록이 조취 시의 시지市誌에 남아 있다. 학우 가운데 한 사람은 아마 조대호 씨였던 것으로 보인다.

당시 중학생이었던 나는 일본 국기와 한국 국기를 손에 들고 역 앞 길에서 전하의 행차를 환영했는데, 이것이 전하의 얼굴을 뵈온 첫 번째였다.

내가 중앙유년학교에 들어간 것은 대정 2년(1913) 9월 1일이었는데, 나는 제1중대 제5구대에 속했다. 이웃 제6구대에는 전하가 계셨기 때문에 전하와는 같은 중대원이 될 수 있었다. 학과는 달랐으나 직접 전하께서 내게 말씀을 걸어주시는 적도 있었다. 전하께서는 누구에게나 "아무개 씨"하고 존댓말을 쓰셔서 모두 황송해 했었다.

당시 육군중앙유년학교 예과에서부터 실시되고 있던 강도 높은 군사교육은 귀하게 자란 아이들에게는 몹시 힘에 부치는 것이었다. 그래서 중도에 탈락하는 생도들이 늘 있어서 항상 입학생의 수보다 졸업생의 수가 적었다. 같은 날에 이은과 함께 육군유년학교 예과에 편입학한 엄주명과 조대호, 그 조선인 학생들 세 명 중에서도 탈락생이 나왔다.

가장 먼저 탈락한 사람은 엄주명이었다. 그는 예과 재학 중에 고된 군사교육 훈련을 견디어 내지 못하고 중병에 걸려 중도에 휴학하고 고국으로 돌아갔다. 그래서 육군중앙유년학교 예과 제14기 졸업생 명단에는 이은과 조대호만 들어 있을 뿐 엄주명의 이름은 없다. 엄주명은 일 년 뒤 회복되어 다시 돌아와서 졸업하고 유년학교로 진학했다. 뒷날의 이야기지만, 조대호 역시 중도 탈락했다. 그는 이은과 함께 육군중앙유년학교를 졸업하고 육군사관학교에 진학했다. 그러나 육군사관학교의 교육 과정을 끝까지 버티어 내지 못하고 도중에 병이 들어 퇴학했다. 고국으로 돌아간 그는 1935년에 사망했다.

결국 특별한 조선인 학생 이은, 엄주명, 조대호, 세 명 중에서 일본 육군장교 교육 과정을 제 기간 안에 제대로 끝마친 사람은 이은 한 사람뿐이었다. 그러나 인생사는 실로 기이하다. 당시 일본제국은 그가 그토록 애를 써서 적응하려고 노력할 만한 가치가 전혀 없던 대상이었다. 그럼에도 거기에 잘 적응하려고 너무도 애썼기 때문에 오히려 삶으로부터 복수를 당한 걸까. 이은이 큰 어려움과 고통을 온 힘과 노력을 다해서 견디어 낸 것 때문에 그가 겪어야 할 비극은 오히려 더욱 커지고 더욱 심화되었다.

위에서 살펴보았듯, 이은이 육군중앙유년학교 및 그 예과의 교육을 고통스러워했던 원인들 중에서 가장 치명적인 요소는 바로 그의 체격과 체력의 열세와 한계였다. 그런데 긴 안목으로 보자면, 당시 이은이 차라리 그런 약점들을 있는 그대로 인정하고 일찌감치 중도 탈락하는 편을 택했다면 오히려 이은의 삶 전체가 훨씬 나아졌을지도 모른다.

　금지옥엽으로 자란 왕자도 아니었고 체격도 이은보다 커서 남에게 전혀 뒤떨어지지 않고 나이도 더 많던 엄주명과 조대호도 중도에 탈락했던 이역 땅의 고되고 낯선 군사훈련을 이은이 끝내 감당해 낸 배경에는, 학우들의 증언이 증명하듯 군사훈련까지 함께 받으면서 실로 희생적으로 이은을 보필한 김응선 무관의 노고가 컸다.

　그러나 김 무관의 그런 지속적이고 헌신적인 도움은 어떤 면에서는 이은의 영혼에 깊은 상처를 주는 독이기도 했다. 동급생들이 모두 스스로의 힘으로 해내고 있는 일, 또 마땅히 스스로의 힘으로 해내야만 하는 일……. 다른 것도 아닌 군사훈련 과정을 남의 도움을 받아가며 겨우 해내고 있는 자로서의 고뇌와 열등감을 그가 어찌 떨칠 수가 있었으랴! 남보다 머리 좋고 자존심이 강한 인간일수록, 그런 유형의 고뇌와 열등감으로 받게 되는 상처는 치명적이다. 그런 상처는 마음을 괴롭히는 데서 그치지 않고 정신과 영혼까지 일그러뜨리고 병들게 하기 때문이다.

　그러나 김응선 무관이 아닌 다른 조선인이 그 임무를 담당했더라면, 이은이 받은 상처는 이중 삼중으로 더 커지고 더 깊어졌을 것이다. 김응선 무관은 성격이 아주 순직하고 가식 없는 진솔한 인물이었다. 일본이 한반도에 침투해 들어온 이래, 일본인 군인이라면 조선인들을 대할 때 장교는커녕 하찮은 졸병일지라도 대단한 벼슬아치처럼 유세가 대단하고 행패가 자심했다. 그런 시절에 그는 일본군 소좌(소령)라는 고위 장교이면서도 이은이 동료 학생들과 함께 뛸 때면 자신도 이은의 뒤를 따라 함께 똑같이 뛰면서 이은을 보살폈다. 자신의 나이도 위상도 체면도 전혀 돌보지 않고 노예나 종처럼 충직하고 신실하게 이은을 보호하고 모신 것이다. 말하자면 '무능한 주인과 그 주인에 극히 헌신적인 성실한 하인' 이라는 조합인데, 보통 같으면 그런 짝은 주위 사람들의 멸시를 받기 마련이다. 그러나 육군중앙유년학교나 그 예과는 물론 육군사관학교의 일본인 교관들이나 생도들은 아무도 그들 두 사람을 무시하거나 하대하지 못했다.

이은이야 '왕세자 전하' 라는 위상을 가지고 있어서 그랬다 해도, 그들이 일개 조선인인 김응선 무관을 함부로 대할 수 없던 데에는 중요한 이유가 있다. 김응선이 구비하고 있는 '일본 군인' 으로서의 최고 최상의 조건들 때문이었다.

김응선은 신분으로는 일본 육군 최고위 간부의 양자였다. 나중에 대장으로까지 승진하고 조선 주둔군 사령관직도 역임했던 우도궁태랑宇都宮太郞 장군이 김응선의 양부로서, 그에게는 우도궁태랑이 지어준 '우도궁금오랑宇都宮金五郞' 이란 일본식 이름도 있었다. 김응선은 학벌로도 매우 쟁쟁해 일본 육군 장교의 최고 엘리트 코스를 그대로 밟았다. 육군중앙유년학교를 거쳐 육군사관학교에서 공부했고, 제15기 졸업생으로 보병 장교로 임관된 후 러일전쟁까지 참전한 정통 무관이었다. 그렇기 때문에 이은과 같이 공부하는 유년학교나 사관학교의 생도들은 물론 교수진들까지 어느 누구도 김 무관을 도저히 얕보거나 질시할 수 없었다.

김응선의 양부 우도궁태랑은 가문의 격이 높은 집안 출신으로서 풍요로운 환경에서 당당하게 잘 자란 사람답게 인품도 견식도 모두 뛰어난 사람이었다. 그래서 그의 손에서 자란 김응선 또한 타고난 순직함과 근실함을 잃지 않은 당당한 인물로 자랐다.

우도궁태랑이 김응선을 얼마나 훌륭하게 키워 냈는지를 잘 보여주는 것이 김응선의 처신이다. 김응선은 청년이 되자 일본인이라면 미천한 하인배 출신들까지도 으쓱거리던 그 시대에 굳이 조선인으로서의 자신의 뿌리를 찾아 이름부터 '우도궁금오랑'이 아닌 '김응선'을 사용했고, 러일전쟁에 참전한 뒤에는 승리로 기고만장한 일본 육군을 떠나서 멸망해 가는 고국으로 돌아가 대한제국 군대에서 육군장교로 봉직했다.

김응선이 조선에 돌아온 뒤에도 우도궁태랑이 얼마나 그를 아끼고 잘 대해 주었던지 조선 사회에서 "김응선은 우도궁태랑의 사생아"라는 소문까지 번졌을 정도였다. 그런 성장 배경을 가졌기에 김응선은 일본말이라면 우도궁태랑의 출신지인 좌하 지방 사투리까지 능숙하게 쓸 정도로 아주 유창했을 뿐만 아니라, 일본 국내 사정은 물론 일본 육군 내부 사정도 환하게 파악하고 있었다. 이은이 인질로 일본에 끌려 갈 때, 이등박문과 대한제국 황실에서는 바로 그러한 배경과 인물됨에 주목하고 그를 황태자 이은의 동궁무관으로 발탁했고, 김응선은 자신의 배경과 경력과 인품과 노력 그 모든 것을 총동원하여 이은에게 아주 든든하고 확실한 울타리가 되어 주었다.

이은의 육군중앙유년학교 예과 편입학은 조거판의 어용저 생활에도 큰 변화를 가져왔다. 이은이 유년학교의 규칙에 따라서, 일요일에만 조거판 저택에 돌아가게 되자, 일본 당국자들은 그걸 이유로 왕세자 저택에 근무하는 조선인 관리들의 수효를 자꾸 줄였다. 결국 전직 동궁무관장 조동윤까지 조선으로 돌아갈 수밖에 없었다. 국망 이후의 일을 기록한 《순종실록부록》을 보면, 1912년 5월 2일치에 "태왕 전하께서 석조전에 왕림하여 동경에서 돌아온 남작 조동윤을 불러 만나보셨는데, 조동윤은 왕세자가 근래 지내고 있는 모든 절차와 학업에 관한 일들을 품달하였다"고 기록되어 있다. 조동윤이 일본 동경에서 철수한 시기가 1912년 4월 하순에서 5월 1일 사이였음을 알 수 있다. 당시 이은을 둘러싼 주변 환경은 그처럼 날이 갈수록 더욱더 척박하고 각박해져 가고 있었다. 그렇기 때문에 든든한 보호목처럼 줄곧 그의 곁을 지킨 김응선 무관의 존재와 성실한 헌신이 이은에게 준 위로와 안심은 이루 말할 수 없이 큰 것이었다.

아무튼 반년 동안에 불과했던 봄꿈처럼 짧은 학습원 시절을 제외하고는 줄곧 군사학교로만 이어졌던 오랜 학창 시절 내내, 이은은 그처럼 괴이하도록 기형적인 곤경 속에서 날이 갈수록 더욱더 자신감과 긍지를 잃었다. 그래서 절로 주어진 환경과 체제에 공손하게 순응하는 인물로 틀이 잡혀 갔고 양순한 가축처럼 길들여졌다.

무리도 아니다. 외국 땅에 홀로 떨어져 있는 조그만 어린 소년 인질을 그토록 감당하기 힘든 조건과 상황 속으로 몰아넣고 야비하고 집요하게 억압하고 들 때, 어느 누가 스스로의 힘으로 떨치고 일어나서 강인한 전사로 성장할 수 있을 것인가.

외국인 학우들에게서 환심을 얻으려는 수단이었을까. 아니면 너무나 형편없는 체력에 대한 열등감을 얼버무리기 위한 방편이었을까. 이은은 육군중앙유년학교 예과 과정에 편입한 이래 사관학교 시절까지 학우들에게 여러 가지 선물을 자주 건네주며 매우 너그럽게 대했다. 다음은 이은의 동창생들이 이은에게서 받은 선물을 회상한 증언들이다.

광원희여光原喜與

대정 3년(1914) 봄에 중앙유년학교의 춘계 대운동회가 있었다. 운동회 가운데서도 가장 관심과 인기를 끌었던 종목은 1, 2학년의 각 구대에서 1명씩 선발하여 벌이는 2천 미터 장거리 경주였다. 우리 구대에서는 내가 뽑혀 1학년 각 구대에서 선발된 9명과 뛰었는데, 나는 2등으로 골인했다. 이때 전하께서는 1, 2,

3등에게 상으로 제도기를 주셨는데, 조그마했지만 뚜껑 뒷면의 한가운데에 이왕가李王家의 문장인 이화李花를 새긴 훌륭한 것이었다. 나는 지금도 이것을 가보로 소중하게 간직하고 있다.

고하후평古賀厚平
대정 4년(1915) 5월, 졸업 때 전하께서 내게 주신 이화가 새겨진 메달을 나는 아직도 가보로 소중히 간직하고 있다.

조판일랑早坂一郎
전하가 작별하면서 기념으로 주신 이화를 상감象嵌한 회중시계는 아직도 가보로 깊이 간직하며 당시를 회상하고 있다.

위와 같은 증언들은 당시 이은이 선물을 과도하게 남발했음을 보여 준다. 같은 학생 신분임에도 불구하고, 학교의 공식행사인 대운동회에서 우승한 동료 학생들에게 개인적으로 시상했다는 것은 결코 자연스러운 일이 아니다. 그런 선물들은 모두 조선 왕실의 문장인 이화(오얏꽃) 무늬를 넣어 제작된 것이었다는 증언으로 미루어 서울의 이왕직 제작소에서 선물용으로 특별히 제작하여 동경 저택에 가져다 두고 수시로 선물용으로 썼던 것으로 보인다. 그런 선물 관행은 훗날 이은이 임관하여 군인으로서의 삶을 살아가는 동안에도 한결같이 계속되었는데, 그 품목이 이화 문장이 새겨진 은제 커프스 버튼과 넥타이 핀 등 어른용 물품으로 변했을 따름이다.

이은의 동창생들이 남긴 증언에는 선물에 관한 것 외에도 매사에 어린 나이답지 않게 몹시 너그럽게 처신했던 그의 모습이 생생하게 담겨 있다.

이동력伊東力

시곡대市谷臺에는 유명한 두송兜松이 있는데, 바로 그 일대에 황족의 숙사가 있었다. 전하께서는 평일에는 이곳에서 기거하셨다. 저녁식사를 마친 뒤 장난꾸러기 두셋이 작당해서 황족 숙사의 뒤곁으로 돌아가서 "전하, 전하" 하고 부른다. 그러면 전하께서는 2층 창문을 여시고 우리에게 과자, 귤 같은 것을 던져 주신다. 교내에서 간식을 먹을 수 없는 우리들을 동정해서 먹을 것을 몰래 던져 주시는 것이다. 한창 식욕이 왕성할 나이에 변변한 군것질 한 번 못하는 동료들에 대한 동정심 때문에 모험을 무릅쓰셨을 것이다. 고맙게 받아먹으면서도 송구스럽기가 이를 데 없었다. 한 번 맛을 들인 뒤로는 이따금 그 수를 썼다. 시종들은 아는지 모르는지 한 번도 들키지는 않았다. 전하의 거동으로 보아 시종들 모르게 그러셨던 것으로 보였다.

드물게 눈이 수북이 쌓였던 어느 날, 나와 또 한 명 유좌迤佐였던 것으로 기억되는데, 우리 두 사람은 전례에 따라서 창문 밑에서 전하를 불렀다. 그날은 무엇을 얻어먹고자 해서가 아니었다. 황족 숙사의 뒤쪽에 면해 있는 큰 길은 비탈길이었다. 그런데 어디서 널빤지를 하나 구했기 때문에 그것을 썰매 삼아 그 비탈길에서 전하와 함께 미끄럼을 타려는 계획이었다.

전하께서는 곧 밖으로 나오셨다. 미리 연습을 해보았기 때문에 우리 셋은 곧 널빤지에 올라타서 비탈길을 미끄러져 내려갔다. 정말 이만저만 신나고 재미있는 것이 아니었다. 비탈길이 너무도 가파르기 때문에 썰매가 갑자기 멎게 되면 우리 셋은 저만치 앞으로 내동댕이쳐지고 만다. 눈이 워낙 많이 쌓였기 때문에 다칠 염려는 없으나, 온몸이 눈에 파묻혀 눈사람이 된다. 소년 시절은 이런 일에서도 더할 수 없는 통쾌함을 맛보는 것이다. 널빤지에 앉는 차례를 서로 교대해 가면서 이 신나는 놀이를 몇 번이고 거듭했다. 너무나 신나는 놀이라서 저도 모르게 모두 목소리들이 커졌던 모양인지, 우리들이 떠드는 소리를 듣고 누군지 급히 뛰어왔다. 시종무관인 김 소좌金 小佐였다. 전하께서 다치시면 야단이라고 해서 단단히 꾸중을 들었다. 전하께서는 미련이 있으신 모양이었으나 시종무관과 함께 숙사로 돌아가셨다. 요즘 와서 돌아보면, 전하도 우리와 마찬가지로 놀기 좋아하는 소년이셨으니 재미나게 우리와 함께 놀고 싶어 하셨으리라고 생각되고, 그때 참 좋은 놀이동무가 되어 드렸다고 생각된다.

토거명부土居明夫

대정 3년(1914)경으로 생각되는데, 당시 전하께서는 육군중앙유년학교 제1중대 제1구대에 소속된 생도이셨고, 나 역시 전하와 같은 구대 소속이었다. 전하께서는 몸집이 비대하셨으나 키가 작아 유도장에서는 늘 나와 나란히 서 계셨다. 그래서 유도 시간이면 나는 거의 언제나 전하의 상대가 되곤 했었다. 전하는 상대를 맞잡고 서서 할 때보다 누워서 상대를 꼼짝 못하게 하는 데 특기가 있었다. 내 몸이 전하의 위에 있거나 전하의 밑에 깔릴 때 감촉되던 전하의 그 매끄럽고 보들보들한 육체의 느낌이 두고두고 잊히지 않았다. 이런 일로 해서 전하와는 자연히 허물없는 말씀도 드릴 수 있는 사이가 되었다.

저녁식사를 마친 어느 겨울 밤, 어둠 속에서 삼삼무웅杉森武雄과 내가 전하께 사과를 먹고 싶다는 말씀을 드린 적이 있었다. 안으로 들어가신 전하는 곧 사과를 들고 나와서 우리 두 사람에게 하나씩 나누어 주셨다. 요즘에야 과일 가운데서도 흔한 것이 사과지만, 50년 전인 그때만 해도 매우 귀해서 우리 형편으로서는 쉽게 구할 수 없는 물건이었다. 사과를 받아 들고 눈이 번쩍 뜨인 우리 둘은 어디 가서 남에게 들키지 않고 먹을까 궁리한 끝에 결국 대장애물 뒤에 숨어서 사과의 진미를 음미하면서 먹었다.

그런데 그로부터 며칠 뒤, 구대장이 황족 숙사의 식당에서 사과 2개가 없어져서 지금 야단들인데 누구의 짓이냐고 단단히 겁을 주었다. 이제 일은 들통이 났구나 싶어서 삼삼과 나는 우리 둘이서 먹었노라고 순순히 신고하기에 이르렀다. 일이 이쯤 크게 벌어졌으니 일주일 동안 영창생활은 각오해야겠다고 생각했다. 그런데 구대장이 말하기를, 전하께서 우리 두 사람에게 대신 먹어 달라고 부탁을 하셨다고 하시니까 이번 일은 불문에 부치겠지만 앞으로는 절대 이런 잘못을 저지르지 않도록 하라고 주의를 주는 것으로 끝났다. 그러니까 전하께서는 우리 두 사람의 죄를 대신 뒤집어쓰신 것이 되었다. 그런 걸 보면, 전하께서는 한 나라의 왕자다운 풍격風格을 이미 어렸을 때부터 갖추고 계셨던 것이다.

위와 같은 증언들을 따라가노라면, 눈앞에 선연하게 떠오르는 초상이 하나 있다. 외국에 인질로 끌려간 조그만 소년 하나가 자신이 지닌 지혜와 품성과 여건을 모두 총동원해서 이국 땅에서의 외롭고 고달픈 인질살이에 잘 적응하려고 노력하면서 애써 참고 견디고 있는 아프고 아린 모습이다.

왕세자 혼혈결혼의 비밀

명치 시대가 막을 내리다

▦ ▤ ▥　▦　시대는 사람과 더불어 오고 사람과 더불어 간다. 이은이 육군중앙유년학교 예과에 편입학한 해의 다음 해인 1912년 7월 30일에 명치천황이 세상을 떴다. 향년 60세. 명치천황은 장장 46년 동안의 통치를 끝내고 저세상으로 떠났다. 언젠가는 닥쳐올 일이라고 예기하고는 있었으나 막상 실제로 닥치자 일본 열도는 엄청난 충격에 휩싸였다. 이로써 '명치 시대'로 불린 정치 질서가 그 거창한 무대의 막을 내린 것이다. 그것은 동시에 '대정大正 시대'라는 새로운 시대의 개막이었다. 그러나 이은에게는 모든 상황이 전보다 불리해지고 더욱더 힘들어짐을 뜻했다. 이은에게는 자신을 인질로 일본에 끌어오게 재가했던 명치천황, 그리고 그런 폭거에 대한 보답처럼 자신을 여러모로 챙겨주었던 명치천황이 그래도 낯익고 편안했던 것이다.

"오오! 천황 폐하께서 붕어하시다니!"

이은은 망연자실한 얼굴로 뇌었다.

명치천황은 1912년 7월 14일에 몸에 통증을 느끼기 시작했다고 한다. 그런데 바로 그날은 이은이 다니는 육군중앙유년학교 예과의 여름방학이 시작되는 날이었다. 그래서 명치천황은 몸이 불편한데도 이은에게 식부관을 보내 지금까지 학업에 전념한 것을 칭찬하고 앞으로도 더욱 학업에 힘쓰라는 뜻을 전하며 양과자를 하사하도록 조치했다. 명치천황의 칙지와 선물을 받은 이은은 즉시 전속무관 김응선 소좌를 답례사로 궁성에 보내 시종장에게 답례 인사를 대신 전해 올리도록 조치했다.

   그날 이후로 명치천황의 상태는 계속 나빠지다가 19일부터는 중태에 빠져서 의식이 몽롱해졌다. 여름방학을 맞아 정강현 삼도에서 피서하고 있던 이은에게도 천황이 의식불명 상태에 빠졌다는 소식이 전해졌다. 이은은 20일 저녁에 황급하게 상경했으나 날이 어두워져 입궁할 수 없었고 21일 낮에 문안 차 궁중에 들어갔다. 그러나 명치천황은 이미 의식을 잃은 상태여서 대면할 수가 없었다. 그래서 시종장에게 문병 인사말을 전하고 황후를 위문한 뒤에 다시 동궁전으로 가서 동궁대부를 통해 동궁에게 위문인사를 전하게 했다고 한다.

   혼수 상태에 있던 명치천황은 7월 30일 0시 43분에 별세했다. 그로부터 45일간의 애도 기간을 가진 뒤, 9월 13일에 청산 연병장 안의 장장전葬場殿에서 명치천황의 국장이 거행되었다. 이은은 명치천황의 유해가 궁성을 떠날 때 궁성 정문 안에서 명치천황의 친손자들과 나란히 서서 영구차를 봉송하였다고 기록되어 있다. 이어 영결식장에서 거행된 국장의 제전에 이은도 참석하여 일본의 황족들과 함께 유해에 배례했다. 영결식을 마친 명치천황의 유해는 경도로 옮겨져서 경도시 복견에 있는 도산桃山에 안장되었다.

   "폐하! 이렇듯 가시면 저는 이제 어떻게 합니까!"

   명치천황의 죽음은 이은에게 엄청난 상실감을 주었다. 우선 먹기는 곶감이 달다고, 외국 땅에 혼자 끌려와 있는 외로운 인질인 그로서는 상대방이 지닌 속셈이나 배경은 어떻든 간에 자신에게 따뜻하고 살갑게 구는 사람이 우선 의지가 되고 위로가 되었다. 그랬기에 이은은 자신에게 자상하고 겸손한 보모처럼 굴던 이등박문이 안중근 의사의 손에 죽었을 때 엄청난 충격과 상실감을 느꼈었다. 그리고 이등박문이 사망한 뒤 가장 의지하던 명치천황이 붕어했다는 소식을 듣자 타고 있는 배에 구멍이 난 듯한 극심한 고통을 느꼈다. 한겨울 북풍이 몰아치는 벌판으로 내쫓겨서 밤을 새워야 하는 어린애가 몸에 두르고 있던 조그만 담요 조각마저 빼앗긴 듯, 이은은 매서운 심리적 추위를 온몸으로 느끼면서 진심으로 명치천황의 죽음을 슬퍼했다.

그러나 좀 더 정확하게 말하자면, 그것은 이은이 명치천황의 죽음 그 자체를 슬퍼했다기보다는 명치천황의 죽음으로 더욱 궁박하게 몰릴 자신의 운명과 입지를 슬퍼했다는 이야기가 된다. 그리고 이은의 그런 느낌은 정확했다. 명치천황의 죽음은 이은의 인질로서의 삶에도 한 시대가 마무리되었음을 뜻했다.

명치천황이 살아생전에 형식이나 의례적인 의무감만이 아닌, 매우 다정한 애정을 보이면서 이은을 돌보았던 일은 그의 일생을 연구하는 이들에게 대단히 놀라운 일로 받아들여지고 있다. 그가 타인은 물론 자신의 친자녀나 친손자녀들에게도 워낙 매정하게 굴기로 유명한 인물이었기 때문이다. 그가 자신의 친손자들을 어찌 대했는지를 잘 보여 주는 증언이 대정천황의 둘째 아들이자 소화천황의 바로 아래 동생인 질부궁秩父宮 옹인친왕雍仁親王의 회고록에 나온다.

이 할아버님께서는 세상 다른 할아버지들처럼 눈에 넣어도 아프지 않다는 식의 손자를 귀여워하는 표정은 단 한 번도 나타내 보인 적이 없으셨다. 따라서 조부님 앞에서 어리광을 부려볼 기분 같은 것은 꿈에도 생각해 보지 못했다. 도리어 무섭게 볼 정도였다.

나는 단 한 번도 조부 명치천황의 육성을 들어본 적이 없다. 일 년에 세 번, 봄 가을 그리고 생신날에 참배하는 것이 관례여서 그때에나 뵙게 되는데, 어전에 나아가서 인사를 드리면 자세히 보아야 입술만 겨우 달싹거리는 정도였다. 그래서 끝내 음성은 듣지 못했다. 그런 입술 모습을 음성이라고 쳐 드릴 수 있을까. 그보다는 오히려 승하하시기 일주일쯤 전에 문병 차 알현했을 때 너무 무서워서 떨면서 안 들으려고 했는데도 들을 수밖에 없었던 그 무척 고통스러워 하시던 신음 소리야말로 음성이었다고 해야 할 것이다.

……배알할 때는 시종의 인도를 받아 명치천황 앞으로 간다. 그다지 밝지 않은 방인데 커다란 책상을 앞에 두고 폐하가 서 계신다. 우리들은 복도에서 몇 걸음 방 안으로 들어가서 절을 한다. 그리고 미리 생각하고 간 인사말씀을 드린다. 배알이랬자 고작 1분이나 될까 말까 한데, 그동안에 단 한 마디 말씀만 하셨더라도 나는 어쩌면 울어버렸을 것이다.

매우 특이하고 남달랐던 명치천황의 성격과 평상시 삶을 생생하게 보여 주는 기록이다. 평생토록 자신의 친손자들에게 다정하게 한 마디 건네는 것조차 거부했던 그는 선물에도 역시 매우 냉담했다. 명치천황이 황족 집안의 자제들은 물론 자신의 친딸인 네 명의 내친왕內親王에게도 개인적인 하사품을 내려 준 일은 평생토록 한 번이나 두 번 정도에 불과했다는 것이다.

그렇기 때문에 연구자들의 눈에는 명치천황이 이은에게 베푼 갖가지 친절과 선물과 배려들이 매우 기이하게 보이는 것이다. 아무튼 배후에 깔린 이유야 어떻든 간에, 일본인들이 '살아 있는 신'으로 섬겼던 명치천황이 지속적인 관심과 배려를 보인 사실이 이은에게 끼친 영향은 결코 적지 않았다. 그러나 명치천황의 그런 관심이나 배려는 어디까지나 자신 또는 일본의 국익에 직결되는 한도 안에서의 것이었고, 그래서 시대 상황에 따라 변해갔다. 이은의 생애를 연구하는 사람들은, 일본 측이 이은을 대하는 태도에 세 번의 커다란 변화가 있음을 보게 된다.

제1기. 인질 초기부터 한일합병을 강행한 해까지(1907. 12~1910. 12).
  아이를 처음 끌고 오던 당시, 일본 측은 아이에게 "일본 황태자와 똑같은 대우"를 하겠다고 약속했고, 이 기간 동안은 약속대로 실행했다.
제2기. 한일합병 다음 해부터 명치천황의 붕어까지(1911. 1~1912. 7).
  대한제국을 삼키고 나자 인질로서의 이은의 가치는 대폭 떨어졌고, 그에 대한 대우는 '일본 황태자' 급이 아닌 '천황의 보통 아들' 급으로 강등되었다.
제3기. 대정천황 등극 이후 2차 세계대전 종전 때까지(1912. 8~1945. 8).
  이은의 위상이 다시 아래로 전락하여, '천황의 보통 아들' 정도가 아니라 일본 황실의 촌수 먼 친척들 중에서도 가장 마지막 단계인 인물쯤으로 대우받았다.

이은에 관해 연구한 일본인들이 기술해 놓은 기록 속에 흥미로운 지적이 나온다. 이등박문 공작이나 명치천황이 살아 있던 시기에는 이은의 행적을 거의 모두 쉽게 파악할 수가 있더라는 것이다. 명치천황과 이등박문은 그 일거수일투족이 모두 역사에 기록되는 사람들이라서, 그들과 연결된 부분으로서 이은에 관한 기록들이 상세한 자료로 남아 있기 때문이다. 그런데 그 두 사람이 죽은 뒤로는, 이은에 관한 기록 자체가 대폭 줄어들어 그의 행적을 고찰하기가 쉽지 않더라는 것이다. 자신의 존재나 자신의 힘으로 유명해진 인물과 그렇지 않은 인물의 차이가 그런 형태로도 나타나서 뚜렷하게 구분되는 것이 세상사인 것이다.

아무튼 일본 사회에서 이은이 가진 위상의 전락과 이은에 대한 박대는 세월이 흐를수록, 다시 표현하자면 그를 일본으로 끌고 간 명치천황의 시대로부터 멀어지면 멀어질수록 더욱 심화되고 더욱 노골적이 되어 갔다. 그 결과, '대정 5년'이던 1916년 11월 대정천황의 장남 유인친왕裕仁親王(뒷날의 소화천황)의 황태자 책봉식 행사 때 이은은 가엾고 처연한 상황을 겪어야 했다.

일본 육군사관학교에서 이은과 같이 공부했던 두 사람의 학우가 기록한 회상물 속에는, 바로 그날 그들이 동기생인 '조선 왕세자 이은 전하'와 같이 대열을 지어 총을 메고 행군하면서 옆에서 지켜보았던 정경과 느낌이 다음과 같이 기술되어 있다.

천전훈千田薫
금상 폐하(소화천황)께서 황태자 책봉식을 위해 경도로 출발하시던 날, 사관학교 생도들은 전송 차 일찍부터 궁성 앞에 정렬해 있었습니다. 전하께서 동화대수장桐花大綬章의 부장副章을 가슴에 달으시고 대열 속에 계신 것을 보자, 나는 조선이 더 강한 나라였더라면, 하고 속으로 전하를 동정했었습니다.

액전원額田坦
대정 5년 11월 3일, 왕세자가 사관학교에 들어온 지 약 일 년쯤 지난 무렵이었다. 유인친왕의 황태자 책봉식이 거행되었다. 사관학교 생도들은 군장軍裝을 갖추고 궁성 앞에 정렬해서 행군했다.

왕세자도 대열에 참가해 제7중대의 끄트머리에서 총을 메고 행진했다. 왕세자는 일반 후보생들과 똑같은 복장을 했지만 훈장을 가슴에 달고 있었다. 그 엄청난 '훈일등욱일동화대수장勳一等旭日桐花大綬章'(명치 41년 10월 10일)이었다. 그게 어떤 것인지를 모르는 아이들이 "조그만 군인이 가슴에 굉장히 무거운 것을 달고 있네" 하고 지껄이면서 한사코 따라다녔다.

전에 전하 자신도 황태자 책봉식을 받으셨던 분인데, 하고 생각하니 무어라 말할 수 없는 비통한 기분이 들었는데, 그건 왕세자와 나란히 행진하고 있던 동기생으로서의 개인적인 감상이었다.

옆에서 지켜본 동기생들의 마음이 그랬을진대 당사자인 이은의 마음이 어떠했을 것인가. 동기생 액전원의 표현대로 '자신도 황태자 책봉식을 받으셨던 분'으로서 이젠 나라를 잃은 망국민이 되어 일본 황태자 책봉식 행사에 동원된 행렬 속에 끼어 군복 입고 어깨에 총을 멘 차림으로 행군하던 이은, 물정 모르는 조무래기 꼬마들의 조롱까지 받으면서 '가슴에 굉장히 무거운 것을 달고 있는 조그만 군인'으로 행진하고 있던 이은이 당시 느꼈던 비통함은 하늘을 가리고 땅을 덮고도 남았으리라.

그러한 비통함을 가슴 깊이 묻고 살아가던 청소년기 이은의 진심이 무의식 중에 날카롭게 표출된 적이 있었다. 1915년 5월 유년학교 본과를 졸업한 이은은 곧 군부대에 배속되어 육군사관학교 진학을 위한 필수 과정인 사관후보생으로서의 훈련을 6개월간 받아야 했다. 그의 나이 18세였는데, 그와 함께 근위 보병 제2연대에 배속된 동료 후보생 하나가 남긴 증언 속에 아주 인상적인 일화가 있다.

그해 여름 어느 날 석양 무렵의 일이었다. 고된 하루의 훈련이 끝난 뒤에 중대장이 사관후보생들을 데리고 부대 주보酒保(부대 안의 매점)에 가서 빵과 차를 마시면서 잡담을 나누었다. 그때 중대장이 문득 후보생들에게 "가장 숭배하는 인물이 누구인가?" 하고 물었다. 그러자 후보생들은 "나는 남목정성楠木正成을 숭배합니다" "나는 서향융성西鄕隆盛이 가장 위대한 인물이라고 생각합니다" 등 제각기 대답했다. 중대장이 마지막으로 이은에게 "전하께서는 누구를 꼽으십니까?"라고 묻자, 이은은 대뜸 대답했다.

"나는 제갈공명을 가장 숭배합니다."

그 대화를 옆에서 지켜본 동료 후보생 중촌중차랑(일본 육사 29기)은 이은의 대답에서 비상한 감명을 받았다. 그리고 그때로부터 오십여 년이 지난 뒤에 이은에 대한 기억을 써 달라는 요청을 받자, 중촌중차랑은 그간 마음 깊이 간직했던 그 일화를 털어 놓고 그에 대한 자신의 느낌을 이렇게 술회해 놓았다.

그 일이 있은 이래 지금까지 나는 다른 누구에게도 입 밖에 내어 말하지 않은 채 혼자 마음에 몰래 간직하면서, 이왕李王(순종이 승하한 뒤 이은이 이어받은 칭호)님께 대해 참으로 동정을 금할 수가 없었다. 당시, 이왕님께서 그간 자신의 심중을 전혀 밖으로 드러내지 않고 살아 온 것은 이왕님의 성품이 그만치 순수하고 참되어서라고 생각되어 존경심을 느꼈고, 그 뒤로도 종종 숭경崇敬할 만한 가치가 있는 그의 인격을 접하면서 깊이 이왕님을 경도하는 사람들 중 하나가 되었다. 이왕님께서 가장 숭배하는 인물로서 제갈공명을 드셨던 그 마음의 움직임을 생각하지 않을 수 없었다. 이왕님께서 불과 열 살 때 탄식하는 부모님과 이별하고 고국을 떠나 먼 이국으로 가야만 했던 당시의 한국 사정을 알고 있는 자라면 누가 그 분의 심정을 이해하지 못할 것인가. 그 무렵 자신의 고국에는 어리고 조그만 세자를 맡기기에 충분한 인물을 찾을 수 없었음에 대해 비분했던 그 마음에 대해 어느 누구가 한 움큼의 눈물을 흘리지 않을 수 있으랴.

이왕님께서는 일본에 온 이래, 이등박문 공작의 비상한 사랑을 받았는데, 이등공은 아무리 바쁠 때라도 이왕님이 찾아 가면 매우 좋아했다. 그뿐 아니라, 명치천황도 이왕님을 몹시 사랑하셔서 때때로 궁중의 식사에 초대하시는 등, 친아들한테보다 더욱 큰 배려를 아끼지 않았다. 이왕님께서도 명치천황과 이등박문 공작에게 비상한 존경심을 가지고 있었음이 사실이다. 그럼에도, 이왕님께서 가장 존경하는 인물로 제갈공명을 꼽았다는 것은 무엇을 뜻하는가. 자연히 그 가리키는 바 이왕님의 마음속을 알아보게 되어 크게 동정하지 않을 수 없었다.

생각건대, 고국을 떠난 조그만 어린 인질로서 게다가 어머니를 그리는 마음 하나마저 끝내 꺾이고 만 처지로서 이역 땅에서 오랜 세월을 보내는 중에 역사를 공부하면서 근세에 들어서서 동양, 특히 자신의 고국이 겪어온 치란흥망治亂興亡의 자취를 살펴 보노라면 절로 이를 갈게 되고 분격하여 팔을 휘두르며 뜻 없이 눈물을 흘리다가 그 옛날 유비가 죽음의 자리에서 자신이 두고 가는 어린 자식을 제갈공명에게 부탁했던 고사에 생각이 미쳤을 것이라는 것쯤은 상상하기 어렵지 않았던 것이다.

중촌중차랑은 사람의 마음을 읽을 줄 아는 눈이 있었다. 이은이 이등박문과 명치천황에게서 매우 큰 아낌을 받았음에도 불구하고 그들을 지목하지 않고 제갈공명을 거론한 것에서 이은의 마음의 움직임을 알아본 것이다. 그의 지적은 실로 정곡을 찌른 것이었다. 당시 이은이 어떤 심정으로 제갈공명이란 인물의 값을 그토록 높이 매겼던 것인지, 이은의 마음이 걸었던 행로를 짚어 보면 실로 애절하기 짝이 없다.

  제갈공명이 누구인가. 그는 멸망한 한나라 황실의 후예인 유비를 도와서 왕업을 크게 일으킨 뛰어난 인재이자 유비가 죽은 뒤 그의 아들인 2세 군주를 보호하면서 나라를 단단히 붙들어 세운 불세출의 충신이었다. 이은이 하필 제갈공명을 마음에 깊이 두고 있었다는 것은, 언젠가 그처럼 같이 뛰어난 능력을 지닌 충신이 나타나서 자신을 도와 무너진 왕업을 다시 일으킴으로써 자신이 겪고 있는 쓰라린 굴욕의 세월을 끝내주기를 간절하게 염원하고 있었음을 시사한다. 그것이야말로 대한제국의 마지막 황태자였던 소년이 인질로 끌려간 적국의 수도 한가운데에서 가슴 깊이 남 몰래 품고 있었던 비통한 비밀이었다. 불우함은 아이를 조숙하게 성장시킨다. 당나라 시인 이하의 시에 "나이 스물에 이미 늙었도다"라는 탄식이 있다지만, 어린 나이에 남의 나라에 끌려가서 오랜 세월을 보내던 인질 이은은 18세의 나이에 이미 세상의 이면을 보는 안목을 갖고 있었다. 그는 망국의 황태자로서 자신이 겪는 굴욕과 불행을 통해서 이 세상에서 가장 귀하고도 중요한 것은 다름 아닌 '사람'임을 일찍감치 체득했던 것이다.

  생각하면 애절하다. 제갈공명과 같은 인재를 향한 그토록 뜨거운 염원을 가슴 깊이 품은 채 대한제국의 마지막 황태자 이은은 대정천황의 장남인 유인친왕을 황태자로 책봉하는 예식을 위해서 일개 졸병처럼 총을 메고 열을 지어 행진해야 했다. 그런데 바로 그 가슴 아픈 행진이 있었던 1916년은 일본 황실과 정부가 조선의 왕세자 이은을 일본 황족 여인과 결혼시킴으로써 조선 왕실 혈통의 순수성을 훼손시키기로 결정하고 공식적으로 밀어붙이기 시작한 바로 그해이기도 했다.

왕세자 혼혈결혼의 비밀

1차 세계대전 중에 나온 혼담

▦ ▤ ▥ ▦ 전쟁은 전투만이 전부가 아니다. 전쟁의 본질은 비상하지 않은 일들을 비상하게 만드는 것에 있다. 그래서 전시에는 안되는 일도 없고 불가능한 일도 없다. 그런 점에서 전쟁은 눈 뜨고 꾸는 백일몽과 닮았다. 조선 왕세자 이은의 결혼에 대한 혼담은 그런 전시 분위기에서 추진되었다.

1916년 7월 7일.

총리대신 관저의 대접견실. 열어 놓은 유리창으로 바람이 시원하게 들어왔다. 젖혀진 커튼 자락을 흔들면서 안으로 들어온 바람이 방 안 공기를 청량하게 휘젓는다.

"새삼 강조할 필요도 없지만, 현재 벌어지고 있는 세계 대전쟁은 우리 대일본제국의 국익에 직결되는 아주 중요한 전쟁이 아닙니까!"

총리대신인 대외중신大隈重信 후작을 찾아온 조선 총독 사내정의 백작이 거창하게 말머리를 꺼냈다. 특별히 긴요하다고 생각하는 화제를 꺼낼 때의 습관이다.

"물론이오!"

대외 총리대신은 고개를 끄덕이며 맞장구를 치면서도 상대방이 무슨 말을 하려고 그런 서두를 꺼내는 것인지 내심 자못 의아하다. 사내 백작은 이 달 1일 밤에 임지인 서울을 출발하여 귀국길에 올랐고, 4일 저녁에 동경에 들어왔다. 사내 백작은 조선 총독인 동시에 현역 육군 장성이다. 그런데 지난 6월 24일에 승진해서 그의 계급이 '대장'에서 '원수元帥'로 올라갔다. 승진한 직후에 본국에 들어온 것인데, 그가 이번에 동경에 온 것은 현하 정국에 개입해 총리대신이 되려는 뜻이 있어서라는 소문이 파다했다. 그런데 동경에 온 지 며칠 되지도 않아 굳이 총리 면담을 요청한 의도가 궁금한 것이다.

"일본이 세계를 움직일 최강국으로 도약할 수 있는 천재일우의 기회인 이 중차대한 시기를 제대로 이용할 수 있도록, 우리는 만반의 준비를 갖추어야 하겠습니다."

"그렇지요. 전적으로 동감이오!"

대외 총리는 연신 고개를 끄덕여 주며 다음 말을 기다렸다.

"우리 일본제국이 세계로 뻗어 나가서 세계 최강국의 일원으로 당당히 자리 잡게 해야 할 역사적 사명이 지금 우리들 어깨에 걸려 있습니다!"

"그렇지요."

"따라서, 현재로선 어떤 상황 변화에도 적절하게 대응할 수 있도록 우리 일본제국의 내부를 단단하게 다져 놓는 것이 아주 긴요하고 중요하다고 봅니다. 그러기 위해서는 무엇보다 먼저 새롭게 획득한 식민지 조선의 백성들을 확실하게 장악하고 심복시켜야 합니다."

"옳은 이야기요."

"특히 지금은 우리가 중국 대륙에 본격적으로 진출하고 있는 시점이니만치, 조선 문제는 전보다 오히려 더욱 중요해졌습니다. 조선을 이미 합병하여 속국으로 만들었다 해서 소홀하게 다루었다가는 병가兵家에서 가장 꺼리는 이른바 '복심腹心의 화禍' 가 되어 우리 국익에 치명적인 내상內傷을 입힐 우려가 있지요."

"그렇지요."

"따라서 조선을 정치군사적으로 지배하는 것만으로는 충분하지 않고, 철두철미 일본화해 놓는 것이 무엇보다 시급하다고 봅니다."

"그렇습니다."

"그런 목적을 이루기 위해서는 여러 가지 방책들이 있겠습니다만, 내 생각으로는 전에 이등박문 공작이 계획하셨던 계책을 채택하는 것이 좋겠다는 판단입니다. 그것이 현재 상황에서 아주 효율적이고 신선하면서도 확실한 효과를 올릴 수 있는 상책 중 상책이라고 생각됩니다."

"그게 무슨 계책인지?"

"예. 조선 왕세자 이은을 우리 황실의 황족인 여성과 결혼시키는 일입니다."

"아, 그 일이라면, 나도 이등 공이 살아 계실 때 그 계획에 관해서 직접 들은 적이 있소."

대외 총리는 머리를 크게 끄덕였다. 그러면서 마음 한쪽으로 안도의 한숨을 쉬었다. 상대방이 현하 정국에 관한 까다로운 이야기를 꺼낼까 봐 우려했는데, 그런 게 아니라 조선 왕세자의 결혼 문제라면 얼마든지 마음 편하게 서로 이야기를 나눌 수 있는 주제였다.

"맞아요. 그 계책이야말로 지금 우리가 시행해 볼 만한 최상의 계책으로 보이는군요."

"그렇습니다. 조선 왕세자를 우리 천황 폐하 가문의 일원인 황족 규수와 혼인시키면, 일본과 조선 양국의 결합은 더욱 완벽하게 굳어지지요. 양국의 군주 가문들이 혼사를 통해 혈연으로 굳게 맺어지면, 그 누가 일본과 조선의 사이를 갈라놓을 수가 있겠습니까!"

"그러게 말이요."

"마침 조선 왕세자는 현재 결혼 적령기에 달해 있습니다."

"그 참, 잘됐군요."

대외 총리대신은 다시 고개를 끄덕였다.

"그런데 사안의 성격상, 그 문제는 아무래도 궁내성에서 전담하여 추진해야 되지 않겠습니까."

"예에."

사내 총독이 말꼬리를 늘였다.

"물론 궁내성에서 가장 큰 관심을 갖고 일을 추진해야 할 일이지요. 그러나 사안이 사안이니만치 나 또한 무심하게 있을 수 없는 일입니다. 현재 내가 조선 총독으로 있으니만치 이왕가 쪽의 일에 관해서는 역시 내가 마음을 써야 마땅하지요."

사내정의는 들고 온 종이 한 장을 총리 앞으로 밀어 놓았다.

"보십시오!"

그는 손가락으로 종이 위 이름들을 가리켰다.

"이것은 내가 생각해 본 조선 왕세자비 후보 명단입니다. 일단 이렇게 현재 결혼 적령기에 있는 황족 규수들 세 분을 선정해 보았습니다. 이 중에서 한 분으로 결정할 예정입니다. 참고로 알고 계시기를 바랍니다."

왕세자 혼혈결혼의 비밀

대외 총리대신은 종이를 받아서 신중하게 들여다본다.

　산계궁山階宮 안자 여왕安子 女王
　이본궁梨本宮 방자 여왕方子 女王
　구이궁久邇宮 양자 여왕良子 女王

　안자, 방자, 양자……. 일본 천황의 가문에는 본래 성姓이 없다. 그래서 역대 천황이 모두 그러하듯 이 규수들 역시 이름만 있을 뿐 성은 없다. 자신이 속한 궁宮의 명칭을 성 대신 쓰는, 일본 안에서 가장 고귀한 혈통을 지닌 규수들이다. 황족이기에 '여왕'으로 불리고 있으며 그래서 '전하'라는 존칭을 듣고 있는 세 명의 어린 규수들. 당연히 그녀들은 서로 가까운 친척 사이다. 일본 역사상 아직까지 천황 가문의 황족 여성이 외국인과 결혼한 적이 없는데, 이들 중 한 명을 조선 왕세자와 결혼시킨다는 것이 계획대로 무난히 이루어질 수 있는 일인지, 또 계획대로 이루어진다 해도 그 효과는 어떨지…….

　대외 총리의 마음속에 문득 불안한 느낌이 솟는다. 그는 종이를 사내 백작에게 돌려주었다.

　"노고가 많으시오. 아무쪼록 국가를 위해서 계속 애써 주시오."

　"예. 미력하나마 나의 신명을 모두 바치겠습니다."

　명단 종이를 돌려받은 사내 백작이 눈길을 들어 상대를 바라보았다.

　"이제 조선의 왕세자를 우리 일본 여인과 혼인으로 맺어 놓고, 거기서 태어난 절반의 일본인인 자녀들을 또 일본인과 혼인시키고, 계속 이렇게 밀고 나아가면 오래지 않아서 조선 왕실의 혈통은 전부 일본인의 피로 채워지지 않겠습니까. 또한 그러한 왕가의 모범을 조선의 일반 백성들도 점차 따르게 될 터이고, 그리되면 조선은 절로 일본과 떨어질 수 없는 한몸이 될 것입니다!"

총리가 다시 고개를 끄덕이며 맞장구를 쳤다.

"참으로 금석과도 같은 말씀이오. 지금 말씀 그대로 성취되도록 우리 모두 신명을 다해서 노력하십시다."

대외중신 총리는 일본 정계의 중진으로, 일찍이 조도전早稻田 대학을 설립하여 '조도전의 성자聖者'로까지 불렸던 인물이다. 그는 외무대신으로 재임하던 1889년에 그가 추진하던 외국과의 조약 개정 문제에 불만을 품은 자에게 폭탄 테러를 당해 한쪽 다리를 잃었다. 그럼에도 자살한 범인의 장례식에 부의금을 보내면서 "그 청년은 대단한 애국자였다. 사사로운 악의가 있는 것이 아니었다"고 말해 사람들을 감탄하게 만든 일화로 유명했다. 일본의 내로라하는 여러 정치가들 중에서 그만은 "참으로 정직한 인물"이라는 세평을 듣기도 했는데, 그런 인물조차 이웃 나라에서 잡아 온 어린 인질을 끝내 정략결혼의 희생자로 만드는 데 아무 주저함이 없었던 것이 당시 일본이라는 나라의 실체였다.

"신불神佛조차 힘을 다해서 우리 황국皇國의 무위武威와 융성을 돕고 있는 이때, 우리 어찌 각자 있는 자리에서 최선을 다해 노력하지 않으리오! 열심히 노력합시다."

자리에서 일어선 사내 백작과 작별의 악수를 하면서, 대외중신 총리는 다짐하듯 단호하게 말했다.

사내정의 백작이 돌아간 뒤 대외 총리는 큰 의자에 깊이 몸을 묻었다. 사내정의가 오늘 찾아와서 내놓은 안건이 '조선 왕세자의 혼사 문제'였다는 것이 마음을 가볍게 한다.

왕세자 혼혈결혼의 비밀

역시 조선통인 사나이야……．

사내정의는 1910년 7월 하순 조선 총독으로 현지에 부임한 뒤 지금까지 만 6년 동안 조선을 다스리고 있는데, 그의 무단통치가 너무 가혹하다는 세평은 귀에 못이 박히도록 들었다. 이제 사내 백작이 그러한 조선 통치의 경력과 관록을 내세워서 본국 정치계의 중심에 나서려는 모습을 드러내고 있다. 원수로 승진한 뒤 특별한 사안이 없는데도 이내 임지를 떠나서 본국에 귀환했고, 동경에 들어온 지 며칠 되지도 않아 벌써 '조선 왕세자 혼사 문제'를 추진하고 있는 것이다. 그 추진력이 놀랍기도 하고 부럽기도 하다.

아무튼 대단한 집념의 인간이야.

대외 총리는 머리를 흔들며 의자에서 일어섰다.

일본 조야는 지금 일본의 국운이 뿌리 굵은 칡덩굴처럼 힘차게 뻗어 나아가는 것을 눈앞에 두고 있는 듯한 환상에 도취해 있었다. 그러나 그런 도취의 이면에 깃들인 알 수 없는 초조함이 그들의 심사와 행동거지를 자꾸 강퍅하고 모질게 몰아치고 있었다. 전쟁은 사람들의 마음을 초조하게 한다. 패배하고 있을 때는 물론 승패를 모를 때도 그렇고, 심지어는 이길 때조차 비상 상황이 불러일으킨 격정에서 빚어지는 초조함이 사람의 영혼을 물어뜯는다. 그리고 초조함처럼 사람을 무리한 행동으로 몰아넣는 것이 또 있을까. 겉으로는 일본의 국력이 날로 힘차게 신장하고 국운이 봄을 만난 새순처럼 뻗어나가고 있는 것처럼 보이지만, 지금 일본 집권자들의 심령을 파먹고 있던 것이 바로 그런 종류의 바닥 모를 초조함이었다.

이 세계 대전쟁을 통해서 우리가 얻을 수 있는 것이 무엇일까.

그들은 먹이를 찾는 사냥개처럼 세계 정세를 주시하면서 고뇌했다.

이미 삼백여 년 전인 1592년 임진년에 태합 풍신수길이 시도했다가 실패했던 조선국 삼키기의 대업, 그들은 그 막중임무를 자신들의 시대에 와서 성사시켰다. 육년 전인 1910년의 한일합병으로 조선을 일본제국의 영토 안으로 끌어들임으로써 일본의 국토를 현해탄을 건너 한반도까지 넓게 확장했다. 그것만 해도 일본 개국 이래의 대사건이었다.

그런데 대한제국을 병합하고 나서 불과 사 년 만에 1차 세계대전이 터졌다. 1914년 6월 28일 세르비아의 사라예보에서 오스트리아 황태자 부부가 저격당한 사건이 발단이 되어 7월 28일 오스트리아가 세르비아에 선전포고를 한 것이 이내 전 유럽적인 규모의 대전쟁으로 번져 간 것이다. 유럽의 나라들은 크게 둘로 갈렸다. 오스트리아의 동맹국인 독일·터기·불가리아 등이 한 편이 되고, 세르비아를 지지하는 영국·프랑스·러시아·이탈리아·벨기에·루마니아·포르투갈·몬테네그로 등이 연합국으로서 다른 편이 되어 싸우기 시작했다. 그래서 일명 '구라파전쟁'이라고 불렀다. 일본은 이 세계대전의 한쪽 편에다 약삭빠르게 발을 들이밀었다. 영일동맹조약의 이행을 빙자하며 영국이 참가한 연합국에 가담한 것이다.

그러나 일본의 참전은 연합국 측에 별로 도움 될 것이 없었다. 일본이 참전한 실질적인 목적은, 유럽에서 전쟁 중인 서구 열강들이 아시아에 도저히 신경 쓸 겨를이 없음을 틈타 힘의 공백 상태에 있는 중국을 침략하려는 것이었다.

오호! 이 인류 역사상 최초의 대전쟁은 흡사 우리 일본을 위해서 일어난 듯하구나!

일본의 정계 지도자들은 기민하게 먹잇감을 찾아 뛰었다. 그해 8월 23일자로 선전포고를 한 뒤, 중국 산동성에 있는 독일 조차지와 독일령 남양제도에 주둔한 독일군 병력을 쫓아내고 점령해 중국 대륙을 침략할 교두보를 마련하

왕세자 혼혈결혼의 비밀

는 데 성공했다. 그러나 자국에 실익이 없는 부분에는 매우 인색해서, 연합국 측 참전국으로서 한 일이라고는 인도양과 지중해 해상에서 연합국 측의 기선을 보호한 정도였다. 군사적인 측면에서 보자면 최소의 투자로 최대의 수확을 거둔 것이다.

게다가 "비단 위에 무늬"라는 말 그대로 이 전쟁은 경제 분야까지도 일본에 엄청난 호재였다. 세계 대전쟁의 특수경기가 곧장 일본으로 들이닥친 것이다. 국토가 온통 전쟁터가 되어 버려 전쟁 물자를 제대로 생산할 수 없었던 유럽의 연합국 측 국가들이 총기와 탄약과 같은 군수품들을 일본에 의존하게 됨으로써 군수산업이 폭발적으로 발전했다. 더 나아가 전쟁의 압박으로 인해 유럽 각국의 상인들이 인도와 중국과 네델란드령 동인도(인도네시아)의 광대한 시장에서 물러남으로써 생긴 거대한 공백 속으로 면사와 방직물 등 일본의 수출품들이 잽싸게 파고들었다.

일본 열도는 일시에 달아올랐다. 유럽에는 군수품을 수출하고 아시아에는 생필품들을 수출하는 거대한 공급기지가 된 일본에서 전시경제의 특수경기가 불 일 듯이 일어났다. 전국 도처에 각종 공장들이 세워져 밤낮없이 돌아갔다. 본래 전시의 군수산업이란 전쟁터에서 흐르는 피의 양이 많아질수록 그리고 싸우는 기간이 길어질수록 그에 정비례하여 흥창하기 마련, 그래서 대전이 장기화되고 있는 현재 일본의 전시경제 또한 지속적인 호황을 누리고 있었다.

"신불神佛이 모두 우리 황국을 돕는다!"

"나아가자! 세계를 향해 전진하자!"

일본의 조야는 이렇듯 격동적인 시대 상황과 넘쳐흐르는 부요함을 바탕으로 조선 위쪽에 있는 중국을 삼키고 싶은 탐욕을 주체하지 못했다. 조선

(대한제국)을 삼키는 일에 성공한 것이 그런 탐욕을 더욱 부추겼다. 당시 중국은 엄청난 역사적 변혁의 소용돌이 속에 휩쓸려 극심한 혼란 상태에 빠져 있었다.

중국 대륙의 격변은 1911년 10월 10일에 일어난 신해혁명으로 폭발되었다. 11월에 남경을 점령한 중국의 혁명 주체들은 12월 29일에 그들의 지도자인 손문을 새로운 나라인 '중화민국'의 '임시 대통령'으로 선출했다. 그들은 사흘 뒤인 1912년 1월 1일에 중화민국 정부 수립을 선포했고, 손문은 대통령에 취임했다.

혁명에 대처하지 못한 채 대세가 완전히 기울었다고 판단한 청나라 황실에서는 다음 달인 2월 12일에 일곱 살 된 어린 황제 선통제宣統帝를 퇴위시켰다. 1908년에 광서제光緖帝가 후사 없이 사망하자 세 살짜리 어린 황족 부의溥儀를 황제로 즉위시켰던 것인데, 즉위한 지 사 년 만에 퇴위당한 것이다. 이로써 청제국은 소년 황제 선통제를 마지막 황제로 역사에 기록하고 지상에서 사라졌다.

이때부터 중국 대륙은 전국 시대와도 같은 난세에 들어갔다. 청조의 통치권을 즉각 대체할 만한 역량과 실력이 혁명 주체들에게 없었기 때문이다. 결국 각지에 할거한 군벌들이 무력으로 서로 쟁패하며 흥망을 거듭함으로써 '밤중에 수많은 귀신들이 멋대로 싸돌아다니는 듯하다'는 이른바 '백귀야행百鬼夜行'의 극심한 혼란기인 전국 시대를 겪어야 했다.

한동안 군벌과 군벌이 싸우는 난세를 거쳐서 당시 가장 강력한 군사력을 소유한 군벌이었던 원세개가 대세를 장악했다. 그리하여 가장 반민중적이고 반혁명적인 인물인 원세개가 1913년 10월 10일에 신생 '중화민국'의 대총통이 되었다. 그러나 원세개의 중앙 정부가 수립된 뒤로도 각지에 산재한 군벌들의 할거는 여전하여 정권이 안정되지 못한 상태였다.

그처럼 취약한 상태의 중국을 호시탐탐 지켜보고 있던 일본 정부는 1차 세계대전의 와중에 드디어 대륙 침략의 첫 발톱을 내밀었다. 곧 1915년 5월 7일에 원세개 정부를 향해 최후통첩의 형식으로 강포하게 제기한 소위 '21개조 요구'였다. 그 내용은 일본이 중국 산동성에 있는 독일의 권익을 모두 인수하고 남만주와 동부 내몽골을 사실상의 일본 영토로 만들려고 꾀하는 등, 치명적인 독소 조항들로 이루어져 있었다. 아직 중국 전체를 완벽하게 장악하지 못한 원세개 정부는 무력하게 일본 측의 요구를 대부분 승인함으로써 중국 민중의 격노를 불러일으켰다.

아무튼 일본의 위정자들로서는 이제 중국 대륙 침략에 손을 댄 이상, 이미 삼킨 조선을 잘 소화해서 단단히 갈무리하는 작업의 중요성에 새삼 마음이 쓰였다. 지리적으로나 정치적으로나 일본과 중국 사이에 있는 조선을 확실하게 장악하지 못하면 중국 대륙 침략 또한 여의치 못하게 될 것임은 명약관화한 일이었기 때문이다. 바로 그런 강박의식이야말로 이은과 일본 황족 여성을 결혼시키려는 계획을 극력 실현시킨 원동력이었다. 그리고 그런 정서를 가장 명료하게 대표한 자가 조선 총독 사내정의 백작이었다.

'도마 위의 잉어'라는 일본 속담이 있다. 잉어는 매우 기이한 물고기라서 물에서 갓 잡아올린 펄펄 살아 있는 잉어라 할지라도 일단 도마 위에 올려놓기만 하면 죽은 듯 전혀 움직이지 않고 칼을 받는다는 것이다. 그래서 '도마 위의 잉어'라는 말은 칼 쥔 자의 처분에 자신의 운명을 모두 내맡긴 채 전혀 꼼짝하지 못하고 있는 상황을 이른다. 이때 이은의 처지야말로 그러했다. 그가 일본 육군사관학교 연병장에서 힘에 부치는 고된 군사교육을 받으며 고통스러워하고 있는 동안, 일본의 정략가들은 자신들의 입맛대로 이은이 살아갈 운명의 지도를 그리고 색칠까지 끝냈다. 그 결과 이은은 이제 적국의 밥을 먹고 자란 19세의 청소년으로서 다시 한 번 역사의 제물이 되어 시대의 전면에 떠올랐다.

일본 황실의
일방적인 약혼 발표

1916년 8월 3일.

전시 호황을 한껏 누리고 있는 일본 전역이 긴 축제라도 맞은 듯 온통 들떠 있는 한여름이다. 그날따라 대기는 여름답지 않게 청량했고, 산과 들에서는 나무와 풀들이 시원한 바람결 따라 잎사귀를 나부끼고 있었다. 상쾌하게 맑은 여름날이었다.

"아니! 세상에!"

여름휴가 차 삼도에 있는 별장에서 지내던 조선 왕세자이자 일본 육군사관학교 생도인 이은은 아침에 신문을 읽다가 경악했다.

"이럴 수가!"

이은은 자신의 눈을 의심하면서 방금 읽은 기사를 다시 읽었다. 거기엔 "조선 왕세자 이은과 일본 황족인 이본궁 수정왕의 첫째 딸인 방자 여왕이 결혼하도록 천황의 칙허가 내려졌다"는 기사가 실려 있었다. 당시 일본제국의 체제와 풍토에서 일단 "천황의 칙허가 내려졌다"라고 함은, 그것은 아무도 거

역할 수 없는 절체절명의 일임을 뜻했다.

머리 한 가운데를 날카로운 쇳덩이로 가격당한 듯했다. 자신은 이미 서울에 약혼자가 있는 몸이 아닌가. 햇수로 치자면 벌써 십 년 전의 일, 자신이 일본으로 떠난 지 19일 만에 어머니 엄귀비가 자신의 약혼녀로 확정했다는 규수 이야기는 인편에 비밀 전갈로 전해 주어 알고 있은 지 오래되었다. 서울의 민갑완. 자신의 약혼녀로 정해진 이래 지금까지 혼삿날만 기다리고 있을 그 규수의 존재와 이름이 빠르게 뇌리를 스쳤다.

1916년 8월 3일이면, 1897년 10월생인 이은은 만 나이로는 18년 10개월이고 세는 나이로는 20세였다. 그때까지 살아온 날들 중에서 그날은 이은의 생애에서 결코 잊을 수 없는 매우 충격적인 날 중의 하나였다.

아니, 그날 신문을 읽다가 경악한 것은 이은만이 아니었다. 조선과 일본의 국민들이 모두 동시에 깜짝 놀랐다. 두 나라 신문에 그 놀라운 소식을 전하는 기사가 똑같이 실려 있었던 것이다. 이른바 '양국 동시 발표'였다. 조선총독부 기관지인 《매일신보》 1916년 8월 3일차에 실린 기사가 당시의 정황을 생생하게 전한다.

기사의 제목은 "이왕세자전하어혼의李王世子殿下御婚儀, 여왕은 이본궁 제일왕녀전하". 내용은 다음과 같다.

이왕세자 전하는 마포 조거판 어용저에서 오로지 문무의 두 길을 닦으시느라 면학하시는 중인데, 이미 유년학교를 졸업하시고 사관학교에 진학하셔서 나이가 20세의 성년에 이르셨다. 일찍이 고 이등박문 공작과 기타 우리나라 귀족 중에서 열심히 주선했던 우리 황족과의 결혼에 대하여 여러 방면에서 나온 의논들이 아주 순조롭게 모아져서 이에 경사스러운 혼의를 거행하게 되었다. 일

↑ 이은과 이방자의 약혼 기사를 보도한 《매일신보》와 《동경조일신문》. 한국과 일본, 두 나라 신문에 그 놀라운 소식을 전하는 기사가 똑같이 실렸다. 이른바 양국 동시 발표였다. 서울에서 발간되던 조선총독부 기관지인 조선어 신문 《매일신보》 1916년 8월 3일자에 "李王世子殿下御婚儀, 女王은 梨本宮 제일왕녀전하"라는 제호 아래 실린 기사가 당시의 정황을 생생하게 전한다.

본과 조선의 우의를 영원토록 공고하게 하실 여왕 전하는 모처에서 정성껏 독실하게 의논한 결과, 이본궁 수정왕 전하의 첫째 왕녀이신 방자 여왕 전하(명치 34년 11월에 탄생하심)로 결정되어 그 상세한 전말을 상주하고 칙허를 내려주시기를 앙청하였더니, 1일에 칙허가 내려져 사내정의 총독에게 전달되었은즉, 이제 조선 왕실의 어수락을 기다려서 어경사를 발표하실 것이라고 한다(동경전).

기사 말미에 붙은 '동경전東京電'이라는 표시는 '동경에서 보낸 전보'에 의한 기사임을 의미한다. 기사 옆에 두 사람의 사진도 나란히 실려 있다. 당시 1897년생인 이은은 만 19세이고, 1901년생인 이본궁 방자는 만 15세로서 네 살 차이였다.

이 기사에서 방자에 대한 호칭을 "이본궁 수정왕 전하의 제1왕녀 되시는 방자 여왕 전하"라고 하여 굳이 '제1왕녀'라는 표현을 집어넣은 것은, 왕의 딸인데도 불구하고 '여왕'이라고 부르는 일본식 궁중 용어 용법을 모르는 조선인들이 혼란을 일으킬 것을 고려한 배려였다.

아무튼 당시 그 혼사가 일본 황실과 정부의 얼마나 일방적이고 강압적인 횡포였던가, 그 실상이 이 기사 하나로도 극명하게 드러난다. 우선 기사 자체가 동경에서 작성되어 전보로 송고된 것이어서, 이 혼사 이야기는 동경에서 일방적으로 정해진 것임을 확증한다. 그리고 왕세자 이은의 결혼 상대를 '모처에서' 의논해서 정했다고 밝히고 있는 것, 또한 그 결혼에 대한 일본 천황의 칙허까지 이미 내려졌는데도, 정작 조선 왕실에서는 이 혼사 문제에 대해 전혀 모르고 있었음이 기사 중에 들어 있는 "금속은 이왕가의 어수락御受諾을 대待하여 어경사御慶事를 발표하실 터이라더라(이제 조선 왕실의 어수락을 기다려서 어경사를 발표하실 것이라고 한다)"는 마지막 글귀로 명확하게 입증된다.

결혼이란 혼사를 맺는 당사자 쌍방의 대사임에도 불구하고, 일본 황실과 정부가 처음부터 조선 왕실이나 당사자인 이은과 아무런 상의도 없이 일방적으로 일본 황족 여인과의 결혼을 추진한 이유는 오직 하나였다. 조선 쪽에서 일어날 강력한 반발과 거부를 아예 원천 봉쇄하기 위해서였다. 그래서 자기들끼리 의논하여 일본 황족 여인을 이은의 배우자로 결정한 뒤에, 그 일에 대해서는 이미 "천황의 칙허가 내려졌다"는 절체절명의 틀을 장치하고, 그것으로도 마음이 놓이지 않아 아예 양국의 언론을 통해 일반에 먼저 공표함으로써 도저히 돌이킬 수 없는 기정사실로 만들어서 내리눌렀던 것이다.

당시 신문에서 이은의 혼사에 관한 자료들을 찾다 보면 아주 인상 깊게 눈에 띄는 것들이 있다. 이은의 혼사에 관한 보도기사가 실린 지면이나 옆의 지면에 1차 세계대전의 전황 보도기사들이 눈이 어지러울 정도로 널려 있는 점이다. "독군獨軍의 방어선 돌파"라는 제목으로 "영국군이 독일군의 제3방어선을 돌파하였다"는 내용의 기사나 "뽀젤 부근은 독군에 유리"라는 제목 아래 "뽀젤 부근에서 목하 육탄전이 맹렬을 극하였는데 형세는 독일군에 양호하더라"는 식의 전쟁기사들이 연이어 실려 있어서 그 험난한 시대의 얼굴과 피 냄새를 선연하게 드러내고 있다. 그처럼 험한 역사의 격동기를 배경으로 이은의 혼혈결혼의 혼사가 강력하게 추진되고 있었다.

1916년 8월 4일.

이날 《매일신보》는 이은의 결혼에 관한 후속기사를 내보냈다. 그 기사에도 이 일은 원래 고 이등박문 공작이 계획한 바였다는 점을 거듭 강조하고 있다.

이 왕세자 전하 어경사에 대하여는 고 이등박문 공이 가장 원대한 사상과 정신으로써 기획한 것인데, 사내 백작에 대해서도 그 사정을 언급한 사실이 있었는데, 이래로 황족 제위도 후보자의 선정에 대하여 배려 중이더니 마침 이때에 이본궁 수정왕 전하 제1여왕 방자 전하의 설說이 모처로부터 있었음으로 수정왕비 이도자 전하의 친가 과도 후작 및 동 후작가의 친척인 자작 등파언충藤波言忠 씨 기타 관계한 제위諸位도 내내 의론하고 대외 수상 등도 지극히 찬성한 바가 있어서 작년 여름에 천황 폐하께서 이본궁 수정왕 전하에 대하여 동의를 내리시니 궁가에서도 승낙하심인데, 또한 이왕세자 전하께서는 원래 영명하시고 또 순일본식 교육을 받으사 유년학교 재학 이래의 성적도 특출하시고 군인으로 수양하셨음으로 체격도 건전하며 기상도 활발하사 명후년은 사관학교를 졸업하심으로 이미 어경사의 준비에 착수하여도 무방할 시기에 이르렀고 사내 백작도 입경入京 중에 있으나 근일 귀임한 후에는 드러내 놓고 이왕 전하 이태왕 전하께 배알하고 어경사를 말씀 올리도록 진행할 것으로 배찰하겠으며, 요컨대 왕세자 전하의 현명하심과 방자 여왕 전하의 숙덕淑德을 짝지으면 일본 황실 및 이왕가는 금후 더욱더욱 친밀한 관계를 이루어 국가 백 년의 복리를 증진할 것은 의심할 바가 아니니 실로 경하할 바이며, 또한 방자 여왕 전하께서는 목하 학습원 여학부에 통학하사 제3학년생으로 면학 중이신데, 학과로 우등이시며 화가和歌는 현재는 어가소 기인 천엽윤명 씨가 가르치시는 중이라 더라(모궁내관담某宮內官談 동경전東京電).

이 기사는 동경에서 온 전보에 기초하여 작성되어 8월 4일자 지면에 게재된 것이다. 그런데 이 결혼에 대해서 당사자인 이본궁 수정왕 내외는 물론 여러 방면으로 의논하였고, 그중에서도 방자의 외가인 과도 후작 가문 및 그 친척인 등파언충 자작과도 의논했으며, 일본 총리대신인 대외중신 역시 이 결혼에 대해서 "지극히 찬성한 바가 있다"고 밝히고 있다.

뒷날 이방자의 회고록이 여러 종류가 발간되어 이 당시의 일에 대해서 여러 가지 증언들을 내놓고 있다. 이때의 혼사 소식은 이은의 배우자로 발표된 '이본궁 방자 여왕 전하'의 집안으로서는 결코 받아들이기 쉽지 않은 조치였다는 것이다. 당사자인 이본궁 방자의 회고에 의하면, 그녀 역시 1916년 8월 3일자 일본 조간신문에 난 기사를 보고서 자신의 약혼 사실을 처음으로 알았다고 한다. 이 일에 대해서 그녀는 자신의 자서전에 이렇게 기록했다.

내가 16세가 되던 해는 1916년이었다.
며칠 동안 추적추적 내리던 비가 멎었다. 창밖으로 내다보이는 진초록 바다 위에 아침 햇살이 황금 가루처럼 부서지고 있었다. 별장 주변의 울창한 삼杉나무 향기가 폐 속까지 시원하게 스며들고 정원의 갖가지 꽃들이 비에 씻겨 눈부시게 빛나고 있었다.
우리 집은 매년 여름이면 오오이소大磯에 있는 별장에서 여름을 나곤 했다. 오오이소는 도오꾜 서남쪽에 있는 해안 도시로 유명한 별장지대였다. 8월 3일 아침, 별장에서 무심히 신문을 집어든 나는 깜짝 놀라고 말았다. 이왕세자 전하의 사진과 나란히 있는 것은 틀림없는 나의 사진이었다. 이왕세자 전하와 내가 약혼했다는 주먹만한 활자가 내 이마를 쳤다.
'이럴 수가 있나?'
'내가 왕세자전하와 약혼을 하다니!'
'약혼 사실을 신문에서 알게 되다니!'
도대체 납득할 수 없는 사실에 머릿속이 횡횡 돌고 눈앞이 어지러워 활자가 커졌다 작아졌다 했다. 신문을 들고 있는 손과 다리가 후들후들 떨렸다. 쓰러지지 않으려고 안간힘을 쓰며 다시 신문을 들여다보았다. 틀림없는 내 얘기였다. 너무나 큰 충격이었다. 이 평화로운 아침의 정적과 햇살은 순식간에 사라지고 천둥 번개가 내 인생을 내려친 것이다. 분노인지 슬픔인지 모를 눈물이 줄줄 흘러내렸다.

어느새 어머님이 들어오셔서 말없이 나를 지켜보고 계셨다. 나는 이때의 어머님 얼굴을 잊을 수 없다. 미안하고 괴롭고, 나에게 무어라고 말할지 몰라 일그러진 어머니 얼굴에도 눈물이 흐르고 있었다.

"너무 놀랐을 것으로 안다. 그러나 어쩔 수가 없었다. 실은 저번에 궁내대신이 거듭 오셔서 폐하의 뜻이니 아무쪼록 받아들이라고……" 어머님은 떠듬떠듬 말씀하시며 눈물을 닦으셨다.

"여러 번 사퇴의 말씀을 드렸으나 선鮮·일日 유대를 굳건히 하고 일반 백성에게도 교훈이 된다는 폐하의 뜻이니 받아들이지 않을 수 없었다. 그러니 너도 괴롭겠지만……"

지금 어머님은 나에게 빌고 계시다……고 생각하자 그동안 내가 알지 못하는 사이에 고민해 오신 부모님의 고통이 눈에 보이는 것 같았다. 부모님은 이미 이 일을 알고 몸이 마를 정도로 괴로워하셨던 것이다. 그러나 내가 너무 실망할까 봐 차마 이야기를 못하고 차일피일 미루는 사이에 신문에 나버린 것이다 (이방자, 《세월이여 왕조여》).

이방자의 회고록에는 문제의 기사가 실린 1916년 8월 3일자의 일본 신문의 사진도 같이 실려 있어 당시의 일들을 생생하게 전한다.

방자의 모친인 이본궁 이도자비가 회고록 《삼대三代의 천황과 나》에 이때 일에 관해 기술한 바에 의하면, 당시 그녀는 황실의 지시에 따르는 대신 조건을 달았다고 한다. "조선에 아주 가는 일만은 없도록 여기서 살도록 허용해 주시고, 부리는 사람들을 일본인으로 하게 해 주신다면 딸을 바치겠습니다"는 것이었는데, "그렇게 하라"는 허락을 받았다는 것이다. 본래 일본 황실과 정부로서는 이은이 결혼한 뒤에도 고국에 돌려보내지 않고 아예 동경에 머물러 살도록 할 작정이었고, 게다가 부리는 사람을 일본인으로 쓴다는 것 역시 이은을 완벽하게 일본화하는 데 크게 도움이 될 것이므로 자신들의 뜻에 아주 적합한 요구였다. 그래서 신부 가문 측의 요구를 흔쾌하게 허락했다는 것이다.

이때 적령기의 일본 황족 여인들 중에서 하필 '조선 왕실에 대한 정략결혼 정책'의 당사자로 뽑힌 '이본궁 방자 여왕'은 어떤 인물인가.

일본 천황의 친족들로서 이른바 '궁가宮家'라고 불리는 황족 집안의 수효는 시대에 따라 변동이 있는데, 이 무렵의 일본 황족 가문은 문제의 '이본궁'을 포함해서 모두 11가문이었다. 그 11궁가의 주인들은 각기 '왕'이란 위호를 지니면서 모두 '전하'라는 존칭으로 불렸다. 그들의 자녀들도 똑같이 '전하'라는 존칭으로 불렸다. 당연히 11궁가의 딸인 '여왕'들도 '전하'라는 존칭으로 불렸다. 그래서 '이본궁 방자' 또한 '방자 여왕 전하'라고 불리고 있었다.

약혼에 관한 신문 보도가 나왔을 당시 방자는 학습원에 재학 중인 학생이었다. 그녀의 회고록에 의하면 그녀가 이은 왕세자의 비로 선택된 일에 그토록 충격을 받은 것에는 숨은 사연이 있었다고 한다. 그 내용은 다음과 같다.

그 전 해인 1915년부터 아직 미혼인 일본 황태자의 배우자감이 서서히 논의되기 시작했다. 그리하여 세 명의 규수가 황태자비 후보로 물망에 올랐는데, 자신이 그 세 명 중 한 사람이었다는 것이다. 황태자비……. 황태자비가 된다는 것은 현재 '일본 제2위의 여인'이 되는 것이며, 동시에 언젠가 남편이 황위에 오르면 명실상부하게 지존무상인 '일본 제1위의 여인'이 되는 것임을 뜻했다. 만 15세의 처녀로서는 상상하는 것만으로도 황홀하기 짝이 없는 신분인 것이다.

방자의 회고록에 의하면, "자신이 황태자비의 물망에 올라 있었고 또 부모님은 자신이 이은 왕세자의 비가 될 가능성이 있다는 소문도 듣고 계셨으나, 이은 왕세자와의 루머 같은 것에는 아예 귀도 기울이지 않고 황태자비 쪽으로만 생각하고 계셨다"는 것이다. 그런데 그녀의 부친이 약혼 발표가 있기 얼마 전에 궁중에서 부른다 해서 '정식으로 간택되었음을 알려주실 모양'이라고 기대하며 입궁했다가 "조선의 왕세자에게 시집보내라"는 칙명을 들었다는 것이다.

그녀의 회고록에는 그와 관련해서 더욱 극적인 사연이 들어 있다. '자신이 한때 일본의 황태자비 후보로서 아주 유력한 존재'였는데, '아기를 낳을 수 없는 체질'이라는 모함 때문에 '일본 황태자비'가 아닌 '조선 왕세자비'로 결정되었으며, 그래서 나중에 그녀가 아들을 낳자 그녀를 '석녀石女'라고 주장했던 전의典醫 3명이 할복자살의 처형을 받았다는 것이다.

현재 한국에서는 그런 드라마틱한 이야기가 실제로 있었던 역사적 사실인 양 의심 없이 믿어지고 있고, 그런 기록들을 제대로 고증하거나 검토하지 않은 일부 일본 측 연구자들 역시 그렇게 믿고 있다.

그러나 당시의 상황과 기록들을 살펴 보면 역사의 실상은 그와 크게 다르다. 무엇보다도, 그녀의 모친인 이본궁 왕비 이도자伊都子가 남긴 회고록에 '석녀 주장'이니, 그에 관련된 '전의 3명이 할복자살의 처형을 받았느니' 운운하는 주장과 다소라도 관련되거나 일치하는 증언이 전혀 없다. 그리고 더 나아가 그런 주장은 사실과 거리가 먼 것임을 강력하게 증명하는 술회가 있다. 이도자는 이은과 방자의 혼담이 오가던 때의 일을 두고 《삼대의 천황과 나》에서 이렇게 술회했다.

> 그즈음, 황태자비 후보에 대해서 세간에서 여러 가지 소문이 퍼져 있었다. 후보들 중에서 가장 유력하다고 떠들썩하게 이야기된 사람은 일조 공작一條公爵 가문의 조자朝子 양, 구이궁久邇宮의 양자 여왕良子 女王이었고, 그리고 그 후보 속에 방자도 거론되고 있었다. 그러나 방자는 황태자와 나이가 같았기 때문에, 나는 아예 염두에 두지 않았다(《삼대의 천황과 나》, 이본궁 이도자, 144쪽).

당시 일본 상류사회에서는 결혼할 때 남자의 나이가 여자보다 여러 살 위인 것이 관례였다. 이도자 자신의 경우를 보아도, 결혼할 때 남편인 수정왕은 26세였고 이도자는 18세로서 남편이 여덟 살 연상이었다. 그런데 일본 황태자 유인친왕과 이본궁 방자는 같은 해에 태어난 동갑내기였기에, 이도자는 자신의 딸이 황태자비가 될 가능성은 전혀 없다 해서 아예 염두에조차 두지 않았음을 회고록에 분명하게 밝혀 놓은 것이다.

시기적으로 보아도 그렇다. 문제의 "이본궁 방자 여왕이 가장 유력한 일본 황태자비 후보였다"는 주장은 너무나도 무리한 이야기다. 일본 황실과 정부에서 '황태자비 선정 문제'가 본격적으로 논의되고 추진된 때는 이은과 이본궁 방자의 약혼이 신문에 발표된 때로부터 2년이나 지난 뒤인 1918년이었던 것이다.

그뿐 아니다. 당시 황실의 혼사가 성립하는 과정에서 무엇보다도 중요한 것은 당시 일본 정계를 좌우하던 권력가들의 역학 관계였는데, 바로 그 점 하나만 살펴보아도 '이본궁 방자 여왕'이 '가장 유력한 일본 황태자비 후보자' 였을 가망성은 애초부터 아예 없었다. 그럼에도 불구하고 사실과 전혀 다른 주장이 현재까지 꽤나 널리 퍼져서 실제로 믿어지고 있다.

당시 일본 황태자비가 선정된 내막과 실상은 과연 어떠했던가?

일본 황가의 규수, 방자 여왕

어느 왕조 체제에서나 그렇지만, 최고 권력자의 배우자를 뽑는 문제는 결혼 당사자의 의도와 전혀 상관없이 결정되는 것이 관례다. 상당수의 경우, 그런 결혼은 어떤 의미에서는 통치자가 아니라 권력을 쥔 신하들 사이의 역학 관계와 의사에 따라 결정되는 요식 행위에 해당했다. 일본에서도 마찬가지여서 천황이나 황태자의 배우자는 결혼할 당사자의 뜻과 상관없이 정해지는 일이 일반적인 관례였다. 그런데 대정천황의 장남인 동궁 유인친왕의 황태자비 선정 문제가 본격적으로 논의되면서 일본 역사상 전무후무한 '황실결혼 대소동'이 벌어졌다. 권력층 신하들의 견해가 극렬하게 엇갈렸기 때문이다.

1910년대 말에서 1920년대 초반에 걸쳐서 일어났던 '일본 황태자비 선정 대소동'은 일본군을 장악한 2대 군벌인 장주파長州派와 살마파薩摩派가 각기 다른 후보를 밀었는데 양측 다 전혀 물러서려고 하지 않았던 데서 빚어진 난리였다. 당시 대정천황은 심신이 불건강해 천황 업무를 거의 수행하지 못하고 은거하다시피 하고 있었다. 그렇기 때문에 신하들이 천황과 황실을 만만하게 보고 자신들의 의사를 끝까지 강력하게 고집했던 것이 문제를 크게 악화시킨 대소동의 근본 원인이자 특색이랄 수 있었다.

당시 육군을 장악한 장주파는 일조 공작의 딸 조자를, 해군을 장악한 살마파는 구이궁 방언왕의 딸인 양자 여왕을 밀었다. 살마번의 30대 번주였다가 폐번치현과 화족제 실시로 공작의 작위를 받은 도진충의島津忠義의 일곱째 딸인 현자俔子가 구이궁 방언왕에게 출가하여 낳은 딸이 양자 여왕이었기에, 살마파에서 양자 여왕을 민 것이다.

문제는 장주파의 대원로로 정계 최고의 실력자였던 산현유붕 공작이 장주 측인 일조 공작 가문의 조자를 강력히 민 데서 불거졌다. 이등박문·정상형과 더불어 세칭 '장주 삼존長州 三尊'으로 불렸던 산현유붕은 워낙 성품이 오만해서, 자신이 황태자비를 선정하면 그뿐 다른 규수가 황태자비가 될 수 있으리라고는 아예 상상조차 하지 않았다.

사실 당시 객관적인 상황으로도 산현유붕 공작이 밀고 있는 일조가의 조자 쪽이 좀 더 유리하긴 했다. 그간 황실에서는 천황의 배필을 궁중 최상급 공경 가문들인 일조 공작 가문과 구조 공작 가문에서 번갈아가며 맞아들였다. 곧 효명천황의 배필은 구조가에서, 효명천황의 아들인 명치천황의 배필은 일조가에서, 명치천황의 아들인 대정천황의 배필은 다시 구조가에서 맞았다. 그렇기 때문에 황실 주변의 사람들은 누구나 대정천황의 아들인 현 황태자의 배필은 다시 일조가에서 맞을 차례라고 생각하고 있었다.

그러나 대정천황의 아내인 정명貞明황후는 병약하고 카리스마 없는 자신의 남편에게 늘 거만하고 오만하게 구는 산현유붕 공작에게 뿌리 깊은 반감을 갖고 있었다. 살마파에서는 그 점에 착안하여 은밀하게 황후에게 접근했다. 그리하여 사태는 황궁 내부에서 산현유붕의 뜻과 전혀 다른 방향으로 추진되기 시작했다. 살마파에서는 황후와 황후 측에 가담한 내대신內大臣 목야신현 牧野伸顯 백작과 짜고서 일본 황실 결혼사상 전례가 전혀 없는 파격적인 공작을 시도했다. 황후가 황태자비 후보가 될 만한 규수들을 황실 다과회에 초청하고 황태자에게 남몰래 관찰하여 직접 선택할 수 있는 기회를 준 것이다. 살마파의 작전은 헛되지 않았다. 황태자는 밝고 명랑하고 총명한 당시 15세의 구이궁 양자 여왕을 선택했다. 그 결과 황실은 1918년 2월 4일에 "구이궁 양자 여왕이 황태자의 배우자로 내정되었다"고 공식 발표했다. 이로써 공식적으로 황태자의 약혼녀가 확정된 것이다.

그런 선정과 발표 과정은 모두 세심하게 계획된 것으로 쿠데타를 모의하여 실행하듯 은밀하고 긴박하게 진행되었고, 치밀한 언론 플레이까지 동원되었다. 황실의 공식 발표보다 반 달 먼저 '동궁 전하의 어비御妃로 내정되신 양자 여왕 전하'에 관한 보도자료를 사진까지 함께 보내어 같은 날에 일본과 조선의 신문 지상에 일제히 사전 보도되도록 조치했다. 그래서 조선어 신문인 《매일신보》에도 일본 황실의 공식 발표보다 보름이나 이른 1918년 1월 19일 자의 지면에 동궁비 내정 소식과 함께 '구이궁 양자 여왕'의 사진이 크게 실렸다. 살마파에서는 전국적으로 신문마다 공식 보도까지 된 이상 자신들의 승리는 확고부동한 것으로 확신했다. 그러나 산현유붕은 결코 그런 방식으로 다룰 수 있는 만만한 사내가 아니었고, 싸움은 오히려 그때부터 본격적으로 벌어져서 갈수록 태산이 되는 사건으로 번져갔다.

황태자비 결정이 자신의 뜻과 전혀 달리 처리되어 기습적으로 공식 발표되자 산현유붕 공작은 격노했다. 그는 이내 살마파의 계산과는 전혀 다른 방향으로 움직이기 시작해 새로운 방법으로 국면의 대전환을 꾀했다. 구이궁 양자 여왕 가문을 도저히 빠져나올 수 없는 궁지로 몰아넣어 그쪽에서 스스로 황태자비 자리를 사퇴하도록 몰고 가려는 물밑 공작을 시작한 것이다. 그래서 황태자비가 확정되어 언론에 공표까지 되었지만 혼인식은 올려지지 않았고, 날이 갈수록 장주파와 살마파의 대립과 갈등은 더욱 심각해졌다.

일본의 신문들은 물론 조선의 신문 지상에까지 동시에 황태자비 확정 보도가 실렸던 때로부터 2년이나 지난 1920년의 일이다. 드디어 산현유붕 공작이 사태를 결정지을 비장의 진검을 빼들었다. 소동의 발단은 느닷없이 한 의학잡지에 실린 기묘하고도 대담한 폭로기사였다. "구이궁 양자 여왕의 어머니의 친정인 살마 번주의 가문에 색맹의 형질이 유전되고 있다"는 내용이었다.

기사 내용도 놀라웠지만, 돌연 그런 기사가 의학 잡지에 실리게 된 배경과 과정에 세간의 의혹이 집중되었다. 그런 상황에서 산현유붕 공작은 대뜸 그 잡지 기사를 근거로 매서운 공격을 시작했다. 구이궁 측에다 "'황통皇統의 안전성을 위해서' 자진해서 황태자와 양자 여왕의 약혼을 취소하라"고 강력하게 요구하고 나선 것이다. 이로써 그간 막후에서 일본 황실과 정계를 보이지 않게 뒤흔들어 온 대소동이 불쑥 수면 위로 솟구쳐 떠올랐다.

그러나 양자 여왕의 아버지 구이궁 방언왕 또한 산현유붕 공작 못지않게 성깔이 드센 사람이었다. 그는 즉각 강력하게 반격하고 나섰다. 그는 '색맹이 유전될 위험이 전혀 없음'을 의학적으로 증명하는 서류들을 천황 앞으로 보내고, 또 공공연하게 "약혼이 취소된다면 자신의 가정과 가문에 가해진 모욕을 씻기 위해서, 먼저 양자 여왕을 찔러 죽이고 나 자신도 할복자결함으로써 수치를 씻겠다"고 선언하고 나선 것이다.

일본 황실과 정계가 온통 끓어 넘치는 죽 솥처럼 소란한 가운데 소동은 일반 국민들에게까지 번져가, 대륙낭인의 거두인 국수주의자 두산만頭山滿이 "불충한 신하 산현유붕을 죽이겠다"면서 구주 지방에서 칼을 든 협객 수백

명을 이끌고 거창하게 수도 동경으로 올라갔다. 그는 무장한 협객단체를 무기로 정계를 노골적으로 압박하는 동시에 산현유붕 공작을 규탄하는 여론이 조직적으로 광범위하게 확산되도록 유도했다. 그래서 그에 격발된 일반 군중들이 1921년 2월 11일 기원절 기념행사를 이용하여 산현유붕을 맹렬하게 규탄하는 삐라까지 뿌리면서 동경 거리에서 대규모 시위를 감행했다.

"산현유붕을 타도하라!"

"불충의 난적, 산현유붕을 타도하라!"

"산현유붕을 죽여라! 죽여라!"

세차게 쏟아지는 비를 그대로 맞으면서 거리거리를 누비고 행진한 시위대는 쉬지 않고 격렬하게 구호를 외쳐대었다.

사태가 이에까지 이르자, 언필칭 '천하의 산현유붕'도 손을 들 수밖에 없었다. 결국 '황태자비 선정 싸움'에서 황실의 뜻과 국민 여론과 일본도로 무장한 협객들의 지원을 등에 업은 살마파가 최후의 승리를 거둠으로써, 구이궁 양자 여왕은 황태자의 약혼녀로서의 신분을 재확인받았다. 소동이 끝나자, 산현유붕은 사죄의 의미로 공작의 작위 및 추밀원 의장직과 제실帝室 경제회의 고문 등 일체의 공직을 사퇴한다는 의사를 표명하고 시골로 내려가서 은둔했다. 이로써 오랫동안 일본 황실과 정계를 온통 뒤흔든 황태자비 선정 대소동의 막이 내렸다. 참고로, 일본 황태자 유인친왕과 구이궁 양자 여왕의 결혼식 날은 최초의 황태자비 내정 발표 때로부터 무려 7년째 되던 해인 1924년 1월 26일로서, 그들의 결혼을 집요하게 방해하던 산현유붕 공작이 저세상 사람이 된 뒤였다. 당대의 권신 산현유붕의 그림자가 그토록 크고 짙었던 셈이다.

왕조 시대에 "누가 국모가 되는가?"는 각 파별의 이해관계에 그대로 직결되는 문제였다. 그렇기 때문에, 당시 황태자비 선정 문제를 두고 일본 정계가 장주 대 살마, 육군 대 해군, 황족 대 화족, 내각 대 정당들로 극렬하게 갈라져 대립하면서 그처럼 건곤일척의 처절한 정쟁을 벌였던 것이다.

그에 반해, '이본궁 방자 여왕'의 경우는 어떠했던가. 그녀는 자신을 황태자비로 극력 밀어줄 거대한 군벌의 배경이 전혀 없는 규수였다. 또 황태자와 동갑이어서 당대의 일본 사회 결혼 관행에 어긋나는 조건이었다. 그렇기 때문에 "이본궁 방자 여왕이 당시 가장 유력한 황태자비 후보였다"는 설은 애초에 근거 자체가 성립될 수 없는 허구였다.

여기서 이본궁 방자의 가계에 대하여 살펴본다.

이본궁 방자의 친가인 이본궁梨本宮은 명치유신 이후에 새로 옹립된 신생 궁가였다. 황족인 복견궁伏見宮(1348년에 시작된 궁가로서, 1대는 북조의 왕자 영인친왕)의 18대 궁주인 정경친왕貞敬親王의 열 번째 아들 수수친왕守修親王이 명치 3년(1870)에 '이본궁'이라는 궁가를 새로 세워서 초대 궁주宮主가 된 것이다. 같은 시기에 셋째 아들인 조언친왕朝彦親王도 구이궁이라는 궁가를 새로 세웠는데, 그의 아들들도 동구이궁이니 조향궁이니 하는 궁가들을 새로 세워 궁주가 되었다. 아마도 명치유신 이후에 '천황의 친정親政'이라는 모양새를 갖추면서 황실의 번창함을 과시하기 위한 수단으로 황족 가문의 자제들이 새로운 궁가들을 세우도록 정책적인 배려를 했던 것으로 보인다. 그런데 새로 이본궁을 창립한 수수친왕은 후사가 없자 같은 친척 황족인 구이궁 조언친왕의 넷째 아들을 양자로 들여 수정왕守正王이라는 칭호를 주고 대를 잇게 했다. 그 이본궁 수정왕이 낳은 2녀 중의 장녀가 방자 여왕이다.

방자의 조부인 조언친왕은 명치유신 이전에는 다른 황족들이 다 그러했듯 몸을 승적에 두고 경도의 삼천원三千院에서 주지 노릇을 하고 있었다. 명치유신 전까지는 덕천막부가 천황은 물론 황족들도 국정에 일체 관여하지 못하도록 엄격하게 규제하고 있었다. 덕천막부는 그런 정책의 일환으로 황족들은 모두 의무적으로 절에 들어가서 주지 노릇을 하도록 만들었다고 한다. 황족들은 승려라 해도 대처승이어서 모두 결혼하여 자식들을 낳았는데, 명치유신으로 덕천막부가 무너지자 황족들에 대한 규제가 풀려서 모두 환속했다고 한다.

방자의 조부인 조언친왕도 명치유신 이후에 환속하여 친척인 황족들과 열대의 인력거를 나눠 타고 동해도 큰길을 따라 동경으로 올라가서 수도에 자리 잡고, 새로 구이궁을 세워 초대 궁주이자 황족으로서 호사로운 삶을 살기 시작했다. 그런데 명치유신 이후에는 황족들이 정부의 방침으로 모두 군인이 되어야 했다. 그래서 군인생활이 어려울 정도로 몸이 극도로 허약한 황족은 이세 신궁神宮의 제주祭主가 되거나 또는 신궁 관계 직무에 종사하기도 했지만 대부분의 황족들은 군인이 되었다. 방자의 부친인 이본궁 수정왕도 그런 정부 지침에 따라서 육군사관학교를 나와서 직업군인이 되었다고 한다.

방자의 외가는 유명한 대명大名(대영주) 집안이었다. 처녀 때 '과도이도자鍋島伊都子'로 불린 방자의 모친은 막부 시대에 구주 지방 대번大藩인 좌하佐賀 과도번鍋島藩 번주의 둘째 딸로 태어났다. 과도번의 18대 번주로서 '개명開明 군주'라는 평을 들었던 과도직정鍋島直正이 그녀의 할아버지였고, 19대 번주이자 마지막 번주였던 과도직대鍋島直大 후작이 그녀의 부친이었다.

이도자의 부친은 명치유신 이후 화족제가 시행될 때 후작으로 임명되었다. 부친이 외교관이 되어 이탈리아 주재 일본 대사로 로마에서 근무할 때 그녀가 태어났기 때문에 이름을 '이탈리아의 수도에서 낳은 아이'라는 뜻으로 '이도자伊都子'라고 지었다고 한다.

화족인 과도이도자는 황족인 이본궁 수정왕과 결혼한 뒤 남편의 성을 따르는 일본의 관습에 따라 '이본궁 이도자'로 이름이 바뀌었고, 황실 가족의 일원이 되어 '비 전하'로 불렸는데, '황족 여인들 중에서 가장 뛰어난 미인'이라는 칭송을 받았다고 한다. 지금 남아 있는 그녀의 사진들을 보면 옷 사치가 아주 심했던 아름다운 여인임을 알 수 있다.

이처럼 방자는 일본 황족과 과도번 번주의 피를 이어받은 여인이었다. 하필 그런 혈통의 여인이 이은의 배우자로 선정된 이면을 따지고 보면 매우 유구한 내력을 지닌 역사적 인연이 있다.

방자의 부친 수정왕은 "방자를 조선 왕세자 이은에게 시집보내라"는 천황의 명령에 따르면서 "그 애에게는 좌하 엽은 무사葉隱 武士의 피가 흐르고 있다"는 말로 자신의 딸이 국가를 위한 희생을 감수할 수밖에 없다고 스스로 다짐했다는 일화가 전해진다.

방자에게는 좌하 엽은 무사의 피가 흐르고 있다…….

흔히들 일본이라 하면 '무사도의 나라'라고 부른다. 그러한 일본의 정신계 풍토에서 '엽은 무사'라는 단어가 지닌 뜻은 매우 의미심장했다. 일본의 무사도 중에서도 특히 방자의 외가 가문인 구주 좌하 지방의 과도번을 중심으로 가꾸어진 무사들의 정신을 '엽은 정신'이라 불렀다. 전국적으로 명성이 자자했던 엽은 정신의 본질은 "죽음을 초개같이 아는 것"으로서 특별히 그러한 정신을 지닌 과도번의 무사들을 가리켜서 '엽은 무사'라고 불렀다.

'엽은'이라는 말로 지칭되는 그들의 삶의 방식을 드러내는 일화는 일본 전국에서 인구에 널리 회자될 만큼 유명해 여러 모습으로 극화되어 무대에 올려질 정도였다. 이른바 '엽은 정신'의 실체를 보여주는 일화들은 대개 이런 모습이다.

왕세자 혼혈결혼의 비밀

어느 떡 장사의 이웃에 가난한 홀아비인 낭인 무사가 어린 아들을 데리고 살았다. 어느 날 어린애가 떡 가게에 가서 놀았는데 돌아간 뒤에 보니 떡 한 접시가 없어졌다. 당장 낭인 무사의 어린 아들에게 혐의가 씌어졌다. 그러나 낭인 무사는 인정하지 않았다.

"그건 내 아들의 소행이 아니다. 아무리 가난할망정, 내 자식은 무사의 아들이다. 남의 가게에서 몰래 떡을 훔쳐 먹는 짓은 결코 하지 않는다."

그렇게 극력 주장했으나 떡 장사는 도무지 믿지 않고 떡값을 내놓으라고 졸랐다. 그러자 낭인 무사는 칼을 빼어 그 자리에서 어린 자식의 배를 갈랐다. 그는 자식의 창자를 갈라 그 속이 비어 있음을 보임으로써 아이가 결코 떡을 훔쳐 먹지 않았음을 증명한 뒤, 그 칼로 떡 장수의 목을 쳐서 죽이고 자신도 할복하여 자결했다.

과연 직정경행直情輕行의 삶의 방식을 강렬하게 보여주는 이야기다. 당시 일본 권력층에서 여러 황족의 규수들 중에서 하필이면 '이본궁 방자 여왕'이라는 여인을 골라 뽑아서 조선 왕세자 이은과 결혼시키려 한 이유가 무엇일까. 혹시 이른바 이본궁 수정왕의 표현대로 "엽은 무사의 피가 흐르고 있다"라고 일컬어지는 혈통을 특별히 염두에 둔 것이었을까.

아무튼 같은 황족들이라도 처가와의 연관에 의해 소속 파벌이 달라졌던 당대의 일본 현실에서, 장주번이나 살마번처럼 강력한 대군벌로서의 세력을 갖추지 못한 과도번 출신의 화족인 모친을 두었다는 정도의 배경을 지닌 방자가 일본의 황태자비로 간택될 가능성은 처음부터 아예, 도무지, 전혀, 없었다고 보는 것이 정확한 실상이다.

이방자 자신은 회고록에서 "자신은 세 명의 유력한 황태자비 후보 중 한 사람이었는데 일본 군벌들의 추악한 세력 다툼이 황태자비 간택에 끼어드는 바람에 산현유붕 공작에 의해 아이를 못 낳을 체질이라는 모함을 받아 조선의 이은 전하의 배필로 정해졌다. 아이를 못 낳을 사람을 조선 왕가에 보낸 것은 조선 왕가를 절손시킬 속셈이었던 모양이었고, 나중에 아들을 낳자 불임설을 주장했던 전의 세 명이 모두 처형당했다"고 주장했는데, 물론 그녀의 모친 이도자의 일기에는 전혀 들어 있지 않은 내용이다. 그리고 산현유붕 관계자료에도 그가 "이본궁 방자 여왕이 아이를 못 낳을 체질이다"라는 모함을 했다는 사실은 전혀 들어 있지 않다. 산현유붕은 오로지 일조가의 조자를 황태자비로 만드는 것에만 관심이 있었을 뿐, 이본궁 방자에 대해서는 아예 아무런 관심조차 없었다.

그리고 전의들의 이야기도 그렇다. 당시 전의들이, 그 신분이 일본 최고 최상 계급의 극귀한 몸인 황족 소녀를 두고 '장래에 아기를 임신할 수 없는 소녀'라고 확언하는 '불임설', 또는 '석녀'라고 주장한다는 것은 아주 가당찮은 어불성설의 주장이다. 결혼하지도 않은 순결한 소녀를 두고 그런 판단을 한다는 일 자체가 도저히 있을 수 없는 일일뿐더러, 설령 그렇게 주장할 근거가 있다 해도 당시 황실이 극도로 높게 떠받들어지던 일본 풍토에서 감히 황족 소녀를 상대로 그런 말을 입 밖에 내놓을 수는 없는 일이기 때문이다.

더구나 이본궁 방자가 '조선 왕세자 이은의 배필'로 확정되어 언론에 공표된 때는 '1916년 8월'이었다. 그에 반해서, 일본 황태자비 선정 문제가 수면 위로 떠올라서 대소동이 벌어지기 시작한 때는 '1918년 1월'이었다. 그러니 시기적으로 따져보아도 "이본궁 방자가 세 명의 유력한 일본 황태자비 후보 중 한 사람이었다"는 주장은 최소한도의 개연성조차 찾아볼 수 없는 억지 주장임을 알 수 있다.

그런 사실을 방증하는 중요한 역사적 사료가 있다. 조선 총독 사내정의가 일본 동경에 간 것을 기화로 이은의 혼혈결혼을 추진한 정황을 생생하게 보도하고 있는 《신한민보》의 관련 기사들이다. 당시 샌프란시스코에서 발간되던 《신한민보》 1916년 7월 13일치는 이은의 혼혈결혼과 관련된 기사 두 개를 보도하고 있는데, 그 내용은 다음과 같다.

기사의 제목들
"한국 황태자 강박 혼의"
"일본 궁가 여왕 중에서 간택"
"사내정의 동경에 온 기회로"

기사의 내용
① 이왕세자 전하(일인이 부르기를)는 명치 20년 11월 20일(광무 1년 11월 20일)에 탄생하여 본년 20세에 달한지라. 조선 총독 사내정의는 이번 동경에 온 기회를 타서 전하의 어배우를 궁가 여왕 간에 구한다더라(7월 5일 동경전東京電).

② 한국 황태자 전하를 일본 여자에게 혼취케 하여야 된다는 것은 한국 동화의 일종 정책으로 소위 일본 정객 간에 일찍이 창도하던 일이라. 이제 궁가의 여친왕으로 간택받을 자를 들건대 산계궁 안자 여왕(16세), 이본궁 방자 여왕(14세), 구이궁 양자 여왕(14세) 들이라더라.

당시 사내정의 총독은 1916년 7월 4일 밤에 동경에 들어갔다. 그리고 5일 아침에 대정천황을 알현하면서 자신의 계급을 '대장'에서 '원수'로 올려준 것에 감사를 드렸다. 그리고 궁성에서 나온 뒤에 여러 사람들을 만났는데, 그는 이때 이미 자신이 동경에 온 길에 일본 황족 여성 중에서 이은의 배우자를 구하는 일을 추진하겠다는 의사를 공표했기에 그것이 이 날짜의 동경발 통신에 실려서 멀리 미국에까지 전해진 것이다.

여기서 주목할 점이 있다. 두 번째 기사에 나와 있는 이은의 배우자 후보로 꼽힌 황족 여성들 3명의 명단이다. 그들의 이름이 "산계궁 안자 여왕, 이본궁 방자 여왕, 구이궁 양자 여왕"이라고 나와 있다. 그런데 마지막에 있는 '구이궁 양자 여왕' 이야말로 2년 뒤인 1918년 1월에 황태자비로 선정되어 공표된 바로 그 여성이다.

그러니까 일의 순서로 보자면, 구이궁 양자 여왕은 1916년 7월 초에 시작된 '조선 이은 왕세자의 배우자 정하기 작업'에서 후보자의 한 사람이었다가 거기서 떨어졌고, 그 뒤에 시작된 '일본 황태자비 정하기 작업'에서 다시 후보자가 된 결과 1918년 1월에 결국 '일본 황태자비'로 결정되어 공식 발표된 것이다.

여기서 한 가지 짚고 넘어갈 것이 있다. 방자의 친정어머니인 이본궁 이도자의 회고록인 《삼대의 천황과 나》에는 1916년에 '이은 왕세자비 후보자'로 꼽혔던 3명의 황족 여성의 명단이 이와 조금 다르게 기록되어 있다. 이도자의 기록에는 《신한민보》 기사에 실린 3명 중에서 '구이궁 양자 여왕' 대신 '복견궁 공자 여왕'을 후보자로 거론한 것이다.

이는 나중에 '구이궁 양자 여왕'이 일본 황태자비가 되었기 때문에 그런 일이 벌어진 것으로 추정된다. 이도자가 회고록을 쓴 것은 1970년대였다. 그렇기 때문에 그런 명단에 이미 소화천황의 황후가 되어 있는 '구이궁 양자 여왕'의 이름을 감히 쓸 수 없어서 그 대신 '복견궁 공자 여왕'의 이름을 집어

넣은 것이었다고 추정된다. 왜냐하면 사건이 있던 시점에서 50여 년이 흐른 뒤에 여러 제약이 있는 조건 아래서 쓰인 기록보다는 사건이 발생했던 1916년 7월 당시에 보도된 신문 기사에 게재되어 있는 명단이 정확하게 실상을 반영하고 있다고 보이기 때문이다.

그런데 나중에 일본 황태자비로 선정된 '구이궁 양자 여왕'이 어떻게 1916년 7월 초에 이은의 배우자가 될 일본 황족 여성 후보자 '3인'의 명단에 들어갈 수 있었던 것일까? 당시 동경에서 일본 황족 여성을 이은 왕세자의 배우자로 선정하는 작업을 주도했던 자들은 사내정의 총독을 위시한 장주벌 계열 인사들이었다. 그렇기 때문에 살마벌과 연관된 구이궁 양자 여왕을 대수롭지 않게 여겨 이은의 배우자인 왕세자비 후보자 중 한 사람으로 선정해 두었던 것으로 보인다.

그리고 더욱 놀라운 정보가 있다. 이본궁 방자가 이은 왕세자비로 결정된 배경에는 사내정의 총독에게 "그렇게 결정해 달라"고 부탁한 이본궁 측의 로비가 있었다는 사실이다. 그것은 지금까지 알려진 바, "일본 황실과 궁내성에서 일방적으로 이본궁 방자를 이왕세자비로 결정하여 통보한 것"이라는 이야기가 완전히 허구였음을 밝히는 매우 중요한 정보다.

이도자비는 1882년에 태어나서 1976년에 향년 94세로 별세했다. 그리고 거의 평생에 걸쳐서 일기를 썼다. 그리고 그녀가 살아 있을 때 그 일기를 토대로 《삼대의 천황과 나》라는 회고록을 써서 1975년에 출간했다. 이 책에는 방자가 이왕세자의 비로 결정된 배경이 그때까지 세상에 알려진 것과 다르지 않게 기술되어 있다. 그러나 이 회고록은 이도자의 이름으로 나오기는 했으나 여성 문인이 대필해 준 것이라고 한다.

그런데 그녀가 별세한 뒤인 1991년에 《이본궁 이도자비의 일기》라는 책이

다시 출간되었다. 바로 이 책에서 당대의 '이왕세자비 선정 사건'의 이면에 있던 진실이 밝혀진 것이다. 이 책에 기록된 일기에 의하면, "아주 은밀하게 사내정의 총독을 통해서 청을 넣어서, 실제로는 청을 넣어서 정해진 것이지만 겉으로는 폐하의 뜻에 따른 조치로 방자를 조선 왕족 이은 왕세자에게 시집보내도록 하라는 식으로 합의되어"(1916. 7. 15.) 세상에 발표되었다는 것이다. 이도자비와 조선 총독 사내정의가 합의했다는 '1916년 7월 15일'은 《신한민보》의 보도가 있었던 '7월 13일'보다 이틀 뒤의 일이다.

　이런 실토로 보아 당시의 사정이 절로 선명하게 드러난다. 1916년 7월 5일에 일본 황실에서 조선의 왕세자 이은의 배우자 후보로서 '3인의 여왕'을 선정하여 발표하자, 그 명단에 든 이본궁 측에서 생각 끝에 방자를 이은에게 시집보내기로 결정하고 다른 후보자들에게 밀려 신랑감을 놓치지 않게 하기 위하여 이도자비가 자청해서 당시 동경에 머물고 있던 조선 총독 사내정의를 찾아가서 특청을 넣음으로써 이은의 배우자를 '방자 여왕'으로 확정시켰다. 그날이 '1916년 7월 15일'이었다. 다만 그 일을 외부에 발표하는 모양새는 "천황의 뜻에 따라서 국가를 위하여 방자가 희생하는 것"으로 만들기로 약속한 결과, '1916년 8월 3일'에 공식 발표된 것이다.

　이때 왜 이본궁 측에서 자청하여 방자를 이은에게 결혼시키려고 했던 것일까? 그런 결정에는 세 가지 요인이 작용했을 것으로 추정된다.

　첫째, 방자와 연령대가 맞는 결혼 적령기의 황족 남자가 드물었던 것 같다. 황족 여성으로서 같은 황족이 아니면 화족과 결혼해야 하는데, 화족의 경우 문벌과 재산을 함께 갖춘 신랑감을 구하기가 어려웠다. 그것은 방자의 동생인 규자의 경우를 보면 명확하게 증명된다. 규자는 방자보다 여섯 살 아래다. 그런데 방자가 결혼한 지 6년 뒤인 1926년에 규자를 결혼시킬 때 일이다. 이

본궁에서는 둘째 딸 규자를 관동대진재 때에 상처한데
다 평소 건강도 좋지 않았던 산계궁 무언왕의 후처
로 보내기로 하여 약혼까지 했으나 산계궁 쪽에서
건강 문제를 내세우며 파혼을 원하는 바람에 혼
담이 해소되었다. 그 뒤 이본궁에서 다시 규자의
신랑감을 물색하여 양친이 없는 가난한 청년 귀
족 광교진광 백작과 결혼시켰다.

둘째, 이도자비의 친정인 과도번주 가문은 기
본적으로 조선에 호감을 갖고 있는 가문이었다.
게다가 당시 일본인들의 정서로 보자면, 조선 왕가
는 통치할 영지가 무척 넓고 매우 부유한 번국에 해당
했다. 덕천막부 시절에 일본 전국에 2백 65개의 번이 있었
지만, 그중에 조선만큼 크고 부유한 번국은 없었다. 반면에 궁내성에서 매년
생활비로 막대한 금액을 지급하는 황족 가문을 제외하면, 귀족 중에서 부유
하고 가문의 격도 높은 신랑감을 찾기란 매우 힘든 것이 현실이었다. 그렇기
때문에 황족 신랑감을 구할 수 없는 바에야 일본의 귀족보다는 차라리 조선
의 왕세자 쪽이 여러모로 조건이 나은 신랑감이라고 할 수 있었다.

셋째, 일본인으로서 민족이 다른 조선인과 결혼하는 것에 대한 거부감이
이도자비에게는 별로 없었다. 이도자비와 그의 남편 이본궁 수정왕은 1909
년에 유럽을 여행했다. 당시 유럽의 각국 왕실들은 서로 결혼으로 얽혀져 있

▶ **이방자.** 학습원 친구들은 이방자가 승부욕이 강하고 적극적이었다고 기억하고 있다. 이를 통해 그녀의 밝고 활기찬 성품을 짐작할 수 있고, 그런 품성이 '조선 이은 왕세자'와의 혼담을 수월하게 받아들인 바탕이 되었을 것이다.

었다. 이도자비는 그런 현실을 직접 보았기에 국제결혼에 대한 거부감을 버리게 되었던 것으로 보인다. 그런 점은 1927년 5월부터 1년간 이은과 함께 유럽을 여행한 방자 역시 마찬가지였다. 방자는 당시 여행을 끝낸 뒤에 그 소감을 다음과 같이 기술했다.

> (우리는) 각국의 원수元首들과 만나 보기도 하고, 군사시찰도 하고, 명승고적을 찾기도 하며 1년이란 세월을 보냈습니다. 그 당시는 일본의 위세가 당당하던 때였으므로, 우리는 일본의 황족인 만치 그리고 지금과는 달리 왕국王國이 많았던 때문도 있어서 우리는 극진한 환영을 받았습니다. 정말 꿈같은 시절이었습니다. 특히 구주 여러 나라의 왕실에서는 국제결혼이 아무런 거리낌도 없이, 당사자들 사이에건, 국민들에게 받아들여지는 형편이어서, 깊은 감명과 부러움을 느꼈습니다. 그리고 한편으로는 자신을 갖게 되어, 시야를 국제적인 것으로 보게끔 되었습니다(이방자,《비운의 왕비》).

그런 요인들이 겹쳐서 작용하여 1916년 7월에 이본궁에서는 이은과 방자를 결혼시킬 수 있도록 해 달라고 극비로 요청하여 혼담을 확정한 것이다.

이은과의 혼담을 결정한 그런 막후협상에 대해 이도자비는 방자에게 실제 내막을 모두 이야기하지는 않은 것 같다. 그리하였다면 방자가 훗날 자신의 회고록을 쓸 때 그렇듯 완전하게 시치미를 떼지는 못했을 것이기 때문이다. 그런 내막을 몰랐기 때문에 방자는 평생토록 "자신은 나라를 위해서 희생한 정략결혼의 희생자"라는 피해의식과 묘한 자부심을 동시에 지니고 살았다.

이본궁 방자 여왕의 가문

☷ ☶ ☵ ☳ 이본궁의 당대 궁주인 수정왕은 공들여 기르는 풍성한 카이젤 수염이 큰 자랑인 황족이었다. 본래 구이궁에서 제4왕자로 태어났으나 이본궁의 양자로 들어가 그 가독을 이음으로써 이본궁의 제2대 궁주가 되었다. 수정왕은 일찍이 육군사관학교를 나와 군적에 몸을 담아 육군장교로 근무했다. 뒷날 일본의 무조건 항복으로 태평양 전쟁이 막을 내린 뒤, 그는 황족으로서는 유일하게 미군정 당국에 체포된 일로 그 이름이 역사에 오른다.

같은 집안의 친족들끼리 촌수를 위아래로 뒤섞으며 결혼하는 것을 전혀 꺼리지 않는 것이 일본의 결혼 관습이다. 그래서 수정왕의 가족들은 대대로 내려오는 혈통은 물론 현재의 결혼 관계로도 천황 가족과 아주 밀접하게 얽혀 있었다. 구이궁에서 함께 태어난 수정왕의 형제들 중에서 가독을 이어 구이궁주가 된 셋째 형 방언왕邦彦王은 뒷날 딸인 양자 여왕이 명치천황의 손자인 소화천황의 황후가 됨으로써 '소화천황의 장인'이 되었다. 또 수정왕의 형제들 중에서 여덟 번째 왕자였던 구언왕(조향궁가를 창립)과 아홉째 왕자였던 임언왕(동구이궁가를 창립)은 명치천황의 여덟 번째 딸과 아홉 번째 딸에게 나란

히 장가들어 '명치천황의 사위'들이 되었다.

따라서 수정왕의 딸인 방자 여왕의 입장에서 보자면, 명치천황의 손자며느리이자 현 대정천황의 며느리인 황태자비(소화천황의 부인인 양자황후)는 그녀의 사촌동생이며, 양자 여왕의 숙부들인 동시에 시고모부들인 명치천황의 사위 두 사람이 그녀의 숙부들이었다. 이러한 가계도는 방자가 얼마나 천황 가족과 촌수가 가까운 황족인지를 보여준다.

전생에 무슨 인연이 있었던지, 이본궁 수정왕과 그의 장녀 방자의 삶은 오래전부터 '조선'이라는 나라와 아주 묘한 인연으로 얽혀 있었다.

1874년생인 수정왕은 26세 때인 1900년 11월 23일에 과도번주의 딸인 과도이도자와 결혼했는데, 당시 이본궁의 왕저는 동경의 국정麴町 3번지에 있

왕세자 혼혈결혼의 비밀

었다. 철 따라 각색 꽃이 번갈아 지고 피는 아름다운 넓은 정원이 있고, 긴 복도로 이어진 커다란 양관洋館과 일본식 건물 두 채로 이루어진 저택이었다. 그런데 그 건물에 숨은 내력이 비상했다. 본래 그 저택을 지은 자는 장주 군벌의 육군 장성인 삼포오루三浦梧樓였다. 바로 을미년(1895)에 조선 주재 공사로 조선 왕후 민씨 시해사건을 주도했던 자다. 그런데 그가 조선에 부임하기 전 공들여 건축한 저택을 일본 궁내성이 사들여 이본궁의 왕저로 하사해 수정왕의 소유가 되었다고 한다.

수정왕과 과도이도자가 결혼한 이듬해인 1901년 11월 4일에 삼포오루가 지은 저택에서 태어난 맏딸이 곧 '방자 여왕'이다. 그녀는 거기서 유년 시절을 보냈는데, 뒷날 수정왕이 청산의 이만 평 너른 부지 위에 건평 칠백 평의 새 저택을 지어 1910년 늦가을에 이사함으로써, 그들 가족은 비로소 삼포오루가 지은 국정 3번지의 저택을 떠났다.

그러니 돌아보면, 조선 왕후를 시해하여 조선 왕가에 참혹한 대죄를 지은 자가 지은 집에서 태어나서 자란 일본 황족 여인이 뒷날 이은의 부인이 되어 조선 왕가 혈통의 순수성에 참혹한 흠집을 낸 것이다. 이 얼마나 야릇한 역사의 얽힘과 조롱이랴.

그러나 이본궁 방자의 경우보다 더욱 기이한 인연은 따로 있다. 바로 조선이라는 나라와 방자의 어머니 이도자비 친정 집안과의 인연이다.

일본 열도에서 조선과 가장 가까운 땅인 구주 섬의 위쪽 지대인 북구주 지방은 좌하현과 장기현, 복강현의 3대 현으로 나누어진다. 덕천막부 시대에는

◤ **이방자의 가족사진.** 어머니 이도자비는 빼어난 미모를 자랑했고, 아버지 이본궁 수정왕은 풍성한 카이젤 수염이 큰 자랑인 황족이었다. 가운데는 이방자의 동생이다. 이본궁은 당시 일본 천황의 친족들로 이루어진 이른바 '황족 11궁가' 가운데 하나였다.

현재의 좌하현 일대를 다스리던 번을 '비주肥州의 좌하번' 또는 '비주의 좌하 과도번'이라고 불렀는데, 이 좌하번을 다스리던 번주 집안인 과도 가문이 곧 이도자비의 친정이다. 그런데 과도번이야말로 번의 성립 초기 단계부터 조선과 아주 깊은 인연을 지닌 가문이었다.

본시 과도 가문은 영주의 가문이 아니라, 좌하 지방을 다스리던 용조사 가문을 섬기던 가신 집안이었다. 용조사 가문은 본래 일본 천황가의 외척으로서 일본 귀족들 중 최고의 명문가이던 등원씨藤原氏의 일족이었다. 그런데 가문의 선조가 1186년에 겸창막부로부터 비전국肥前國의 용조사촌(현재의 좌하시 일대)을 관리하는 지두地頭로 임명되어 그 땅에 거주하기 시작했다. 지두란 해당 지역의 경찰권과 토지 관리권과 조세 징수권을 모두 갖는 막중한 직책이었다.

일본인들은 삶에 새로운 계기가 있을 때면 스스로 성을 가는 관습이 있는데, 신임 지두는 현지에 부임한 뒤에 등원이란 자신의 본래 성을 버리고 '용조사씨龍造寺氏'라고 하는 새로운 성을 만들었다.

그는 겸창막부와 좋은 관계를 유지하면서 그 일대를 정복, 영토를 확장함으로써 당당한 영주의 반열에 올랐다. 그들은 특히 용조사촌에 들어온 지 사백 년 뒤, 곧 일본의 전국 시대에 이르러서는 영주 용조사융신龍造寺隆信(1529~1584)의 통치 아래 그 지역에서 최강의 세력을 지닌 가문으로서 큰 명성을 떨쳤다. 용조사융신은 끊임없이 세력 확장에 몰두한 끝에 북구주 지방 일대를 지배하는 대영주가 되었다. 그런데 그의 정벌 전쟁에서 가장 큰 공을 세운 신하가 과도직무鍋島直茂(1538~1618)였으니, 곧 이도자비의 선조다.

영주 용조사융신의 생애는 그의 나이 55세였던 1584년에 돌연 끝이 났다. 그가 직접 번의 군사를 거느리고 같은 구주 지방의 대명이던 살마번의 도진군과 싸우다가 전사한 것이다. 그래서 장남인 용조사정가龍造寺政家(1556~

1607)가 뒤를 이어 영주의 자리에 올랐다. 그러나 그는 부친만한 역량을 지니지 못한 범속한 인물이었다. 그래서 전국 시대의 거칠고 험한 세태 속에서 용조사 가문의 세력은 급격하게 기울고 용조사번 전체의 안정이 뒤흔들리기 시작했다. 이리 되자, 용조사정가는 동요하는 번국을 안정시키기 위해 역량이 뛰어나고 큰 세력을 지니고 있던 가신 과도직무에게 번의 정치를 모두 맡김으로써 위기를 모면했다.

그 후 일본을 통일한 풍신수길이 구주 지방에 원정하여 무력으로 각지를 평정할 때, 용조사정가와 과도직무는 풍신수길의 편에 서서 군공을 세웠다. 그러나 구주 지방의 평정이 끝난 뒤, 풍신수길이 좌하 용조사번의 내정에 간섭하면서 과도직무는 출세하기 시작했다. 풍신수길이 실제로 번을 장악하고 있는 실력자인 과도직무의 편을 들어준 것이다. 풍신수길은 용조사정가에게 '은거'를 명해 영주 자리에서 물러나도록 조치하고 그의 아들인 용조사고방龍造寺高房이 가독을 상속받아 영주의 자리에 앉게 한 뒤, 번의 실제 정치는 모두 과도직무가 통괄하도록 조치했다. 용조사고방에게는 명목상의 영주라는 지위만 인정해준 것일 뿐, 과도직무를 실질적인 영주로 대우한 것이다. 풍신수길은 비천한 계급에서 몸을 일으켜 자신의 실력 하나로 일본의 전국 시대라는 험악한 난세를 통일하여 최고 통치자가 된 사내다. 그런 입지전적인 경력의 인물답게 그는 늘 문벌이나 혈통보다는 실력과 능력을 중시했고, 과도직무가 그 혜택을 크게 입은 것이다.

과도직무는 그러한 인연으로 풍신수길에게 충성을 다했다. 풍신수길은 1592년에 조선 침략 전쟁을 일으켰을 때(임진왜란) 과도직무에게 용조사번의 군대를 거느리고 조선에 출병할 것을 명했고, 과도직무는 용조사 가문의 가신단이 이끄는 1만 2천 명의 대부대를 거느리고 조선을 침공했다. 그의 부대는 지휘자인 그의 성을 따라서 '과도군'으로 불렸는데, 임진왜란 때 조선에 침공했던 각지의 왜군 부대들 중에서 가장 규모가 큰 부대였다.

당시 일본 침략군에는 풍신수길이 몹시 총애하는 직계 무장으로서 구주 지방의 영주로 봉함을 받은 가등청정加藤淸正이 거느린 1만 명의 군대가 있었는데, 과도직무의 부대는 그의 부대와 같은 군단을 이루어 함경도까지 침공해 올라갔었다. 그들 군단은 '2번대'로 불렸는데, 2번대의 주장主將이 가등청정이었고 과도직무는 그를 보좌하는 막료 장수 곧 요장僚將으로 활약했다.

또한 정유재란 때는 과도직무의 아들 과도승무鍋島勝茂(1580~1657)까지 합세해 부자가 다시 1만 2천 명의 용조사번의 군대를 이끌고 출병해서 조선의 김해성金海城을 비롯한 여러 지역에 주둔하면서 각지에서 조선군과 전투를 벌였다. 그리하여 임진왜란사를 읽어 보면 '한강 전투', '임진강 전투', '철령 전투', '함흥 황초령 부근 전투', '황석산성 전투', '고령 부근 전투' 등 각지의 전투 기록에 그들 부자의 이름이 계속 등장한다.

임진왜란 참전은 과도직무의 삶을 완전히 바꾸는 결정적인 계기가 되었다. 이역에서 벌어진 대전쟁의 절박하고 위험한 상황 속에서 용조사 가문의 가신단과 병사들은 그들과 생사고락을 같이 하고 있는 유능하고 뛰어난 무장인 과도직무에게 전적으로 심복했다. 정유재란이 벌어지기 전 해인 1596년, 용조사번 번주의 중신들은 물론 번주의 일가친족들조차 자진해서 과도직무와 그의 아들인 당년 16세의 과도승무 앞으로 '충절을 맹세하는 기청문起請文'을 제출했다. 그것은 번의 실질적인 주인으로서 그들 부자의 체제를 승인하고 자신들의 주군으로 인정하는 행위였다. 결국 임진왜란은 용조사 가문의 가신이었던 과도직무와 승무 부자로 하여금 좌하번이라는 큰 번을 차지하여 대영주의 신분으로 뛰어오를 수 있는 큰 기회와 무대가 되어준 것이다.

과도직무가 임진왜란을 통해 얻은 것은 좌하번만이 아니다. 그의 부대가 조선 남해안에 주둔하고 있을 때 조선 도공들을 많이 납치해 갔는데, 그중에서 가장 유명한 이가 일본 자기의 도조陶祖라고까지 불리는 이삼평李參平이다. 이삼평을 비롯한 조선 도공들에 의해 뒷날 좌하번의 특산 도자기로 세계적으로 명성을 떨치게 되는 '유전소有田燒(아리타야키)'가 생겨나게 되었고, 당연히 과도 가문에서는 이삼평을 비롯한 조선 도공들을 매우 중시하여 우대했다. 그런 역사적인 인연은 오늘날까지 생생하게 그 모습을 유지하고 있는 바, 그 대표적인 사례가 현재 좌하에 있는 도산신사陶山神社다. 도산신사에서는 주신主神으로 응신천황應神天皇을 모시고, 부신副神으로는 과도직무와 조선 도공 이삼평을 합사하여 모시고 있기에, 그들은 오늘날도 함께 제사를 받고 있다고 한다.

풍신수길 사후에 일본 열도의 권력 구조는 치열한 내전을 통해 다시 재편되었다. 대영주 덕천가강이 새롭게 일본을 통일한 뒤 '장군'이 되어 새로운 통치자로 등장한 것이다. 1603년에 강호江戶(지금의 동경)에 '덕천막부'라는 군사정권을 세워 전 일본을 통치하기 시작한 덕천가강 역시 좌하의 용조사번에 대해서는 풍신수길의 방침을 그대로 따랐다. 본래 영주의 혈육이기에 영주 자리에 앉은 용조사고방이 아니라 명실상부한 실력자인 과도직무를 번의 통치자로 인정해 준 것이다.

명목상의 영주인 용조사고방은 이런 세태를 겪으면서 절망과 굴욕을 느꼈다. 당시 덕천막부는 각지의 영주들이 반란을 일으키지 못하도록 '참근교대參勤交代' 제도를 만들어 전국의 번주들이 모두 자신의 영지에서 1년, 강호에서 1년, 그렇게 번갈아 살도록 강요했기에 번주들은 모두 강호에 거대한 번주의 저택 곧 번저를 갖고 있었다. 1607년 3월, 용조사고방은 강호의 복판에 있는 자신의 번저에서 할복자살함으로써 자신의 격렬한 분노와 항의를 세상에 알리려고 했다.

  용조사고방은 먼저 자신의 부인을 몸소 칼로 찔러 죽인 뒤에 자신의 몸에도 칼을 찔러 넣었다. 그러나 칼이 덜 들어갔는지 미수에 그치고 살아났다. 그것은 아예 시도하지 않은 것보다 더욱 참담한 결과를 가져왔다. '번주로서 자신의 힘으로 자기의 번을 제대로 보존하지 못한 자'라는 기존의 굴욕에다 '자결조차 제대로 못해내는 자'라는 새로운 수치를 더한 것이다. 치욕과 비극은 거기서 끝나지 않았다. 자결을 시도했을 때의 상처가 악화되어 결국 그 상처 때문에 그해 9월에 사망했다. 영주인 아들이 그토록 깊은 원한과 치욕 속에서 죽자 은거하고 있던 전 영주 용조사정가도 깊은 절망과 고통을 이기지 못하고 다음 달인 10월에 자결하여 생명을 버렸다. 그리하여 용조사씨 본가는 대가 끊어져 가문이 단절되었다.

  이리 되자 덕천막부에서는 용조사씨 본가에서 퍼져 나간 지번支藩의 대표들을 강호로 호출하여 대책을 물었는데, 그들 용조사 가문의 중진들이 모두 과도직무의 공적을 치켜세우면서 "용조사씨 가문 본가의 가독을 과도직무의 아들인 과도승무가 상속받도록 해 달라"고 요청했다. 그것이 곧 과도직무의 뜻이었다. 가독이라 함은 한 가문을 소유하고 통솔하는 주인의 신분 및 그에 따른 권리와 의무 전체를 지칭한다. 과도직무로서는 자기가 주군의 집안에서 직접 용조사번을 가로채는 모양새는 피하려는 뜻을 갖고 있었기 때문에 그런 형식을 밟도록 지시한 것이다. 덕천막부에서 그 요청을 그대로 허락함에 따라, 과도직무는 "아들인 과도승무가 용조사씨의 가독을 상속받았다"는 모양새와 형식을 취해 좌하번을 자신의 손에 넣었다. 이때부터 영주의 명분과 번을 다스리는 통치권이 명실상부하게 일치하는 '35만 7천 석'의 큰 번인 '좌하 과도번'이 성립되었고, 이때부터 과도 가문은 일본에서 전국적으로 손꼽을 만치 큰 번을 차지하고 있는 영주들을 가리키는 표현인 이른바 '전국 대명'으로 불리는 대영주 가문이 되었다.

일본 역사에는 당시 좌하번의 영주가 바뀌면서 일어난 일련의 사건들이 '과도 소동'이라는 기이한 용어를 사용하여 기록되어 있다. '소동'이라는 단어가 시사하듯, 멸망한 주군의 집안인 용조사 가문과 가신으로서 주군의 번을 빼앗아 대영주가 된 과도 가문이 겪었던 극적인 갈등과 통한은 연년세세 일본 전국의 백성들의 호기심과 관심을 크게 불러 모았다. 그래서 강호 시대 후기에 이르러서는 그 사건을 토대로 용조사 가문 측의 원통한 입장에서 만들어진 이야기가 널리 인구에 회자되고 〈화묘 소동化猫騷動〉이라는 제목으로 극화되어 가무기歌舞伎 무대의 인기 작품으로 자주 상연되었다. 〈화묘 소동〉은 용조사 가문의 여인이 과도 가문에 대해 깊은 원한을 품고 자결했는데, 그 여인이 죽으면서 흘린 피를 여인이 기르던 하얀 고양이가 핥아먹은 뒤에 죽은 여인의 귀신이 고양이에게 씌워서 그 고양이가 과도직무의 아들이자 후계자인 과도승무를 괴롭히면서 복수하는 내용이라고 한다.

흥미로운 것은 이도자비의 《삼대의 천황과 나》의 첫 장 첫 구절이 하필이면 문제의 〈화묘 소동〉에 관한 언급으로 시작되고 있는 점이다. 그런 것을 보면, 결과적으로 하극상의 모습이 된 과도 가문의 과거사가 과도직무의 후예들의 의식 속에서 두고두고 껄끄러운 역사의 가시로 작용하고 있었던 듯하다.

임진왜란에 관한 우리 측 기록인 《임진전란사》에 보면, 과도직무에 관한 흥미로운 일화가 다음과 같이 언급되어 있다.

임진왜란 초기에 과도직무가 가등청정의 부대와 함께 함경도까지 올라가서 주둔하고 있을 때 일이라고 한다. 함경도로 피난 갔던 선조의 아들들인 임해군과 순화군이 가등청정의 군대에 사로잡혀 그의 진중에 머무르게 되었다.

그때 과도직무는 일국의 왕자들이 적진에 잡혀 있는 것을 가엾게 여겨 종군 승인 석시탁釋是琢에게 명해 다음과 같은 내용의 위로하는 시를 지어서 보내도록 했다는 것이다.

    가련토다 하늘을 날던 어린 봉황새여 可憐天上鳳凰兒
    닭의 무리 속에 들게 되어 덕과 위의를 잃었도다 飛入鷄群失德儀
    함경도에 몽진함이 무엇과 같을꼬 咸鏡蒙塵何所似
    흡사 일식으로 한때 빛을 잃음이 해의 수치가 아님과 같도다 蝕非日恥是此時

과도직무가 보낸 시를 읽고 크게 위안을 받은 두 왕자는, 그 시의 운(兒, 儀, 時)을 그대로 차운해 다음과 같은 시를 지어 과도직무에게 정중하게 답례했다고 한다.

    수치를 안고 욕됨을 견딤은 곧 남아의 일이거니 包羞忍辱是男兒
    관산에 내려 깃을 다듬는 것을 한하지 않노라 不恨關山鍛羽儀
    뒷날 옥백을 들고 조정에 돌아가 서새곡을 읊으면서 玉帛朝回西塞曲
    위수 다리 위에서 향화 피워 그대의 귀국을 기리리라 渭橋香火共歸時

과도직무가 보낸 시에서 자신들을 '어린 봉황새'로 비유한 것을 되받아서 두 왕자가 자신들이 함경도에 피난했다가 적의 포로가 된 것을 '관산關山(고향의 산)에 내려앉아 깃을 다듬는 것'으로 표현한 것은, 함경도가 태조 이성계의 본향임을 가리킨 것이다. 과도직무가 보낸 시에서, 한 나라의 왕자들로 적이 포로가 된 일을 '해가 일식으로 잠시 빛을 잃은 것'에 비유하면서 그 일이

"수치가 되지 않는다"고 위로했던 것은 특히 절묘한 표현이었다. 적진에 포로로 갇혀서 격심한 불안과 고통에 시달리던 왕자들이 뜻밖에 유력한 적장으로부터 따뜻한 격려의 시를 받고 위안을 느낀 모습이 답례시의 구절구절마다 역력하게 드러난다.

당시 과도직무는 싸움터에서 잔뼈가 굵은 54세의 연부역강한 노장이었다. 동양 3국이 함께 달려들어 서로 물고 물리는 대전란을 벌이던 임진왜란의 처참한 피바람 속에서, 그가 주군의 가신들을 자기 신하로 만들어 간 과정의 이면에는 무장으로서의 뛰어난 역량과 경륜에 못지않게 그가 지닌 그런 유연한 모습의 인간미 또한 큰 영향을 미쳤을 듯하다.

아무튼 과도직무는 어떤 방향에서 보든 전형적인 난세의 인물이었다. 그는 포로인 조선 왕자들을 그처럼 따뜻하게 위로했는가 하면, 전쟁이 교착 상태에 빠져 일본군 수뇌부에서 조선 왕자들을 조선 왕실로 돌려보내기로 결정했을 때는 완전히 안면을 바꾸었다. 다른 사람도 아닌 바로 과도직무가 그 결정에 가장 강력하게 반대한 것이다. 그의 주장은 전략상 조선 왕자들을 절대로 풀어주면 안되고, 반드시 일본으로 끌고 가야 한다는 것이었다. 말하자면 "사적인 위로는 위로, 공적인 전략은 전략!"이라는 형태의 처신이었다. 결국 그가 주군의 집안에서 과도번을 가로채서 번주가 된 것 역시 그의 그러한 인품과 처세술이 뿌려서 가꾸고 거두어들인 열매였다. 과도직무는 또 임진왜란에 종군한 기록을 남겼는데, 거기에 그가 직접 목격한 경복궁의 장려함에 대한 묘사가 들어 있어 임진왜란 때 경복궁이 소실된 원인에 대해 "일본군이 입성하기 전에 조선인 백성들과 천예들이 먼저 경복궁에 불을 질러 타버렸다"는 주장에 대한 가장 중요한 반증으로 거론되고 있다.

과도번은 이처럼 번의 성립 기반 자체가 임진왜란 때의 조선 침공과 깊이 연관되어 있어 과도번 번주 가문의 인물이라면 '조선'이라는 나라에 대해서 갖는 감정이 다른 일본인보다 훨씬 호의적일 수밖에 없었다. 당시 일본 궁내성에서 '조선의 왕세자 이은'의 배필로 황족 여성 3인을 후보자로 선정할 때, 과도번 마지막 번주의 외손녀인 '이본궁 방자 여왕'을 그 명단에 넣은 조치는 과도번이 이렇게 조선과 연결된 유구한 역사적 인연을 지닌 것까지 감안한 고도의 정치적 책략이었던 것으로 파악된다.

그런 상황은 '3인의 황족 여성'의 명단에 들어갔던 '구이궁 양자 여왕'의 경우에도 비슷하게 해당한다. 양자 여왕의 경우, 그 모친이 살마번 번주의 딸이다. 그런데 살마번 역시 임진왜란에 대규모 병력으로 출병했던 가문이다. 남은 한 사람의 후보자인 '산계궁 안자 여왕'도 모친이 살마번 번주 가문 출신이었다. 십여 년 뒤에 일본 궁내성에서는 의친왕 이강의 장남인 이건李鍵을 송평가자松平佳子와 결혼시켰는데, 그녀의 외가 역시 바로 과도번 번주의 가문이었다. 1931년에 고종황제의 딸인 덕혜옹주와 강제 결혼시킨 상대 역시 조선과 유구한 인연을 지닌 대마도 번주의 아들인 종무지宗武志 백작이었다. 그런 것으로 보아서, 조선 왕실 인사들을 일본 여인과 결혼시킬 때, 치밀하고 주의 깊게 고려해서 일본 유수의 가문들 중에서 조선 왕실에 대한 거부감이 가장 적을 것으로 짐작되는 가문들을 선정했음을 알 수 있다. 이런 사실들을 돌이켜 보면, 당시 일본 위정자들이 이미 삼킨 '조선'을 일본의 속국으로 영영 굳히기 위해서 얼마나 노심초사했는지 알 수 있다.

어쨌든 이처럼 복잡다단한 내막들을 간직한 채 "조선 왕세자 이은과 일본 황족인 이본궁 방자 여왕이 약혼했다"라는 일본 측의 일방적인 발표가 1916년 8월 3일에 대대적으로 보도된 신문 기사들을 통해서 조선과 일본 두 나라에 널리 공표된 것이다.

2대 조선 총독
장곡천호도 장군의 새 임무

일제 강점기 36년 동안 우리 민족에게 가장 수치스러운 일은 어떤 것이었을까? 그것은 아무래도 순종(당시의 공식 호칭은 '이왕 전하'였음)이 일본 천황을 신하의 신분으로 배알하기 위해 일본 군함에 올라 현해탄을 건너 동경에 다녀온 사건일 것이다. 이 일은 현재 그 실상이 거의 알려져 있지 않다.

그 사건은 요즘 사람들을 두 번 놀라게 한다.

첫째, "순종이 1917년 6월에 일본 동경에 건너가 대정천황에게 신하로서 배알했고, 또 돌아오는 길에는 경도에 들러 명치천황의 능에도 참배했다"는 매우 치욕적인 사건이 있었음에 한 번 놀라게 된다.

둘째, 당시 그 사건은 당대인들이 모두 다 잘 알고 있었을 만큼 유명했다. 여행 일정을 비롯하여 일본에서 치른 각종 행사와 동정들이 《매일신보》는 물론이요, 일본의 각 신문들 지면에 연일 요란하고 세세하게 대대적으로 보도되었고, 또 행차가 지나는 길마다 양국에서 수많은 군중들이 환송 행사나 환영 행사를 위해 동원되었다. 그럼에도 그 사건은 일제 통치가 끝남과 동시에 그대로 역사의 재 속에 깊이 파묻혔다. 너무도 수치스러운 사건이었기 때문이었을 것이다. 그렇기 때문에 "이제는 그 사건에 대해서 아는 사람이 거의 없을 정도로 철저하게 잊히고 말았다"는 점에서 다시 놀라게 된다.

이제 그 사건의 뒤를 따라가 보기로 한다.

조선 왕세자 이은과 일본 황족 여인 수정궁 방자와의 혼약이 일본 정부에 의해 일방적으로 발표된 지 두 달 만인 1916년 10월 초, 조선 총독이 새로 갈렸다. 초대 조선 총독이자 현직 일본 육군대장이었던 사내정의 백작은 육군 원수로 승진된 직후인 1916년 7월 초에 일본으로 건너가서 계속 머물고 있다가 10월 10일에 총리대신으로 임명되었다. 그래서 다시는 조선으로 돌아오지 않았다. 그리고 그의 후임으로 같은 장주파 군벌의 후배인 장곡천호도長谷川好道가 임명되어 2대 조선 총독으로 부임했다.

사내정의는 동경에서 후임 총독이 된 장곡천호도 대장에게 따로 당부했다.

"내가 귀하에게 꼭 부탁할 것이 있소. 이왕 전하가 동상하여 천기봉사를 하게 하는 일을 꼭 성취해 주시오."

"오, 그 문제 말씀입니까!"

'이왕 전하'라 함은 현재의 조선 임금 곧 순종을 말함이고, '동상東上'이라 함은 동쪽으로 올라간다는 뜻이니, 곧 일본의 수도 동경으로 상경한다는 말이다. 그렇다면 '천기봉사天機奉伺'는 무엇인가. 그것은 일본 특유의 궁중 용어로서, '천기天機'라 함은 '천황'을 가리키고 '봉사奉伺'라 함은 '받들어서 사후伺候함'이니, 곧 "천황을 배알하여 문안드린다"는 의미였다. 그러니까 "속국인 조선의 군주를 일본 동경에 있는 종주국 군주 천황 앞에 끌고 가서 신하로서의 예를 올리게 해야 한다"는 말이었다.

"원칙대로라면 합방한 뒤 곧 이왕 전하를 동상시켜서 천기봉사를 행하도록

↑ **장곡천호도.** 1916년 사내정의의 뒤를 이어 조선 총독으로서의 업무를 시작한 장곡천호도는 신임하는 자들을 측근에 불러서 가장 시급하게 추진해야 할 비밀과제, 즉 '창덕궁 이왕 전하의 천기봉사 실행 방책'을 연구하게 했다.

해야 했소. 그러나 합방 당시에는 조선인들의 반발을 고려하지 않을 수 없어서 실행하지 못했소."

사내정의는 무거운 시선으로 상대를 바라보았다.

"아무튼 내가 총독으로 재직하고 있는 동안에 실현시켜야 했는데, 과도한 무리를 피하려다 보니 지금껏 미루어 왔소. 그러나 언제까지나 계속 미루고만 있을 수는 없소. 귀하가 이 막중임무를 잘 처리해 주시오!"

"힘껏 받들어 거행하겠습니다!"

그들은 '조선 임금의 천기봉사 실행 문제'가 현재 가장 시급하고 막중한 현안임에 동의하는 것으로써 신구 조선 총독으로서의 업무 인수인계를 마쳤다.

일본인들이 그간 덮어 두고 있던 이른바 '천기봉사' 건을 이렇듯 새삼스럽게 들고 나온 이유는 무엇일까? 역시 그 정치적 및 심리적 배경은 당시의 세계 정세에 대한 일본의 대응자세에서 찾을 수 있다.

당시 일본을 이끌고 있던 이등박문의 후계자들, 곧 "일본을 성공적으로 통치하는 가장 확실한 방책은 침략 전쟁을 일으켜 위기 국면을 조성함으로써 국민을 하나로 통합하며, 또한 그 전쟁을 통해 일본의 국토를 넓히고 국위를 떨치는 것"이라고 확신하고 있던 정계의 실세들은, 조선을 식민지로 만드는 데 성공했다. 그리고 러일전쟁 이후 몹시 불안하던 국내 정치를 안정시키는 데 성공하자 이제 한 걸음 더 나아가 중국을 침략하려고 욕심내기 시작했다.

큰 욕심은 빠른 행동을 유발한다. 일본의 권력을 쥔 자들의 그런 욕심은 하늘에 닿도록 컸다. 그래서 그들의 눈은 세상의 틈을 보는 데 매우 기민했고 움직임은 세찬 바람처럼 빨랐다. 그들은 1914년에 1차 세계대전이 발발하자 환호했다. 중국을 침략할 수 있는 최상의 기회가 도래했다고 본 것이다. 1914년 8월 4일에 영국과 독일의 공식적인 선전포고로 유럽이 전쟁판에 들어가자 그들은 매우 기민하게 대응했다. 그로부터 불과 나흘 뒤인 8월 8일에 일본의 최고 권력자들이 합의 작성한 〈시국에 관한 의견서〉의 문면을 읽어 보면 놀랍다. 그 문서는 정상형과 산현유붕이 정계의 대원로 자격으로 만들어서 연명으로 당시 총리대신인 대외중신에게 보낸 것이다. 그 의견서 안에 들어 있는 다음과 같은 구절이야말로 그들이 지닌 탐욕적인 세계 전략과 맹목의 세계관을 잘 드러낸다.

이번 구라파의 대전란은 대정大正 신시대의 천우天佑이다. 일본은 당장 이 천우를 이용하기 위해 거국일치의 풍조를 마련하지 않으면 안 된다. 정쟁政爭을 그만두고 감세·폐세 등 당리당략을 거두어야 하며, 국가 재정의 바탕을 굳히고 영국·프랑스·러시아와 손잡아 동양에서의 일본의 이권을 확보하면서 중국을 통일한 자를 손아귀에 휘어잡아야 한다.

그 의견서는 일본 정부에 의해서 빠르게 실천되었다. 그 의견서를 받은 때로부터 미처 한 달도 되기 전인 9월 2일, 일본 정부는 혼성 1개 여단으로 독일령이던 산동성의 교주만을 공격하여 차지함으로써 중국을 침략할 교두보를 마련했다.

그러나 큰 욕심은 또한 큰 불안을 낳는 법이다. 거대한 중국 대륙의 본토 침략전에 본격적으로 뛰어든 일본의 권력자들은 이미 삼킨 조선을 보다 확실하게 장악해야 한다는 강박적인 불안에 시달렸다. 그들은 일본 황실과 조선 왕실이 정략결혼을 통해 피로 맺어지도록 조치해 놓은 것만으로는 마음이 놓이지 않았다. 그래서 조선 임금이 일본에 내조來朝하여 머리를 조아리게 하여 자신들이 조선 왕실을 완벽하게 장악하고 있음을 직접 눈으로 확인하며 그런 불안을 시원하게 떨쳐 버리고 싶은 욕구를 도저히 누를 수가 없었던 것이다. 그리하여 '이왕(순종)의 동상과 천기봉사'는 매우 시급한 현안이 되었다.

조선 총독으로서의 업무를 시작한 장곡천호도는 신임하는 자들을 측근에 불러 가장 시급하게 추진해야 할 비밀과제를 주었다. 곧 '창덕궁 이왕 전하의 천기봉사 실행 방책'을 연구하게 한 것이다.

본래 장곡천호도는 일본 군부 안에서 특히 '조선통'이라 할 만한 자로서, 조선에 부임한 것이 이번이 처음이 아니었다. 러일전쟁 중이던 1904년 9월에 한국주차군 사령관으로 부임하여 1908년 12월에 이임할 때까지 만 4년 이상 한국에 주재했다. 그래서 이미 조선 궁중의 사정과 인맥, 정계 인사들의 동향에 대해서 훤했다. 따라서 이 '천기봉사'의 건이 매우 성사하기 어렵다는 점을 누구보다도 확실하게 파악하고 있었다.

장곡천호도가 보기에, 문제의 핵심은 조선 임금(순종)의 건강과 성격이었다. '왕'이 병약한 사람이라는 것은 누구나 알고 있었다. 합방 전인 1909년 초에 이등박문 공작과 함께 전국 순행에 나섰을 때 특별열차로 아주 조심스럽게 모시는데도 어지럼증이 심해 식사를 하지 못하는 바람에 시중 드는 자들이 어쩔 줄을 몰랐고 그런 사실이 《대한매일신보》 등에 보도되어 널리 알려지기까지 했었다.

게다가 더 곤란한 것은 '이왕'이 단순히 심신이 허약한 병약자가 아니라는 점이었다. 때로는 범 무서운 줄 모르는 하룻강아지 또는 세상 물정 전혀 모르는 백치처럼 눈앞에 날벼락이 떨어져도 "나 몰라라" 하고 끄떡도 않는 집요하고도 막무가내인 고집이 있었다. 그래서 일단 "아니다"라고 뻗대면 무슨 말로 협박해도 먹히지 않는 성품이었다. 틀림없이 조선 왕실사상 전례가 없는 새로운 행사, 곧 '천기봉사'를 해야 한다고 하면 아예 들으려고도 하지 않을 것이 뻔했다. 그렇다고 해서 '이왕'을 강제로 일본으로 끌고 간다는 것은 사안의 성격상 너무 무리한 일이었다.

드디어 측근들이 궁리해서 만든 보고서가 올라왔다. 장곡천호도 총독은 보고서를 곰곰이 살펴 본 뒤 고개를 끄덕였다.

"흠! 이왕 전하로 하여금 먼저 이왕가의 발상지인 함경남도 함흥에 있는 조선 태조의 본궁本宮에 가서 친제親祭를 봉행하게 함으로써 건강 상태를 객관적으로 점검한 뒤에, 그 결과를 보아서 동상 문제를 처리한다, 라고!"

그는 소리를 내어 다시 서류 첫머리부터 천천히 읽어 내려갔다. 아주 마음에 든다는 표시였다.

"예상되는 결과는 다음 두 가지로, 각기 다음과 같이 대처할 수 있다. 첫째, 이왕 전하가 함흥 본궁 여행만으로도 건강에 이상이 생길 경우, 동상이 불가능함을 내외에 확인시킨 것이 되어 동상하지 못하더라도 조선 총독으로서는 책임을 지지 않게 됨."

그의 얼굴에 꽤나 흡족한 미소가 떠올랐다.

"둘째, 이왕 전하가 함흥 여행을 무사히 마칠 경우, 건강에 문제 없음이 확인되기 때문에, 이왕 전하 측에서 건강 문제를 이유로 동상을 거부할 명분을 잃게 되어 동상을 강력하게 추진할 수 있게 됨."

"옳거니!"

그는 고개를 크게 끄덕였다.

현 체제에서, 누구든 간에 "천황 폐하 앞에 나가 배알하라"는 요구를 받으면 어떠한 이유로도 거절할 수가 없다. 거절하면 '불충不忠'이 되기 때문이다. 단지 하나 유일하게 허용될 수 있는 핑계가 건강이다. 더욱이 조선의 임금인 '이왕(순종)'은 어렸을 때부터 워낙 건강이 안 좋았음이 이미 국내외에 널리 알려진 터였다. 그래서 일본의 요구대로 동상하지 않으려고 "건강이 안 좋다"는 핑계를 내세워 완강하게 버티면 도저히 억지로 끌고 갈 수 없게 된다. 보고서는 그런 경우까지 모두 감안하고 철저하게 그에 대비해 놓은 것이다. 참으로 절묘하다 싶어서 장곡천 총독의 얼굴은 흐뭇한 웃음으로 크게 허물어졌다.

"좋아! 이건 아주 탄탄한 전방위 그물이로군 그래. 하하! 이대로 추진하도록! 하하하!"

득의에 찬 그의 웃음소리가 한참이나 천장을 흔들었다.

몰이꾼들의 참혹한 간지

☷ ☶ ☵ ☴ 1917년 새해가 밝았다. 유럽의 대전쟁은 이미 사 년째, 그러나 마무리될 조짐은 보이지 않고 오히려 새해 들어서 더욱 확대일로를 걸었다. 작년 5월 말에 벌어졌던 유틀란트 해전으로 영국이 제해권을 확립한 데 대한 반발로, 독일은 이해 2월 초부터 무제한 잠수함전을 시작했다. 전쟁에 시달리던 러시아에서 사회주의혁명이 일어난 것도 바로 이해였다.

이런 험난한 시대의 한복판에서, 조선총독부의 조선 왕실 목조르기 공작은 아주 치밀하게 추진되었다.

"나더러 함흥 본궁에 참배하고 싶냐고? 내가 원한다면 총독부에서 전적으로 협력해서 참배하도록 잘 주선해 주겠다고?"

봄이 와서 땅이 풀리고 날씨가 화창해진 뒤였다. 조선총독부에서 조선 왕실에 넌짓 미끼를 던지자, 물색 모르는 조선 임금(순종)은 그 속에 숨겨진 날카로운 낚시 바늘을 알아보지 못하고 덥석 반겼다.

"오! 참배하고 싶고말고! 바로 그 일이야말로 내가 오랫동안 두고두고 원하던 일이다!"

즉각 함흥 여행 계획이 조선 궁중에서 의논되기 시작했다. 사실 임금은 마음속 깊은 곳에 선조에 대한 죄의식을 지니고 있었다. 자신의 대에 와서 외국에 나라를 빼앗긴 비참하고 비통하고 못난 후손으로 나라를 세운 태조의 영혼에 깊이 사죄하는 제사를 몸소 올리고 싶은 뜻이 간절했던 것이다. 그런 제사를 지낼 곳으로서는 태조가 몸을 일으킨 곳인 함흥 본궁이야말로 가장 적절한 곳으로 생각되었다.

드디어 희고 붉은 꽃들이 산야에 흐드러지게 핀 늦은 봄날인 1917년 5월 9일 아침, 조선총독부의 전적인 협조를 받으면서 조선 임금은 함흥 여행길에 올랐다. 수행원들을 거느린 임금은 특별기차로 원산까지 갔고, 그곳에서 자동차로 바꿔 타고 함흥으로 갔다.

여행 도중에 나쁜 길도 지나야 하고, 도중에 비가 오는 등 날씨도 순조롭지 않고, 함흥 본궁에 가서 제사를 친히 주재하느라 고생하고, 침식도 편안치 않고……. 여러 가지 악조건이 겹쳤으나, 조선 임금의 건강에는 별다른 이상이 없었다. 나라를 잃은 이래 그때까지 마음 깊이 원하고 있었던 그 애통한 사죄의 제사를 몸소 지내느라고 줄곧 긴장하며 다녔기 때문인지, 임금은 여러 악조건 속에서도 평소보다 오히려 더 강건한 모습을 유지했다. 임금 일행은 5월 9일 남대문역발 특별열차로 출발했다가 16일 오후 6시 25분에 남대문역에 도착했다. 꼬박 7박8일이 걸린 여행이었다.

장곡천 총독은 함흥 행차로 '이왕의 건강'이 확인되자, 즉각 마수를 내밀었다. 본격적으로 '동상東上' 추진에 들어간 것이다. 그러나 조선의 군신 상하의 역학 관계에 밝은 그는 자신이 직접 나서지 않고 먼저 이완용을 내세웠다. 합방에 기여한 공로로 일본 황실로부터 백작의 작위와 거액의 하사금을 받아 부와 권력을 한껏 누리고 있는 이완용이 조선 왕실을 설득하도록 한 것

왕세자 혼혈결혼의 비밀

이다.

이완용은 조선 정계 최고의 실력자로 조선 왕실 내부 사정에 매우 밝았다. 그는 순종에게 '동상' 하도록 설득하는 일이 도무지 쉽지 않은 일임을 충분히 짐작하고 있었다. 지금 임금(순종)은 본래 세상 물정 돌아가는 일에 관심이 없는 데다가, 더욱이 자신이 황제로 있을 때 나라를 잃고 나서는 마음과 정신이 더욱 위축되어 만사를 부친인 태황제(고종)의 생각과 지시에 따를 뿐 아예 독자적인 결정은 하려고 들지 않았다. 게다가 타고난 성격 또한 몹시 보수적이어서 무언가 새로운 일을 시도하는 것을 막무가내로 꺼렸다. 당연히 문제의 '동상' 이야기가 나오면 아예 귀담아들으려고 하지 않을 터였다. 하기야 굳이 그런 성품이 아니라 해도 그렇다. 한때 황제였던 분에게 국내도 아닌 바다 건너 멀리 일본 동경까지 가서 자신의 나라를 빼앗아 간 적국의 통치자에게 신하로서의 예를 올리라고 요구한다는 것은 누구라도 받아들이기 어려운 주문이기도 했다. 그런 만큼 그것을 실현할 수 있는 길은 오로지 하나였으니, 곧 먼저 태황제(이태왕, 고종)를 설득하여 태황제의 명에 따라 현 임금이 '동상' 하게 만드는 길밖에 없었다.

그렇게 판단한 이완용은 먼저 덕수궁으로 갔다. 그러나 이야기를 들은 태황제는 단호했다.

"나는 이미 세상 바깥의 사람이다. 그런 말은 아예 내게 건네지도 말라!"

태황제는 일언지하에 물리치고 두 번 다시 자신의 앞에서 입을 벌리지도 못하게 막았다. '세상 바깥의 사람', 그것은 예로부터 현직에서 밀려나 은거하는 사람이 자신을 지칭할 때 쓰는 관용적인 표현이다. 세상의 이면으로 물러나서 은거하고 있는 사람인만치 세상만사 어찌 되든 자신과는 아무런 상관이 없다는 소리인 것이다. 물론 결단코 아들인 임금(순종, 이왕)이 이른바 '천기봉사'라는 것을 하러 가게 만들고 싶지 않아서 내미는 거절이기도 했다.

이완용은 할 수 없이 창덕궁으로 직접 갔다. 임금을 뵙고 장곡천호도 총독의 요구를 전하면서 그대로 실행할 것을 권했는데, 과연 예상대로였다. 평소에는 옆에서 지켜보기 딱할 정도로 매사에 유순하고 온화했던 임금이 대뜸 격노하여 소리쳤다.

"아니! 나더러 일본에 다녀오라니! 일본에! 아니! 이완용! 그대는 지금 일본인 총독의 위엄을 빙자해서 나를 협박하는 거요?"

임금은 이완용을 노려보면서 못을 박듯 말했다.

"나는 병약하여 일본에는 절대로 갈 수 없소. 병약한 자기 임금을 이렇듯 괴롭히는 그대는 신하라고 할 수도 없도다."

이완용은 그만 무색한 얼굴로 두말 못하고 임금의 앞을 물러나왔다. 친일파의 거두라고는 하지만 그래도 그간 먹은 먹물이 상당해서 신하된 자로서 제대로 군주를 모시지 못하는 부끄러움을 알고 있기는 했던 것이다. 그는 총독에게 이 일은 자신의 힘으로는 도저히 성사시킬 수 없다고 실토했다.

장곡천호도 총독은 심사숙고한 끝에 다른 자를 선정했다. 이번에는 조선왕실의 인척인 윤덕영尹德榮이었다. 윤덕영은 이완용과는 또 다른 종류의 인간이었다. 총독이 그런 사명을 자신에게 맡겨준 것을 큰 신임을 베풀어 준 것으로 받아들여 의기양양했고, "자신이 무슨 수를 써서라도 반드시 성사시키겠노라"고 장담하고 나섰다. 윤덕영은 임금(순종)의 두 번째 배우자인 황후 윤씨의 백부였다. 대한제국 황실 인척의 자격으로 합방 당시에 자작의 작위를 받은 이래 일본 황실이나 조선총독부의 일이라면 언제 어디서나 기꺼이 견마의 수고를 아끼지 않는 비천하고 비열한 출세주의자였다. 그래서 다소나마 예절이나 의리를 아는 조선인이라면 상하 모두 그에게 증오를 참지 못하고 "결코 제명에 죽지 못할 놈!"이라고 저주했다고 한다.

윤덕영 또한 이완용 못지않게 조선 왕실 내부 사정을 소상하고 정확하게 파악하고 있는 자였기에, 상황 판단과 대책은 이완용과 똑같았다. 유일한 해결책은 '일본에 다녀오라'는 태황제의 한 마디 지시뿐이라고 보았다.

그러나 간교함과 집요함과 철면피함에서는 이완용보다 몇 수 위였던 그는 접근 방법을 아예 달리 잡았다. 대뜸 태황제 자신을 직접 공격해 들어간 것이다. 태황제는 죽어도 '천기봉사'라는 걸 하려고 일본에 가지 않을 분이었다. 그런 만큼 "현재 임금(순종)이 아닌 태황제가 직접 일본에 가서 '천기봉사'를 해야 한다"고 협박하면, 태황제는 자신이 가는 걸 모면하는 방책으로서 아들인 임금에게 "나 대신 일본에 다녀오라"고 명할 것이라고 계산한 것이다. 문자 그대로 동쪽을 공격한다고 소문을 내고 서쪽을 들이친다는 '성동격서聲東擊西'의 수법이었다.

윤덕영은 태황제 앞에 나가서 천연덕스럽게 아뢰었다.

"태황제 폐하! 일본 황실과 총독부의 방침이 바뀌었다는 연락이 왔사옵니다. 지금 대전마마께오서 '건강이 좋지 않으시다'는 이유로 한사코 동상하실 수 없다고 거절하오신다는 연락을 받고 그들이 다시 의논한 결과, 그렇다면 '병약한 대전마마를 굳이 먼 일본 땅까지 오시게 할 것이 아니다'고 결정하였다고 하옵니다. 그 대신, 태황제 폐하께오서 일본의 풍광을 직접 보시고 즐기오실 겸 '태황제 폐하께옵서 동상을 하시도록 전하라'는 전갈이옵니다."

그러나 태황제가 누구인가. 윤덕영의 위인됨을 익히 아는지라 그의 수법 역시 훤하게 들여다보고도 남았다. 냉담하게 그의 말을 막았다.

"그만두게! 나는 늙은 데다 이미 세상 바깥에 나와서 은거하고 있는 몸이다. 경은 지금 대체 무슨 소리를 하고 있는 게냐!"

 그러나 윤덕영 또한 오랜 세월을 두고 겪은지라 태황제를 알 만큼은 알고 있었서 그런 반응이 나올 거라고는 환하게 짐작하고 있던 바였다.
 "예. 폐하! 그렇긴 하온데 어쩨 일이 공교롭게 된 듯 싶사옵나이다. 폐하의 말씀대로 폐하께서는 이미 세상 바깥에 계시는 분이옵니다. 그러함에도 일본인들은 '그래도 괜찮다'고 하고 있사옵니다. 아마도 일본인들이 폐하의 위명威名을 익히 들은 지 오래라서, 태황제 폐하를 특별히 존숭하기 때문에 그런 결정을 내린 듯하옵니다. 보통 다른 이들의 경우에는 은거하시는 분이 자진해서 이런 일에 나서려고 해도 상대방 측에서 '세상 바깥의 분이 왜 세상 안의 일에 나서느냐?' 하면서 거절하는 것이 항례이온데, 유독 이 일만은 그렇

지가 않사옵니이다. 일본 황실과 정부 대신들은 물론 일반 국민들까지 이번 기회에 주상이 아닌 태황제 폐하를 동경에서 뵈옵기를 더욱더 열망하고 있다고 하옵니다. 이 모두 태황제 폐하께서 평소 닦으신 덕이 참으로 크고도 깊으심을 보여주는 증표라고 생각하옵니다."

그 간교한 언변에 혐오를 누르지 못한 태황제가 입을 다물자, 윤덕영은 집요하게 조르기 시작했다.

"폐하! 물론 동상이 싫으실 거라는 사실, 그 누가 모르겠사옵니까. 그러나 이 모두가 나라와 백성을 위한 일이옵니다. 생각해 보시옵소서! 우리나라가 일본에 합병된 지 어언 7년이나 되지 않았사옵니까! 그런데도 아직도 조선의 임금이 동상하여 천황 폐하께 사후伺候하지 않는다 하여, 일본 황실은 물론 조야가 모두 크게 격분하고 있다고 하옵니다. 앞으로 우리 조선 왕실은 물론 나라 전체에 무슨 어려운 일이 벌어질지 모르는 황황한 위기이옵니다. 폐하! 통촉하시옵소서! 조선 왕실과 나라와 백성의 안녕을 위하여 동상하시옵소서! 동상하여 천기에 봉사하시옵소서!"

윤덕영은 질기기가 무두질한 개가죽보다 더한 위인이었다. 그때부터 낮이고 밤이고 간에 덕수궁에 찾아들어가 줄곧 똑같은 소리를 되풀이하여 태황제를 괴롭히면서 끈질기게 졸라대었다. 태황제가 피로에 지쳐 침수하시면(주무시면) 자기도 옆방에 들어가서 잠깐 눈을 붙이고, 태황제가 잠자리에서 일어나는 기척이 들리면 막무가내로 다시 들어가 같은 소리를 집요하게 되풀이했다.

더군다나 간악한 것은 그의 언변보다 행실이었다. 조선 전래의 궁중 예법

※ **윤덕영.** 윤덕영은 순종의 계비 황후 윤씨의 백부였다. 대한제국 황실 인척의 자격으로 합방 당시에 자작의 작위를 받은 이래 일본 황실이나 조선총독부의 일이라면 언제 어디서나 기꺼이 견마의 수고를 아끼지 않는 비천하고 비열한 출세주의자였다.

상 신하된 자가 말씀을 아뢸 때는 군주 앞에서 마땅히 부복, 곧 꿇어 엎드려서 아뢰어야 했다. 그러함에도 그는 일부러 태황제 앞에 떡 버티고 서서 내려다보면서 그런 참람하기 짝이 없는 말을 계속 늘어놓았다. 태황제가 참을 수 없는 모욕감과 혐오감을 느끼게 하여 버틸 기력 자체를 포기하는 고도의 심리전 수법이었다.

"폐하! 통촉하시옵소서! 조선 왕실과 나라와 백성을 위해 동상하시옵소서! 동상하여 천기에 봉사하시옵소서!"

그러나 장장 사십여 년간이나 궁정 음모의 수렁을 헤치면서 옥좌를 지켰던 태황제 또한 보통 사람은 아니었다. 보통 사람의 인품으로는 도저히 가늠할 수 없는 부분이 있었다. 이민족인 조선 총독의 위세를 등에 업은 왕년의 신하가 그토록 참담한 모욕을 가하는데도 전혀 꿈쩍도 하지 않고 견디어 냈다. 그런 참혹한 날들이 꼬박 일주일간이나 계속된 뒤, 먼저 지친 것은 윤덕영이었다.

그는 수법을 바꾸었다. 이번에는 덕수궁에 있는 각종 기구와 그릇과 보물들을 모두 정리한다고 칭하고, 궁 안에 있는 크고 작은 창고들에서 태황제의 신변에 있는 문고와 서함書函에 이르기까지 모든 물품들을 엄밀하게 검사하여 일일이 봉인을 붙여 사용을 금지했다. 중대한 범죄 혐의자에 대한 가택수색과 압수 처리방식 그대로였다. 그리고는 한 수 더 떠서 그 물품들을 보관하는 직책을 맡고 있던 궁녀에게 무고한 죄를 뒤집어 씌워 궁 밖으로 내쫓았는데, 그 궁녀는 그 무렵 태황제가 특히 두텁게 총애하던 여인이었다. 태황제의 노여움은 극도에 달했다. 그런데도 끝내 태황제의 입에서는 동상하겠다는 말이 나오지 않았다. 오히려 옆에 모시고 있는 자들이 사태의 참혹함에 질려서 말을 잃고 낯빛을 잃었다.

그처럼 야비하고 추악한 수법조차 통하지 않자, 윤덕영은 다시 새로운 고

문수단을 궁리했다. 이때 그가 생각해 낸 것이 고종의 왕후 간택령에 따라 간택되었으나 입궁하지 못한 '안동 김씨 규수'의 일이었다. 장장 22년 전인 1895년 을미년에 일본인 폭도들에게 왕후 민씨(명성황후)가 시해된 직후, 일본인들의 강요로 안동 김씨 가문의 처녀를 간택했으나 춘생문사건이 발발하면서 입궁하지 못했던 옛일을 기억해 낸 것이다. 그 여인은 이미 47세의 중년이 되었는데도 한때 왕후로 간택되었던 막중한 신분이라는 이유 하나만으로 아직까지 수절하며 처녀로 살고 있었다.

　윤덕영은 그 여인의 존재를 태황제 압박수단으로 이용하기로 했다. 그는 다시 무엄하고도 무례하게 태황제의 앞에 떡 버티고 서서 그 규수의 일을 거론하며 "이제는 그 여인을 궁 안에 받아들여야 하옵니다"면서 태황제를 새롭게 괴롭히기 시작했다. "그간 미뤘던 가례를 이제라도 반드시 거행해야 되옵니다"라는 뜬금없는 강요였.

"폐하! 자고로 임금의 말씀은 땀과 같아서 한 번 몸에서 나오면 다시 들여보낼 수 없는 것이옵니다. 김씨는 폐하께서 약속하신 말씀을 굳게 믿고 반드시 은총이 내릴 것이라고 기다리며 지금까지 홀로 빈 방을 지키면서 수절하며 늙어서 오늘에 이르렀습니다. 폐하께서 신의를 저버리셨기 때문에 한 여인의 생애가 이처럼 망가진 것이옵니다. 폐하의 그런 부덕을 장곡천호도 총독도 이미 알고 있사옵니다. 비록 너무 늦었지만, 이제라도 그 허물을 고치시오소서! 그 규수를 궁으로 맞아들이셔서 천하에 사필귀정의 모범을 보이소서! 그렇게 하심이 알면서도 아예 허물을 고치지 않고 방치하심보다 백 번 천 번 옳소이다!"

　윤덕영은 말로만 그런 협박을 한 게 아니었다. 태황제의 허락도 없이 문제의 안동 김씨 여인의 집에 연락을 취해 입궁 준비를 하도록 조치했다. 여인의 집에서는 물론 입궁을 크게 환영했다. 한때 왕후로 간택되었던 신분이라는 이유만으로 홀로 처녀로 늙어가고 있는 딸을 바라보는 마음이 그간 얼마나 괴로웠을 것인가. 입궁은 전광석화와 같이 빨리 진행되었다.

1917년 5월 하순.

'안동 김씨 가문의 규수'인 그 늙은 여인은 주름진 얼굴에 분을 두텁게 바르고 연지곤지 찍고 가례 때 입는 대례복을 차려입고서 윤덕영이 주선해 준 조선 왕실의 이화 문장이 찬란하게 그려진 쌍두마차에 올라앉아 당당히 덕수궁의 대한문 안으로 들어왔다. 이 지경에 이르자 태황제도 그만 손을 들었다.

"한 집안의 사사로운 일에 대해서까지 조선 총독의 위엄을 빙자해서 파 뒤지고 들어서 노경의 나를 어찌 이렇게까지 괴롭힐 수 있는가! 윤덕영으로 말하면, 이 나라 오백년 역사에 처음 보는 불충의 도徒, 그 간악하고 요망함이야말로 참으로 증오하고도 남음이 있도다!"

주군이 당하는 모욕과 고통을 막아낼 힘이 없는 무력한 자로서의 울분과 비애로 눈물을 참지 못하고 있는 측근의 근시들을 향해 그렇게 탄식한 뒤, 태황제는 윤덕영을 불러들이게 하여 그 간악한 신하가 그렇게도 원하는 분부를 내렸다.

"나는 늙어서 이미 세상 밖에 몸을 두었다. 어찌 바다를 건너 일본으로 가는 것을 감당할 수 있으랴. 창덕궁에 이 뜻을 고하여 내 대신 일본에 다녀오게 하라."

창덕궁이라 함은 현 임금(순종)을 지칭하는 말, 태황제는 측근의 후궁 세 사람을 창덕궁의 순종에게 보내 그 뜻을 전하게 조치했다.

드디어 뜻을 이룬 윤덕영은 태황제 앞에 넙죽 엎드려 칭송의 말씀을 올린 뒤에 태황제의 앞을 물러나와서 나는 듯이 창덕궁으로 달려갔다. 그는 혹여 시간이 지나면 태황제의 마음이 다시 바뀌어 딴소리가 나오게 될까 봐 발등에 불이 붙은 듯 급박하게 서두르면서 순종에게 태황제의 분부를 전하고 순종으로부터 "태황제의 분부대로 동상하겠다"는 답변을 받아 내었다.

윤덕영의 보고를 받은 장곡천호도 총독은 기쁨을 이기지 못하고 윤덕영의 수완을 크게 칭송했다. 조선총독부에서는 화급하게 '조선 임금의 동상'을 추진할 계획 세우기에 들어갔다.

윤덕영이 그처럼 간악한 수단으로 고종으로부터 순종의 동상에 대한 허락을 받아 낸 1917년 6월 2일, 장곡천호도 총독을 정점으로 하는 조선총독부 간부들은 구수회의를 열어 '6월 8일'로 급박하게 '동상' 날짜를 잡았다. 갑자기 창덕궁과 덕수궁, 양궁이 모두 분주해졌다. 창덕궁에서는 황황하게 임금이 일본에 건너갈 여행 준비에 들어가야 했고, 덕수궁에서는 갑자기 입궁한 김씨 여인에 대한 처우와 거처 마련에 부심해야 했다.

따지고 보면 기가 막히기도 하고 애처롭기도 하다. 현재 임금(순종)이 함흥 태조의 본궁에 참배하여 제사를 지내고 귀경한 날이 5월 16일이었다. 그리고 조선총독부 회의에서 동상 날짜를 확정한 것이 6월 2일이었다. 그러니 그 모든 일이 순종이 함흥 본궁에 참배하고 돌아온 때로부터 불과 17일 만에 온 조선 궁성 안을 모두 뒤집으면서 진행되고 끝장이 난 것이다.

그처럼 파렴치한 친일파 노릇을 하면서 그악스럽게 일제에 아부했던 윤덕영은 그 대가로 영화를 크게 누렸다. 그는 서울 옥인동에 커다란 한옥과 함께 큰 서양식 벽돌집을 짓고 살았는데 천장에 유리어항까지 설치해 놓았을 정도로 당시로서는 보기 드문 호화주택이었다. 첩들도 여럿이었는데 그중에서 특히 상해에서 데려온 중국 여인인 첩은 사람들이 '당녀唐女'라고들 불렀는데 몹시 예뻤다. 윤덕영의 조카딸인 윤황후(순종의 재취 부인)를 모시던 김명길

상궁은 윤덕영의 집에 가보았던 기억을 다음과 같이 기록해 놓았다.

궁녀들의 궁 밖 출입은 개인적인 일 외에 공적인 일도 있다. 창덕궁과 덕수궁을 아침, 저녁으로 오가며 순종과 고종의 안부를 대신 여쭙는 일이다. 또 윤ㅋ 마마의 본곁이나 외척에 경사가 있으면 피륙이나 대전(돈), 음식 등의 하사품을 전달할 때도 있다. 대개 이런 일은 지밀에 근무하는 시녀상궁들이 맡았는데 방문을 받은 집에서는 진수성찬을 베풀고 칙사 대접을 한다. 윤 마마의 백부인 윤덕영 후작의 생신 때도 가끔 갔는데 벽돌로 지은 서양 집인데 천장에는 금붕어를 기르는 장치까지 해놓고 살았다. 첩들도 여러 명이 있었던 것으로 기억되는데 상해에서 데려왔다는 당녀唐女는 어찌나 예쁜지 이 세상 사람 같지가 않았다(김명길, 《낙선재 주변》).

문제의 '1917년 동상 사건' 때문에 조선 궁중 안에서 벌어진 우여곡절은 정부 관리들은 물론 왕실과 가까운 조선인들을 통해서 널리 알려졌기에 그 후 오래도록 윤덕영에 대한 세인들의 저주가 하늘을 찔렀다. 그러나 당대의 조선인들은 그토록 수치스러운 일을 세세하게 기록해 놓지 않아서 후세에 전해진 것은 당시 조선 사람들이 "윤덕영은 간악한 친일파로서 추악한 짓을 마다 않는 소인배!" 또는 "제명에 죽지 못할 놈!"이라고 욕했다는 사실 뿐이다.
  그런데 이왕직에 근무하던 일본인 관리 권등사랑개가 자신의 회고록인 《이왕궁비사》에 현장에서 직접 보고 들었던 대로 당시의 일을 아주 상세하게 기록해 놓음으로써 그 세세한 부분까지 후세에 전해졌다.
  권등사랑개가 자신의 회고록에 그 사건의 전말을 모두 상세하게 기록해 놓은 것에는 목적이 있었다. 당시 그는 한 사람의 일본인으로서 '조선 임금의 동상'을 성사시키기 위해서 그토록 추악하고 비열하게 '이태왕(고종)'을 괴롭혔던 수단과 과정에 대한 반감이 컸다. 실제로 고종을 괴롭혔던 것은 윤덕영이지만 그는 일개 하수인에 불과했고, 그걸 주도한 자들은 조선 총독 장곡천호도와 이왕직(조선 왕실 관계의 모든 업무를 통괄하던 기관)의 실질적 책임자인 일본인 차관 국분상태랑國分象太郎이라는 사실을 잘 알고 있었기 때문이다.

그래서 그는 그 사건의 이면사를 그처럼 상세하게 기록해 놓은 뒤, "이 일은 이태왕李太王에게 대의명분을 들어 당당하고 공명정대하게 설득하여 성사시켜야만 했는데 그렇게 하지 않고 음모와 궤계를 써서 성사시킴으로써 조선인들이 일본에 대해 영영 깊은 반감과 불신을 지니게 만들었다"고 신랄하게 비판해 놓았다. 결국 그가 그처럼 적나라하게 폭로하게 된 실질적인 목적은 일본의 위정자들로 하여금 앞으로의 조선 통치에 커다란 교훈과 참고가 되게 하려는 것이었다. 그 이면을 보자면 그 폭로는 조선의 효과적인 통치를 바라는 같은 일본인으로서의 간절한 충정이었으니, 그 또한 일제 강점기라는 난세의 색깔을 생생하게 보여주는 풍경 중 하나에 속한다.

그처럼 복잡한 우여곡절 끝에 덕수궁에 입궁한 안동 김씨 여인의 후일담은 너무도 애처롭다. 덕수궁에서는 일단 입궁한 여인을 합당한 명분도 없이 도로 내칠 수도 없고, 그녀가 공식적으로 한 나라의 국모인 '왕후'로 간택되었던 신분이니만치 일반 궁녀로 대우할 수도 없고, 그렇다고 정실인 중전으로 받아들일 수도 없었다. 그래서 후궁의 예로서 대우하기로 결정했다. 그리하여 '정화당貞和堂'이란 후궁 당호와 궁궐 구석진 곳에 있는 전각 하나를 내려주어 거기서 살게 하고 다달이 생활비를 지급했다.

그러나 태황제(고종)는 자신의 신하가 자신을 모욕하고 압박하는 수단으로 그녀의 존재를 이용한 것이 하도 괘씸해서, 아예 그녀를 대면조차 하지 않았다. 그래서 2년 뒤인 1919년 1월에 태황제가 붕어할 때까지 그녀는 한 대궐 안에 살면서도 단 한 번도 태황제의 얼굴을 본 적이 없다고 한다.

검광劍光 속에서
길 떠난 임금

계속 비가 질금거리던 장마철이 끝났나 보다. 오늘따라 하늘이 시원하게 맑다. 바다 냄새를 안고 상쾌하게 불어대는 바람에는 초여름의 상큼한 꽃향기가 들어 있다. 바다 속에 놓인 길쭉한 고구마 같은 일본 본토, 그 중간쯤 되는 지점에서 태평양 쪽 해안선이 갑자기 내륙 쪽으로 움푹 파여 들어간 이세만伊勢灣. 그 해변에는 오늘도 대양의 잔물결들이 연달아 달려왔다가 물러가면서 끝없이 출렁이고 있다.

'뚜우.'

하행선 열차인가. 철로 위를 달리는 열차가 내는 기적 소리와 쇠바퀴 소리가 상큼한 바닷바람 소리에 섞인다.

좁고 깊은 이세만 가장 안쪽에 자리 잡은 큰 도시 명고옥名古屋은 예부터 교통의 요지였다. 살벌하던 전국 시대에는 피 묻은 칼을 든 난세의 무장들이 저마다 눈독을 들여 선지피를 흘리면서 빼앗고 빼앗기던 고장이다. 지금도 옛 수도인 경도와 현재 수도인 동경을 잇는 일본 최고 최대의 교통로인 동해도선 철로에 놓인 역들 중에서 다섯 손가락 안에 드는 중요한 역이다.

명고옥은 오래되고 유서 깊은 도시답게 거리가 번화하고 철도역의 규모도 크고 설비도 좋았다. 영어를 혀 짧은 듯 괴이하게 발음하는 일본인들이 '명고옥 호테루'라고 간판을 써서 걸어 놓은 호텔 역시 설비가 훌륭했다.

1917년 6월 11일 오후 1시 반.

일본 육군장교의 예복을 말끔하게 차려입은 젊은 남자 한 사람, 명고옥 호텔이 자랑하는 최고급 귀빈실의 열어 놓은 유리창가에 서서 저만치 출렁대는 이세만의 바다물결을 바라보고 있다. 그가 있는 방은 넓고 클 뿐만 아니라 벽에는 꽃무늬 넣은 비단을 발라 사치스럽게 꾸며 놓고 창문마다 섬세하게 짠 발 고운 레이스 커튼이 쳐져 있으며 침대를 비롯한 가구들도 고급스럽고 호사스러워서 매우 안락해 보인다. 그러나 그렇게 훌륭하고 안락한 방에 어울리지 않게 그의 얼굴은 침통하기 짝이 없다. 긴 창으로 심장을 관통당한 맹수처럼 고통과 격정으로 온통 일그러져 있다.

"전하!"

옆에 딸린 부속실에서 들어온 군복 차림새의 중년의 무관이 그 젊은이에게 다가가서 인기척을 냈다.

"애지현愛知縣 지사가 다시 뵈오려 왔습니다."

젊은이가 창가에서 돌아섰다. 표정이 이미 차분하게 바뀌어 있다. 단정한 얼굴이 작고 둥싯한 체격과 어울려 온순한 인상을 준다. 그러나 침착하고 고요한 눈길 때문에 나이보다 훨씬 노성하게 보인다.

"들어오게 하시오."

서양식 검은 프록코트와 실크모자 차림의 중년인 일본 관리가 들어와서 허리를 깊이 굽혔다. 프록코트와 실크모자는 명치유신 이래 일본 고관들이 중요한 행사에 참례할 때 반드시 착용하는 공식 예복이다.

"전하!"

애지현과 명고옥시의 행정을 함께 관할하는 지사 송정무松井茂는 조선총독부 관리로 근무한 경력이 있다는데, 이번 행사를 잘 치러 내려고 몹시 긴장하고 있음이 그 태도에서 역력했다.

"방금 이왕 전하께오서 어승하오신 열차가 정확하게 예정 시간에 맞추어 역에 도착할 것이라는 무전 연락이 왔습니다. 앞으로 한 시간 뒤에 당역에 도착하오실 걸로 사료되옵니다. 그래서 보고 드리러 왔습니다."

"알았소."

"더불어 말씀 올릴 일이 있사옵니다. 저희가 궁내성에서 지시를 받기로는, 이왕 전하 봉영 행사는 황족의 경우에 준해서 거행하라는 것이었습니다. 하온데, 황족을 봉영하올 때는 열차가 도착하기 이십 분 전부터 출영 나온 분들이 역의 프래이토 호므에서 대기하고 있다가 맞으시는 것이 관례이옵니다."

"알겠소."

상대방의 짧은 대꾸 속에 들어 있는 어떤 특별한 정서가 듣는 귀를 날카롭게 건드리는 느낌이라서, 송정 지사는 저도 모르게 젊은이의 얼굴을 잠깐 훔쳐본다.

젊은 청년은 조선의 왕세자 이은, 1897년생인 그는 올해로 만 20세가 되었다. 인질이 되어 일본 땅에 끌려온 지 만 십 년, 그간 육군중앙유년학교 예과와 육군중앙유년학교를 마쳤고, 사관후보생 과정을 거쳐 육군사관학교에 입교하여 계속 군사교육을 받았다. 그리고 약 보름 전인 5월 25일에 드디어 육군사관학교를 졸업했다. 졸업과 동시에 일본 육군 근위 보병 제2연대에 배속되어 이제는 '견습 사관'의 신분이었다.

"전하! 역의 프래이토 호므에 나가실 시간에 맞춰서 다시 모시러 오겠습니다."

　상대방이 다시 허리를 깊숙이 굽혀서 절을 한 뒤 방을 나가자, 이은의 심장은 갑자기 발작하듯 격렬하게 뛴다. 그는 물 밖으로 끌려나온 물고기처럼 헉헉 막히는 숨을 고르느라 심호흡을 한다. 지금 일본 황실에서 내준 황실전용 특별열차에 앉아 일본 천황이 기다리고 있는 동경을 향해 다가오고 있는 조선의 임금인 형님……. 그 분의 심정을, 아니 그 분의 모습을 생각하는 것만으로도 가슴이 활활 타는 불화살에 맞은 듯하다

　그는 "조선의 이왕 전하가 일본 천황에게 신하로서의 예를 표시하기 위해서 일본의 수도 동경으로 올 것"이라는 소식을 처음 들었던 여드레 전 아침의 그 충격을 영영 잊을 수 없을 것 같았다. 일본인들은 청천벽력 같은 그 소식을 바로 작년 여름에 자신과 일본 황족 여인의 혼사 발표 때와 똑같은 형식으로 느닷없이 세상에 공표했다. 흡사 한판에 찍어낸 듯 똑같은 수법이었다.

　지난 6월 3일, 일본의 각 신문들이 일제히 큰 활자로 박아 보도했다.

　마침내 조선의 창덕궁 이왕 전하가 동상하기로 결정되다.
　이왕 전하는 6월 8일에 조선의 경성을 출발, 동상하여 오랫동안 희망하던 천기 봉사를 할 터임.

　이내 확인된 바이지만, 짐작했던 대로 조선에서도 같은 날에 같은 내용의 기사가 신문에 발표되었다.

　일단 그런 기사가 신문에 나간 뒤로 지금까지, 조선과 일본의 신문들은 날마다 계속 요란스럽게 떠들어대고들 있다. 기사와 함께 게재되는 사진들도 갖가지로 다양했다. 조선 임금인 '이왕 전하', 조선의 궁궐, '이왕 전하'가 찾

⬆ **순종.** 천기봉사 당시 만 43세였던 순종은 어릴 때부터 건강이 나빠서 늘 살얼음판을 딛듯 몸에 무리가 가지 않도록 조심조심 평생을 살아왔다. 대한제국 시절 독다사건으로 치아까지 모두 망가져서 음식을 제대로 씹지 못해 밥은 물론 반찬까지 모두 죽처럼 흐물흐물하게 만들어 놓은 것을 먹을 정도로 병약했다(1905년경).

아갈 일본 천황이 사는 궁성宮城, '이왕 전하'를 태우고 현해탄을 건널 1만 2천여 톤의 비전함肥前艦, 그 군함을 호위할 임무를 맡은 구축함들의 사진들까지 일일이 보도되었다. 이은 자신의 도일 때 이야기가 새삼 불거져 나오는가 하면, 세상에 잘 알려지지 않은 조선 왕실의 비화라는 것도 들추어져서 게재되고 있다.

그뿐인가. '이왕 전하'가 일본에 체류할 동안의 상세한 일정표와 행사 내용까지 자세히 보도되었다. 조선인들은 지금 경악과 참담한 고통에 잠겨 있겠지만, 일본인들은 조야 모두 온통 신명나는 통쾌한 축제를 벌이고 있는 듯 매우 즐거운 분위기다.

어쨌든 그런 기사들 중에서도 가장 기가 막힌 부분이 있다. 일본이나 조선이나를 막론하고 신문들마다 "조선의 창덕궁 이왕 전하께서는 전에도 두 번이나 동상하여 천기에 봉사하기를 원했으나 유감스럽게도 건강이 좋지 않아서 실현되지 못했는데, 이번에 드디어 그 다년간 원하시던 바를 이루게 되었다"고 뻔뻔스럽기 짝이 없는 거짓말을 써대고 있는 점이었다. 그 주장에 따르면, 조선의 '이왕 전하'가 자청하여 일본으로 건너가서 천기봉사를 하려고 했던 첫 번째는 '일한합병으로 두 나라가 하나로 합쳐지게 된 바로 그때'였고, 두 번째는 '명치천황이 붕어한 뒤 황태자 대정천황이 제위에 오르는 즉위식이 거행된 때'였다는 것이다. 그런데 "그리도 여러 해 동안 간절히 원하면서도 건강이 좋지 않아서 실현 못했던 '동상의 희원希願'을 지금에서야 비로소 풀게 되었다"고들 요란하게 떠들어대고 있었다.

터무니없는 거짓말로 가득 찬 신문 기사들을 읽으면서 이은은 가슴이 찢어지는 듯했다. 아무튼 1911년 7월에 생모인 엄귀비의 장례를 치르러 잠깐 조선에 가서 뵈온 이래로 햇수로 7년 만에 형님의 얼굴을 다시 보게 되는 것이다. 찢어지는 듯한 마음의 한편으로는 이유야 어떻든 간에 일본 땅에서라도 형님의 얼굴을 다시 뵙는다는 생각만으로도 사무치게 반가웠다.

이은이 그처럼 통절한 아픔을 안고 기다리는 동안 순종(이왕)은 어떻게 움직이고 있었던가.

순종은 조선총독부에서 출발일로 정해 놓은 날인 1917년 6월 8일 아침에 창덕궁을 나와서 남대문역에서 오전 7시 50분발 부산행 특별임시열차에 올랐다. 수행원들은 장곡천호도 총독을 비롯한 십여 명의 조선총독부 최고위 간부인 일본인들을 포함하여 조선 귀족들과 시종과 의사와 요리사와 이발사와 지밀상궁과 내인을 비롯한 여관女官 8명까지 포함해서 도합 60여 명이었다.

그날 남대문역 정거장은 칼을 높이 빼어든 일본인 군인들과 조선인 군인들이 삼엄하게 경비하고 있었기에 정거장 도처에서 칼날에 반사되는 햇빛이 번쩍거리고 있었고, 고위 무관들은 저마다 정장 차림의 군복을 입고 칼을 찬 모습으로 나섰다. 또한 총독부의 고등 문관들 및 조선 귀족들과 민간인 대표자들을 합하여 사오백 명 인원들은 모두 예복이랍시고 높다란 실크모자를 쓰고 프록코트를 입은 차림으로 정거장에 운집하여 순종을 전송했다.

당시 순종의 출발 모습을 보도한 《매일신보》에는 그날 아침의 남대문역 풍경 하나가 이렇게 기록되어 있다.

정거장 앞까지는 용산에 있는 육군 보병대 조선 보병대가 정렬하여 전하의 출궁出宮하시기를 기다리며, 정거장에는 아침 날빛日光에 찬란한 검광劍光 모영帽影과 후록코트 실크햇으로 가득이 채웠더라《매일신보》, 1917. 6. 9).

물론 그날 '이왕 전하'를 전송한 것은 그들만이 아니었다. 각급 학교 학생들과 일반 백성들이 이른 새벽부터 몰려들어 창덕궁으로부터 남대문역까지 길 양편을 가득 채웠다. 일본인 권등사랑개가 《이왕궁비사》에 기록한 증언에 의하면, "당시 조선인들 사이에서 갖가지 유언비어가 떠돌아 불온한 공기가 깔려 있었던 것이 사실이고, 40만 시민들의 충정은 단지 일로一路의 평안을 기구하는 것만이 아니었다"는 것이다.

그는 당시에 세간에 떠돌았다는 '유언비어'의 내용도 밝혀 놓았는데, 그것은 "우리 임금님이 일본으로 잡혀간다"는 것이었다. 조선인들로서는 십 년 전에 유학 명목으로 끌려가서 아직까지도 돌아오지 못하고 있는 대한제국 마지막 황태자 이은의 경우를 생생하게 보고 있었기에, 그런 소문을 들으면서 느낀 분노와 공포는 실로 격렬했다.

권등사랑개의 기록에 따르면, "길가에 도열한 군중은 물론 남대문 역두에서 봉송하는 인사들의 얼굴에도 일종의 델리케이트한 감정이 드러나 있었고, 임금의 거가車駕가 지나면 사람들이 일제히 숨을 죽여 아무 소리도 들리지 않는 적막 속에서 조용히 머리를 수그리고 있어, 어느 누구의 마음에나 상당한 불안이 감돌았다"고 한다.

당시 순종의 일본행을 지켜본 조선인들을 뒤흔들었던 격렬하고 침통했던 민심의 동향을 그 기록을 통해서도 넉넉히 알아볼 수 있다. 권등사랑개가 조선인들의 얼굴에서 받은 느낌을 "일종의 델리케이트한 감정이 드러나 있었다"고 표현한 것은 일본인 관리의 입장이라서 그렇게 묘한 뉘앙스의 외래어로 얼버무린 것일 뿐, 실은 그날 조선인들의 얼굴은 격심한 불안과 노여움, 굴욕감과 무력감이 뒤범벅된 감정들로 일그러져 있었을 것이다.

명고옥역에 흐른
네 줄기 눈물

▇▇▇▇ 이은은 응접탁자 위에 펼쳐져 있는 '이왕 전하의 일정표'를 다시 들여다본다. 일본 궁내성에서 작성한 것으로, 이미 조선과 일본의 언론을 통해 일반에게도 공개된 상세한 도일 일정표다. 그 일정표를 처음 보았을 때 불에 뻘겋게 단 쇠갈고리에 찔린 듯하던 마음의 통증은 시간이 흐를수록 더 깊이 마음을 후비고 들어온다.

8일 : 오전 7시 50분에 서울 남대문역에서 특별임시열차 탑승.
　　　오후 5시 40분에 부산역에 도착.
　'10시간 동안 열차 여행'

9일 : 오전 8시 30분에 부산 항구에서 일본 군함 비전함에 승선.
　　　오후 6시 30분에 일본 하관下關 항구에 도착.
　'10시간 동안 항해'

10일 : 오전 6시 30분에 하관역에서 특별임시열차에 탑승.
　　　　오후 6시 30분에 무자역舞子驛에 도착.
'12시간 동안 열차 여행'

11일 : 오전 9시 30분에 무자역을 떠나서 특별임시열차 탑승.
　　　　오후 3시 20분에 명고옥역에 도착.
'6시간 동안 열차 여행'

　현재까지 '조선 창덕궁 이왕 전하'는 그 일정표에 맞추어서 시계바늘처럼 정확하게 움직이고 있는 중이다. 기차와 군함과 기차, 그런 교통수단들을 갈아타면서 이동하다가 저녁을 맞은 곳에서 그날 밤을 숙박한 뒤, 새벽에 다시 길을 나서 여행을 계속한다. 그런 식으로 동경까지 가야 한다. 그래서 부산역 철도 호텔, 일본 하관의 춘범루, 무자의 유서천궁有栖川宮의 별저別邸등. '이왕'의 여행길 숙박소로 선정된 장소의 이름들도 일정표 속에 같이 들어 있다.
　10시간, 10시간, 12시간, 6시간…….
　매일 그처럼 긴 시간을 계속 열차나 배에 시달리도록 일정을 짜놓은 것을 보고, 그는 분노보다는 차라리 절망을 느꼈다. 이토록 무리한 강행군을 계속하면 건강한 젊은이라도 병이 날 판이다. 그런데, 현재 만 43세인 형님은 워낙 어릴 때부터 건강이 나빠 늘 살얼음판을 딛듯 조심조심 평생을 살아왔고, 대한제국 시절의 독다毒茶사건으로 치아까지 모두 망가져 지금도 음식을 제대로 씹지 못해 밥은 물론 반찬까지 모두 죽처럼 흐물흐물하게 만들어 놓은 것을 삼키는 병약한 분이다. 그런 분을 이처럼 가혹하게 몰아치다니!
　형님이 '8일 아침에 창덕궁을 떠나서 남대문역에서 기차에 올라 현재 부산으로 내려가고 있다"는 첫 소식을 전한 전보를 받았을 때, 그는 침실에 들어가서 소리 죽여 울었다. 형님의 허약한 건강과 그 무리한 여행 일정이 마음을 한없이 아프게 했던 것이다. 그 전보는 한 장의 종이가 아니라 독을 바른 차가운 비수처럼 밤새도록 고통스럽게 그의 심장을 쑤셔대었다.

그런데, 형님은 뜻밖에도 짐작 이상으로 강인하게 버티는 모양이었다. 현재 일본 측이 짜 놓은 일정표 그대로 차질 없이 강행군을 하고 있다. 형님 일행은 하루 일정을 마칠 때마다 본국의 덕수궁(부황 고종)과 창덕궁(황후 윤씨)과 일본 동경에 있는 동생인 그의 저택으로 전보를 쳐서 무사히 예정대로 여행하고 있음을 알리고 있다.

사흘 전, 일본 궁내성에서는 그에게 "10일에 동경역에서 열차를 타고 명고옥으로 내려가시오. 거기서 밤을 묵으면서 대기하고 있다가 11일 오후 3시 20분에 명고옥역에 도착할 이왕을 맞아서 함께 12일에 같이 동경으로 들어오시오"라고 통고했다.

궁내성의 지시는 곧 천황의 지시와 마찬가지의 강제력과 구속력을 지닌다. 저렇게 억지로 끌려오고 있는 형님을 봉영하여 일본의 수도 동경까지 모셔야 한다면, 형님을 맞을 곳이 하필 명고옥역이랴. 첫 출발지인 조선의 남대문역까지 달려가서 거기서부터 직접 모셔도 시원치 않을 심정이었다. 그러나 강약이 부동이다. 일본 궁내성이 "조선 왕세자는 10일에 명고옥까지 가시오"라고 지시하면, 바로 그날 더도 말고 덜도 말고 명고옥까지 가야만 했다.

동경과 명고옥 사이는 기차로 9시간 거리, 그는 어제 오전에 동경역을 떠나 기차로 명고옥까지 내려와서 일본 궁내성에서 이미 수배해 놓은 대로 명고옥 호텔에 투숙하여 밤을 보냈고, 오늘 아침에는 저들이 시키는 대로 송정 지사를 따라서 인근에 있는 열전신궁熱田神宮에 가서 참배까지 하고 와야 했다.

물러갔던 송정 지사가 30분 뒤에 다시 나타났다. 이은이 고희경 사무관 및 김응선 무관 등 수행원들을 거느리고 송정 지사와 함께 호텔 정문을 나섰을 때였다.

"전하! 보시옵소서!"

지사가 역 쪽을 향해서 자랑스레 손짓했다.

"모두 이왕 전하를 열과 성을 다하여 봉영하려고 나온 인파들이옵니다!"

바라보니 문자 그대로 인산인해였다. 역 앞만이 아니다. 역 앞 광장에서 뻗어 나간 거리 양쪽에도 시루에 담긴 콩나물처럼 빽빽하게 사람들이 몰려 있다. 사람들이 저마다 손에 들고 있는 일장기들이 바닷바람을 타고 파락 파라락 팔락, 조그만 돛들처럼 바쁘게 나부끼고 있다. 그것뿐이 아니다. 거리마다 건물마다 도처에서 깃발들이 나부낀다. '일본'을 상징하는 흰 바탕에 붉은 태양 하나가 놓인 일장기들과 흰 바탕에 붉은 태양에서 화살 같은 붉은 빛살을 사방팔방으로 뻗고 있는 욱일기旭日旗들이 곳곳에서 나부낀다.

깃발들, 깃발들, 깃발들…….

크고 작은 깃발들이 홍수가 난 듯 거리를 가득 메운 채 나부끼고 있고, 역 광장에는 환영의 뜻을 나타내기 위해서 생나무 가지로 만들어 세운 대형 아치형의 장식문도 보였다.

"전하! 현재 우리 역에는 명고옥시와 애지현의 문무관 관리들과 민간의 유지인 지도급 인사들만 해도 수백 명이 넘는 인원들이 삼가 이왕 전하를 봉영하기 위하여 출영하여 대기하고 있나이다."

명고옥 지사가 열심히 설명했다.

"또한 이 일대에 주둔하고 있는 보병 기병 포병 공병 치중병 등 각 부대 장병들 삼천여 명이 출영을 나왔고, 각급 학교 학생들 만여 명이 일제히 출영했

나이다. 그 밖에 수많은 일반 백성들과 공장의 노동자들이 나와 있고, 특별히 이 일대에 거주하고 있는 일백 오십여 명의 조선인 노동자들도 모두 이왕 전하를 환영하기 위해서 출영 나와 있사옵니다."

이은은 표정 없는 얼굴로 고개를 끄덕인 다음 차분한 걸음으로 역 구내로 향했다.

구태여 그런 설명을 일일이 듣지 않아도 여러 신문들의 속보로 이미 익히 알고 있는 바였다. 현재 일본 신문들은 조선의 임금이 탄 열차가 지나는 곳이나 머무르는 곳마다 대단한 축제판처럼 기쁨에 들뜬 일본인들이 일본 국기를 흔들며 환영에 나서고 있는 모습을 경쟁적으로 보도하고 있다. 그러나 다른 사람 아닌 이은으로서야 굳이 그런 신문 기사들을 읽지 않아도 잘 안다. 자신이 인질로 끌려오던 때 또는 이등박문 공작과 일본 각지를 순유하던 때의 그 요란하고 떠들썩하던 환영 행사들이, 지금 같은 규모로 곳곳에서 벌어지고 있다고 보면 정확할 터였다.

삐익, 삐이익……

역 구내에 들어서기 전에 이미 속력을 크게 줄인 특별임시열차가 날카로운 새 울음 같은 기적 소리를 내지른 다음 플랫폼에 멈추어 섰다. 이은은 송정 지사의 안내에 따라 형님이 탑승한 칸으로 올라갔다.

저만치 일본 육군대장의 군복 차림새로 중간 좌석에 앉아 계신 형님이 보였다. 이은은 순간 까닭 모를 현기증이 일어 저도 모르게 잠깐 눈을 감았다가 떴다. 그는 걸음을 빨리하여 형님에게로 다가갔다. 그들은 동시에 손을 내밀어 굳게 맞잡았다. 말보다 먼저 그들의 눈에서 뜨거운 눈물이 흐르기 시작했다. 그들은 손을 맞잡은 채 아무 소리 없이 계속 눈물을 흘렸다.

이때 수행원으로 현장에 있었던 이왕직 관리 권등사랑개는 그의 저서 《이왕궁비사》에서 그 장면을 다음과 같이 묘사했다.

 전날 밤에 동경에서 명고옥으로 와 있었던 왕세자 전하는 고 사무관과 김 무관 등을 거느리고 출영했다. 이왕 전하가 타신 열차가 역에 도착하자, 왕세자 전하가 지사의 인도로 열차 안으로 들어오셔서, 두 분 전하는 감회 어린 악수를 교환하셨다. 여러 해 동안 동서로 떨어져 있던 골육의 두 분께서 멀리 일본 동해도선의 여로에서 비로소 만난 것이니, 그 우애의 정이 어떠했으리라는 것은 알아보고도 남음이 있었다. 우러러 바라보니, 두 분 전하께서는 아무런 말도 없이 격한 느낌이 담긴 눈물만 흘리고 계셨다. 그 순간의 광경은 참으로 극적이었다.

 전날에는 일본의 이웃 나라인 대한제국의 황제와 황태자, 오늘날에는 일본의 속국인 조선의 왕과 왕세자…….
 그들 이복형제는 먼 일본 땅에서 오랜만에 서로 얼굴을 대하자 자신들이 현재 당하고 있는 치욕과 고통이 새삼 가슴을 짓이기고 영혼을 쑤셔대어 계속 뜨겁게 울었다. 그 순간에도 역 바깥에서 기다리고 있던 일본인 환영 인파들은 곧 벌어질 조선 임금을 맞는 화려한 환영 행사에 대한 기대로 큰 잔치에 온 것처럼 흥겹게 설레고들 있었다.

왕세자 혼혈결혼의 비밀

아! 치욕의 1917년 6월 14일

▦ ▤ ▥ ▦ 일본 천황이 사는 황궁 안의 대접견실, 이름하여 '봉황간鳳凰間'이다. 바늘 하나 떨어지는 소리도 들릴 만큼 장내는 매우 엄숙하고 고요하다.

각종 훈장을 가슴에 주렁주렁 단 육군대원수의 금빛 찬란한 정장을 입은 대정천황이 전면에 말없이 서 있다. 조선 총독 장곡천호도와 조선 왕실의 찬시장贊侍長인 윤덕영을 좌우에 대동한 조선 임금 곧 '이왕'은 대정천황의 앞에까지 나아가서 먼저 허리를 굽혀 절을 했다. 복장은 대정천황의 대원수 복장보다 한 등급 아래인 육군대장의 정장 차림이다. 1910년 8월에 합방당해 나라를 빼앗긴 때로부터 4개월 뒤인 12월 26일, 명치천황이 "이왕 이하 7인의 명예를 표창하라"는 명분으로 칙지를 내려 조선 왕실 인사들의 군인 계급을 정해 주었다. '이왕'은 육군대장, '왕세자'는 육군 보병 중위, '이강 공'은 육군 중장……, 그런 식이었는데 그에 맞추어 입은 것이다.

'이왕'이 근엄한 태도로 손에 들고 있던 '신하가 주군을 배알하는 의식'인 '천기봉사'의 문서를 눈앞으로 들어올렸다. 일본 측이 일본어로 작성한 다음에 조선어로 번역해서 조선 측에 넘겨준 문서였다.
 "성상 폐하聖上陛下."
 조선 임금은 조선말로 천천히 읽어 내렸다.
 "척坧은 일찍이 수도에 올라와서 천기에 봉사하려고 하였사오나, 머리에 고질병이 있고 몸이 허약하여 전례典禮를 능히 지키지 못하고 지금까지 미루어 오기에 이르렀나이다. 다행하게도 오늘에 이르러서, 천안天顔을 지척에서 친히 뵈옵고 천기에 봉사함으로써 여러 해 동안 쌓인 회포를 풀기에 이르러 충심으로 기쁘고 영화롭게 생각하옵니다.
 세자 은을 오랫동안 궐하에 두시어 늘 폐하의 가르치심과 기르심을 받도록 하옵시고, 학문과 덕이 바르게 진보하도록 하여 주심에 깊이 감명을 받사옵고, 또한 이번에 척이 수도로 올라옴에 이르러 폐하께서 특별히 베풀어주신 우대에 황송함과 감격을 마지않사오며, 삼가 이에 예를 올리나이다."
 조선 임금의 조선말 '천기봉사'가 끝난 뒤, 어용괘(천황의 비서 역할을 맡은 벼슬아치)인 무전武田이 통역하는 절차가 뒤따랐다. 조선 임금은 조용히 서서 자신은 전혀 알아듣지 못하는 일본어가 일본 궁성 대접견실의 공기를 울리는 것을 듣고 있었다.
 그것은 참으로 잔혹한 역사의 희롱이었다. 조선의 이왕과 일본의 대정천황……. 그들 두 사람은 초면이 아니다. 이미 꼭 십 년 전, 그러니까 아직 대한제국 시절이던 1907년에 그들은 조선에서 만났다. 해아밀사사건을 트집 잡은 일제의 강압에 의해서 부황인 광무황제(고종)가 물러나고 황태자였던 그가 대한제국의 제2대 황제로 등극한 지 두 달 만에, 당시 일본의 황태자였던 상대방이 느닷없이 대한제국에 찾아왔었다. 대한제국 황태자 이은을 인질로 일본에 끌고 가기 위한 사전 공작 겸 대한제국 병탄을 염두에 둔 이등박문의 교활한 포석과 강력한 요청에 따른 한국 방문이었다.

그런데 그때와 지금을 대조해 보면, 그들의 위상과 입장이 정반대로 바뀌었다. 십 년 전에 만났을 때, 이쪽은 대한제국의 황제요 저쪽은 일본제국의 황태자였다. 왕조 사회에서는 신분의 명칭이 자동적으로 피차의 위치를 결정하기 때문에, '황제'와 '황태자' 사이에는 자동적으로 상하 관계가 성립하는 것이다. 그래서 십 년 전에는 당시 일본 황태자였던 대정천황 쪽에서 아랫사람이 윗사람을 뵙는 예로써 대한제국의 황제를 배알했었다.

그러나 꼭 십 년 만에 재회하는 지금, 사람은 둘 다 예전의 그 사람들인데 그 처지와 위계는 완전히 역전되었다. 이쪽은 식민지인 조선의 '왕', 저쪽은 종주국인 일본제국의 '황제'……. 그래서 둘 사이에는 전과 정반대로 상하 관계가 성립되었기에, 조선 왕은 신하의 위치에서 자신을 낮추어서 자기 이름을 제 입으로 스스로 부르는 어법, 곧 "척은……" 운운하는 말로 시작된 문서를 공손히 읽어 바쳐야 했다. 국력의 차이와 명분의 차이라는 것이 같은 사람을 얼마나 영화롭게도 하고 얼마나 욕되게도 할 수 있는가. 그것을 소름끼치도록 엄정하게 가르쳐 준 역사의 현장이었다.

그뿐이 아니다. 그 의식은 또 다른 측면에서 매우 인상적인 사건이기도 했다. 조선 왕 순종과 일본의 대정천황, 두 사람 모두 한 나라의 통치자로서는 여러 면에서 결격인 사람들이었기 때문이다.

여기서 잠깐, 인간 세상의 신비라고 할까, 두 나라의 군주 가문에 관한 매우 흥미로운 수수께끼를 살펴보자. 대한제국 황실 가문과 일본 천황 가문은 대를 이어가면서 그 인적 구성에서 서로 매우 기묘할 정도로 일치하는 닮음새를 드러내었다.

대한제국의 고종황제와 일본의 명치천황을 양국의 근대를 연 군주들이라

는 의미에서의 제1대라고 친다면, 그들로부터 3대에 이르기까지 양국의 통치자들은 나이와 성격과 품격과 건강 조건과 여성 관계에 이르기까지 서로 매우 닮은 모습이었다.

■ 1대 : 대한제국 고종황제(1852~1919)와 일본제국 명치천황(1852~1912)

두 사람은 다음과 같은 점에서 서로 매우 흡사했다.

① 같은 해(1852)에 태어났고, 어린 나이에 등극함.

고종황제 : 11세

명치천황 : 14세

② 권력 의지가 강하고, 외형상 친정 체제를 갖춤.

고종황제 : 대한제국을 수립하여 황제가 됨.

왕세자 혼혈결혼의 비밀

명치천황 : 명치유신 이래 천황의 친정 체제 수립.

③ 수명 길어 장기 집권.

고종황제 : 향년 67세, 재위 44년

명치천황 : 향년 60세, 재위 46년

④ 여색을 탐닉했고 자녀가 많음.

고종황제의 자녀 : 13명(9남 4녀)

명치천황의 자녀 : 15명(5남 10녀)

⑤ 아주 어릴 때 죽은 자녀들이 많고, 후계자는 병약함.

고종황제 : 적장자嫡長子는 생후 5일 만에 죽음. 후사인 순종은 평생 병약했던 성불구자임.

명치천황 : 장남은 출생 당일에 죽음. 후사인 대정천황은 평생 뇌질환으로 고생했고 말년에는 최소한의 정상적인 생활도 할 수 없어서 타의로 은거당함.

■ 2대 : 대한제국 순종황제(1874~1926)와 일본제국 대정천황(1879~1926)

순종과 대정천황 역시 여러 면에서 꽤나 비슷했다. 둘 다 병약하고, 통치력이 부족하여 신하들에게 만만하게 보였고, 두 사람 다 부황의 셋째 아들로 태어났으나 형들이 일찍 사망한 탓에 등극했다. 태어난 해는 5년의 차이가 있지만, 같은 해에 별세했다. 그들의 생애를 구체적으로 살펴보면 다음과 같다.

🔖 **일본 황실 가족과 칙어.** 대한제국의 고종황제와 일본의 명치천황을 근대를 연 군주들이라는 의미에서의 제1대라고 친다면, 그들로부터 3대에 이르기까지 양가의 군주들은 계속 각기 상응하게 매우 흡사한 양태를 보인다. 양국의 통치자들은 나이와 성격과 품격과 건강 조건과 여자관계에 이르기까지 서로 매우 닮은 모습이었다(서울대학교박물관 소장).

순종황제

고종황제의 셋째 아들. 태어났을 때부터 심신이 아주 허약했다. 타고난 성 불구자인 데다가, 몸에 갖가지 질병이 많았다. 그런 실상을 잘 보여 주는 자료가 있다. 1895년에 일본인들에게 시해된 고종의 왕후 민씨는 1897년에 조선국이 대한제국으로 국호를 바꾼 뒤에야 비로소 국장이 치러지고 명성황후라는 시호도 받았다. 국장 당시 황태자였던 순종의 이름으로 저술된 '명성태황후 능지陵誌' 초본이 현재 전해진다. 그런데 그 글 속에 순종의 건강 상태에 관한 서술이 있다. 순종은 자신이 마마를 비롯한 여러 질병을 앓을 때마다 모후가 음식과 잠을 줄이는 등 얼마나 애쓰셨던가 하는 기억을 길게 회상한 뒤에 다음과 같이 술회했다.

소자小子(순종 자신을 지칭)가 일찍이 뺨에 담핵痰核이 들어 고생했습니다. 비록 심하게 아프지는 않으나, 음식을 씹는 데 장애가 됐기 때문에 성모聖母(명성황후)께서 항상 걱정하셨습니다. 이것이 오래되자 더러 부르터서 아프게 되어 말을 하기도 힘들고 침을 삼키기도 힘들었습니다. 그런데 요즘에 그 딱딱하게 굳었던 데가 부드러워져서 정상이 되었는데 이미 성모께서는 이를 보시지 못합니다.

이 글을 썼을 때의 순종의 나이는 만 23세, 어릴 때부터 앓아온 난치병이 모친이 별세한 뒤에야 치유되자 생전에 그 병을 늘 걱정하던 모후의 모습이 떠올라 더욱 애통스러워했던 정경이 역력하다. 명성황후가 시해되었을 때 그는 만 21세의 청년이었다. 그러니까 위의 이야기는 그가 만 스물한 살이 되도록 음식을 먹거나 말을 하거나 침을 삼키는 등 최소한의 기본적인 일상생활조차 제대로 할 수 없었을 정도로 건강 상태가 매우 형편없었음을 증명한다.

그는 새로운 문물이나 낯선 사람을 대하는 것도 아주 꺼리고 싫어했다. 그래서 궁중에서도 서양의학을 받아들여 양의들이 청진기를 갖고 진찰하던 시대에도 몸에 청진기를 대지 못하게 하고 재래식 진맥만으로 진찰하게 했다. 늘 대하는 근시들처럼 잘 아는 이들과 평안하게 있을 때는 괜찮았으나, 외국 사신이나 낯선 이를 대했을 때 또는 아는 이들과 있어도 평소와 달리 긴장된 분위기일 때는 동문서답식의 하문이나 엉뚱한 대꾸를 일삼고 무어라 중얼중얼 알아들을 수 없는 혼잣말을 하는 버릇이 있었다.

그런데 몹시 기이한 것은 순종의 기억력이다. 당대의 증언들을 종합해 보면, 순종은 유독 숫자에 관련된 기억력이 매우 뛰어났는데 그 특질이 놀랍게 발휘되는 때가 바로 사람들의 족보를 따질 때였다는 것이다. 순종은 신하들 집안의 가계를 모두 외우고 있어서 이름만 듣고도 그가 그 집안의 어떤 파의 어떤 항렬에 속하는지를 아주 세세하고도 정확하게 맞추었고, 또 그렇게 신하들 집안의 족보를 따져서 맞추는 것을 몹시 즐겼다. 족보라는 것이 원래 가지에서 가지를 치며 자꾸 뻗어 나가는 것인 데다가 이 집에서 저 집으로 또 저 파에서 이 파로 양자가 가고 오는 등 이리저리 서로 얽히고설키는 일이 많다. 그렇기 때문에 그런 상관 관계를 모두 따지는 보학譜學은 워낙 까다롭고 복잡해서 자기 집안 족보도 전체를 모두 기억하는 사람은 거의 없는 실정이다. 그럼에도 어찌된 셈인지 다른 일에는 전혀 명철하지 못한 순종이 유독 족보에 관해서만은 남달라서 수많은 신하들 집안의 수많은 갈래들까지 모두 한 번 들은 것만으로도 아주 명쾌하고 집요하고 정확하게 기억했다. 그래서 신하들이 늘 "우리 임금님은 보학의 천재!"라는 감탄을 금치 못했다고 한다.

순종은 또한 매우 규칙적인 생활과 시계를 몹시 좋아했다. 늘 어좌御座 양쪽에 각국 시계들을 걸어 놓고 하루 일정을 모두 일일이 시간표에 따라서, 심지어 산책 시간까지도 단 1분도 틀리지 않도록 정확하게 제시간에 맞추어 실행했고, 미리 정해진 시간이 어긋나는 것을 극도로 혐오했다고 한다.

그처럼 복잡한 숫자 개념이 특정 분야에만 편벽되게 드러나는 특출하게 뛰어난 기억력을 지닌 증상은 의학에서 이야기하는 자폐증 증세와 흡사하다. 시간을 특별히 정확하게 엄수하는 것 역시 그러하다. 그로 보아서, '순종이 아마도 약한 자폐증 증세를 갖고 있지 않았는가?' 하는 의구심을 갖게 된다.

대정천황

명치천황의 셋째 아들. 한 살 때 뇌막염을 앓은 까닭에 뇌에 이상이 있어서 평생토록 이상한 행동을 자주했기에 기이한 일화들이 전해진다. 황태자 시절에 학습원 초등과를 다녔는데, 졸업식 날 졸업증서를 받자 그걸 도르르 말아 가지고 망원경처럼 눈에 대고 졸업식장 안을 여기저기 살피는 바람에 학교 관계자들과 졸업식에 참석한 내빈들이 모두 실색했다고 한다.

천황이 된 뒤에도 그는 같은 일을 저질렀다. 그가 36세이던 어느 날, 그러니까 순종의 이른바 '천기봉사'가 있기 바로 두 해 전인 1915년의 제국의회 개원식 때의 일이다. 천황으로서 의회에 임석한 그는 미리 준비한 식사를 적은 종이를 도르르 말아서 망원경처럼 눈에 대고 의석에 앉아 있는 의원들을 재미있는 구경거리처럼 바라봐서 사람들을 경악하게 했다.

게다가 괴이한 과시벽도 있어서 학창 시절에 한때 불어를 배웠는데 평상시 대화에 자꾸 불어 단어를 부자연스럽게 섞어 써서 부친인 명치천황이 매우 못마땅해 했다. 그는 천황이 된 뒤로도 건강이 별로 좋지 않았는데, 둘째 아들이 태어날 무렵부터 부쩍 정신이 쇠미해져서 정상인으로 생활을 할 수 없었고 경악스러운 사고들이 잇달았다. 관병식觀兵式에 나갔다가 행사 도중에 타고 있던 말에서 떨어지는 사고가 일어나는가 하면, 군대가 행진하는 데 끼어들어서 승마용 채찍으로 병사들을 마구 후려치고 난 뒤에 장교 한 명을 껴안더니 다른 병사에게는 군장을 풀어 헤치라고 명령한 뒤 자기가 군장을 다시 싸 주겠다고 소란을 피운 일도 있었다.

그처럼 비정상적인 행동을 자꾸 하는 바람에 결국 그의 나이 42세 때인 1921년, 대정천황의 문제를 토의하기 위해서 특별히 황족회의가 열렸고 그 회의에서 "대정천황은 은거하고 황태자가 섭정으로서 천황의 임무를 대리하도록" 결정되었다. 그래서 대정천황은 지방에 있는 별저別邸에서 살아가야 했고, 이때부터 황태자 유인친왕(뒷날의 소화천황)이 '섭정궁攝政宮 전하'라는 공식 칭호를 지니고 천황의 직무를 수행하기 시작했다.

대정천황의 통치 기간에 나온 칙령이나 칙지는 모두 다른 자가 쓴 것을 천황 본인은 읽어 보지도 않은 채 그의 이름으로 발표된 것이라는 사실은 당시에도 이미 널리 알려진 공공연한 비밀이었는데, 1921년부터는 그런 껍데기뿐인 통치권조차 잃은 것이다.

단지 하나, 순종과 대정천황이 서로 달랐던 점은 여자 관계로서, 그 양상은 정반대였다.

순종은 타고난 성불구자로 평생토록 여자를 전혀 몰랐다. 반면에 대정천황은 두뇌는 병들고 육체는 건강했던 탓인지 성적인 문란의 극치를 보였다. 그래서 천황의 일거수일투족을 모두 기록하는 직책을 맡은 시종은 천황이 여러 측실들과 벌인 문란한 성행위를 기록하는 일 때문에 매우 곤욕을 치렀다고 한다. 그런 비정상적인 성적 취미는 비정상적인 행위를 추구하게 되어, 1915년에는 자신의 측실 중에서 젊은 여인을 골라서 "총각을 면하게 해 주라"는 명령과 함께 자신의 아들인 당년 15세의 황태자에게 보내는 일까지 저질렀다. 그 젊은 측실은 황태자에게 가서 임무를 완수하고 돌아와서 "황태자 전하가 처음에는 당황했으나 곧 이어 성인식을 무사히 마쳤습니다"라고 복명했고, 대정천황은 아들이 공부만 열심히 하는 것이 아니라 성적 쾌락에도 몰입할 수 있음을 보여 주었다는 걸로 안도감을 표시했다고 한다.

그쯤 되면 극과 극은 통한다는 말 그대로, 신병으로 인해 여성과의 성적 교섭이 전혀 불가능했던 대한제국의 순종황제와 신병으로 인해 여성과의 성적 교섭이 문자 그대로 '병적' 이었던 일본의 대정천황 두 사람 모두 여자 관계가 본질적으로 비정상이었다는 점에서는 똑같았다.

■ 3대 : 대한제국 이은 황태자(1897~1970)와 일본제국 소화천황(1901~1989)

이은 황태자

병약한 순종황제의 후계자. 평균 이상의 지능을 소유했고, 평생 후궁을 두지 않았고, 장수했다. 향년 73세. 1910년에 자신의 나라 대한제국이 일본에 의해 멸망하는 것을 직접 지켜보았다. 일본제국의 잔혹한 횡포에 밀려서 자신의 위상에 걸맞은 체면과 권위를 잃고 삶을 망쳤다. 조선 역사상 최초로 외국에 끌려 가서 외국 여인과 결혼했다.

소화천황

병약한 대정천황의 후계자. 평균 이상의 지능을 소유했고, 평생 후궁을 두지 않았고, 장수했다. 향년 88세. 1945년에 자신의 나라 일본제국이 미국에 의해 멸망하는 것을 직접 지켜보았다. 일본 군부의 거센 독선과 횡포에 끌려 다니면서 대외 침략 전쟁을 계속한 결과 나라를 멸망시켰다. 일본 역사상 최초로 외국에 무조건 항복을 함으로써 통치권을 잃었고, 한때 자신의 신민이 외국 군대의 군정통치를 받는 것을 감내해야 했다.

이렇게 나란히 놓고 살펴보고 나면 절로 떠오르는 탄식이 있다.

어떤 보이지 않는 섭리에 의해서 이렇게 되었던 것인가. 양국의 통치자들을 세대별로 살펴보면 나이, 능력, 성격, 생몰연대, 경력 등 서로 너무도 비슷하다. 결국 긴 눈으로 보면, 인간들의 삶과 세상사는 이렇듯 서로서로 닮은꼴을 이루면서 영겁을 향해서 굴러가는 것이다.

이러한 모습의 양국 역사와 통치자들의 인연을 감안할 때, 1917년 6월 14일 일본제국의 수도 동경의 황궁에서 둘 다 똑같이 심신이 병약했던 양국의 명목상 군주인 순종과 대정천황이 마주서서 이른바 '천기봉사'라는 의식을 거행한 것은 너무나도 서글픈 희극이었다. 외형은 어떻든 간에 그 내면을 보면, 두 인물 모두 의미 없는 꼭두각시놀음에 동원된 가엾은 배우들에 불과했기 때문이다.

그 행사의 현장에 있었던 권등사랑개가 남긴 기록을 보면, "당시 이왕(순종)이 미리 준비해 간 천기봉사의 글을 읽고 나자, 대정천황은 간곡하게 위로하는 말씀을 내렸고 그걸 통역을 거쳐서 전해 들은 이왕은 감격에 찬 얼굴로 대정천황에게 두 번 절을 올리고 물러나왔다"고 한다. 그런데 그는 대정천황이 "간곡하게 위로하는 말을 했다"고 써놓았을 뿐, 무슨 말을 어떻게 했는지 구체적으로 적시하지는 않았다.

시기적으로 보아 당시는 대정천황이 황실의 공식 행사를 제대로 처리할 능력을 거의 상실한 때였다. 그래서 천황의 건강 상태가 다소 나아지면 사람들 앞에 내보내고, 다시 악화되면 별저에서 칩거시킨 채 황후와 황태자가 천황의 역할과 기능을 대행하던 무렵이다. 그것은 곧 당시 대정천황 자신으로서는, 조선의 군주가 몸소 와서 치르고 있는 '천기봉사'라는 의식의 의미를 제대로 파악하여 적절하게 대응할 만한 능력이 충분치 않던 시기였다는 이야기가 된다. 그런 실상을 감안할 때, 당시 대정천황이 내렸다는 간곡한 위로의 말씀이란 것은 실제로는 거의 보잘것없는 수준이었을 듯하다. 기껏해야 주위에서 시킨 대로 "멀리서 오시느라 수고가 많았소"라고 말한 정도가 아니었을까.

아무튼 대정천황 앞에서 '천기봉사'의 문서를 읽고 물러난 뒤에, '이왕'은 황후의 접견실인 '동간桐間'으로 갔다. 거기서도 역시 같은 의식과 절차를 따라서 비슷한 내용의 문서를 황후를 향해 읊은 뒤에 다시 절을 올리고 물러나왔다.

'이왕' 일행은 이어서 궁성 안에 있는 현소賢所(조선의 종묘에 해당)에 참배하는 의식을 거행해야 했다. 조선 왕가가 일본 황실의 일부가 되었다 해서, 일본 황실의 지성소至聖所인 현소에 참배시킨 것이다.

1917년 6월 14일의 오전 시간을 그렇게 보낸 '이왕'은, 오후에는 일본 황태자(뒷날의 소화천황)의 거소인 동궁으로 가야 했다. 거기서도 역시 비슷한 의식과 절차를 따라서 비슷한 내용의 문서를 황태자 유인친왕을 향해 읊은 뒤 물러난 '이왕'은 숙소로 배정받은 일본 황실의 별궁인 하관이궁으로 돌아갔다.

이로써 일본 측은 그토록 잔혹하고 비열한 술책까지 동원하면서 병약한 '조선의 이왕'을 굳이 동경까지 끌고 간 목적의 가장 큰 부분을 무사히 달성했다. 여기서 드러나는 것이 있다. 굳이 그토록 무리한 방식을 써서라도 그런 꼭두각시놀음인 의식을 거행해야 겨우 마음을 놓을 수 있었던 일본 황실과 정부의 실체다. 문제의 1917년 6월 14일의 행사는, 식민지 조선의 허약함 못지않게 초라하고 허약하고 황폐했던 종주국 일본제국의 내면 풍경, 바로 그것을 역사 앞에 선연하게 드러낸 애처로운 사건이었다.

세 차례의 알현과 한 차례의 현소 참배를 마친 '이왕'이 지치고 어둔 얼굴로 숙소로 돌아와 침실에서 혼자 쉬고 있는데, 왕세자 이은이 찾아왔다.

"폐하!"

목이 메어 제대로 나오지 않는 소리로 부르면서 이은은 형 앞에 무릎을 꿇었다. '이왕' 전하는 조선인들끼리 있을 때의 궁중 예절로는 아직도 엄연히 '황제 폐하'였다. 현실에서 전혀 뒷받침되지 못하는 호칭이라서, 실체가 없는 텅빈 호칭이라서, 그래서 오히려 더욱 부르는 이나 듣는 이나 피차 폐부 가장 깊은 곳에까지 애절하고 애통하게 사무치는 칭호였다.

"폐하! 군주가 이렇듯 참혹한 욕을 당하시는 것을 무력하게 지켜보는 소신 小臣, 너무도 황공하고 참담해서 견디기가 어렵나이다. 도무지 무어라 사뢸 말씀을 찾지 못하겠나이다."

낮은 목소리로 아뢰면서 이은은 이를 악물고 눈물을 참았다. 그는 자신의 말이 형님에게 아주 조그만 위로라도 되기를 간구하면서 목소리를 더욱 낮추었다.

"하오나, 오늘 폐하께오서 나라와 백성을 위해서 몸소 몸을 굽히시고 말씀을 낮추시어 타오르는 불길같이 급박하게 닥칠 뻔한 불측한 참화를 막으신 은혜, 온 백성이 대대로 훗세상에까지 전하고 또 전하면서 기릴 것이옵니다."

"……"

'이왕'은 고개를 깊이 떨군 채 눈앞에 엎드려 있는 동생의 모습을 묵묵히 내려다보았다.

만 스무 살의 젊음, 동생이라고는 하나 이제 43세 장년인 그의 눈으로 볼 때에는 차라리 자식과도 같은 젊은이다. 저 푸른 젊음 속에, 열 살 어린 나이에 홀로 이역에 끌려와서 십 년째 인질생활을 하고 있는 쓰라린 삶의 신산이 배어 있다.
　'이왕'의 손이 말없이 건너와서 이은의 손을 잡았다. 서로 잡은 손길이 뜨거웠다. 사흘 전에 명고옥역에 서 있는 열차 안에서 처음 만났을 때처럼, 그들의 눈에서 다시 뜨거운 눈물이 소리 없이 흘러내리기 시작했다.

보라!
창덕궁이 타고 있다!

☰ ☲ ☵ ☷

딸랑,딸랑. 딸랑,딸랑,딸랑. 딸랑,딸랑…….

딸랑,딸랑. 딸랑,딸랑. 딸랑,딸랑…….

빨갛게 달궈진 철판 위에서 익은 콩알들이 마구 튀듯, 다급하게 손종이 울리는 소리가 들린다. 불이 났다는 신호다.

"아니, 어디서 불이 났다?"

"어디야 어디?"

"하필 이렇게 바람이 세게 부는 날이람! 큰일 났네!"

불종 소리는 하나만이 아니다. 여러 군데서 같이 울리고 있다. 그 요란한 불종 소리만으로도 이미 엄청나게 큰불임을 알 수 있다.

"와! 저길 보라우! 저길! 불길이 하늘까지 치솟잖나!"

"아니! 저긴 동궐 안이 아닌가!"

"맞다! 동궐이다! 큰일이네!"

"이야! 저, 엄청난 불길 좀 봐라! 저러다 궁 안이 모두 홀라당 타버리지 않겠나!"

 볶아치듯 요란한 불종 소리에 놀라 집 밖으로 뛰쳐나온 사람들은 성안 동북쪽으로 하늘 높이 거세게 치솟는 검은 연기와 너울거리는 커다란 불길들을 보고 먼저 경악하고, 이내 그곳이 다른 데도 아닌 임금의 거처인 동궐東闕, 곧 창덕궁 담장 안이라는 것을 깨닫고 다시 경악했다.

 시간은 이미 짧은 겨울 해가 서쪽으로 기울어 노을이 지고 있는 오후 5시 반. 아침부터 계속 내리던 눈이 오후 들어서야 겨우 멎는가 했더니 저물어갈수록 날씨가 더욱 음랭해지면서 서북풍이 크게 일어나 세차게 불어대고 있었다. 하필 그런 일기에 대궐에 큰불이 난 것이다. 이내 성안에 있는 각 소방서에서 달려 나온 빨간 불자동차들이 사이렌을 요란스럽게 울리면서 창덕궁을 향해 질주하는 모습들이 보였다.

 "허어! 올해 따라 왜 이렇게 일도 많고 탈도 많은가!"

 "창덕궁 폐하도 참말 딱하신 분입네그려. 여름 첫머리에는 일본꺼정 끌려댕기시믄서 섬나라 쪽발이 왜놈들에게 벼라별 못 볼 욕을 다 보시더니, 겨울 첫머리에 들어서면서는 사시는 궁궐에 대화大火가 이는구먼그래!"

 불난 곳이 대궐 안이라는 것을 안 뒤로, 도성 안 곳곳에서 백성들이 끼리끼리 몰려서서 불 구경을 하면서 착잡한 표정들이었다.

 민가에 난 불과 달리, 대궐의 화재라면 백성들로서는 문자 그대로 강 건너 불이었다. 암만 큰 화재라 해도 함께 달려들어 불을 끄기는커녕 화재 현장인 대궐 안으로 단 한 발짝도 접근할 수 없기 때문이다. 대궐 안에는 본래 직속 소방대가 있어 상시 대기하고 있으며, 대궐 소방대만으로는 끌 수 없는 큰 화재라면 다른 지역 소방대들이 동원되어 궁 안으로 들어가서 불을 끌 수 있을 뿐, 그 외의 사람들은 일체 궁궐 가까이 접근할 수 없다. 헌병을 위시한 군인들과 경찰들이 대거 동원되어 대궐의 담을 빈틈없이 둘러싸고 삼엄하게 경비함으로써 화재를 틈타 궁 안에 들어가서 불측한 괴변을 꾀하려거나 물건을 훔치려는 자들이 준동하는 것을 막는 것이다.

백성들이 멀리 창덕궁 밖에서 대궐 담장 안의 불길을 바라보면서 임금이 여름에 일본까지 끌려가서 왜놈 천황에게 신하로서의 예절을 보이고 왔던 일을 떠올리고 있을 때, 겨우 불길 속을 빠져나온 궁궐 안의 임금 또한 내심 지난 여름의 치욕을 떠올리고 있었다.

"허! 이 무슨 거듭된 변고인고!"

천우신조로 용케도 불길을 피하여 생명을 건졌다, 고 할 만큼 갑작스럽게 타오른 맹렬한 화재였다. 궁궐 안에 온통 기름을 붓고 불을 질렀다 한들 이보다 더 빨리 타오르리오.

'혹여 여름의 일과 관련된 것은 아닌가? 그때 일에 불만을 가진 자들이 방화한 것이라면?'

차마 입 밖에 소리 내 말할 수는 없지만, 우선 그런 의심부터 들었다. 도저히 실화失火라고 볼 수 없을 만큼 너무도 갑작스럽게 발생한 데다가 불길이 터무니없이 빠른 속도로 맹렬하게 타올랐기 때문이다.

임금이 이른바 "동상하여 천기에 봉사"하고 돌아온 뒤, 왕실에 대한 일반 백성들의 마음과 태도가 크게 달라졌다는 보고가 계속 들어오고 있었다. 민심은 임금의 '동상'을 계기로 대를 쪼개 놓은 듯 달라졌다. 굳이 왕실 관계자의 보고가 아니라도 누구의 눈에도 보이는 사태였다.

그날 임금이 서울을 떠날 때, 조선 백성들은 통곡을 애써 참으며 침통함과 생살을 베어내는 듯한 간절한 정애情愛로 임금을 전송했다. 임금이 일본에 납치되어 가는 것으로 의심했기 때문에, 임금을 보호하지 못하는 백성으로서의 부끄러움과 다시는 임금을 볼 수 없을지 모른다는 비통함이 곁들여져 사람마다 깊은 슬픔에 잠겨 있었다. 그래서 시민들은 누항의 이름 없는 백성으로서의 단심丹心과 충정을 안고 이른 새벽부터 왕이 지나실 연도에 엎디어서 "그저 무사하게 돌아오시기"만을 천지신명을 향해 충심으로 빌고 또 빌었던 것이다. 그러나 임금은 납치되지 않았다. 서울을 떠난 지 꼭 이십 일 만에 무사히 돌아왔다. 듣자 하니 그 망측한 '천기봉사'란 것을 한 뒤로 일본의 명승지 몇 군데를 구경까지 하고 돌아온 것이었다.

사람의 심리란 것은, 또 민심이란 것은 참으로 묘한 것이다. 임금이 일본으로 떠날 때, "천지신명이시여! 왜놈들에게 끌려가시는 우리 폐하를 보호해 주소서!", "열성조시여! 부디 통촉하소서! 부디 우리 임금님을 지켜 주시어 무사히 돌아오시게 하여 주소서!" 하고 너나없이 애절하고 간절하게 축원했었다. 그럼에도 막상 그 기원대로 임금이 무사하게 돌아온 뒤에 뜻밖의 사태가 벌어졌다. 사람들은 임금이 무사하게 돌아온 것이 전혀 반갑지 않았다. 아니, 반갑지 않은 정도가 아니라 매우 언짢았다. 마음이 전혀 편치 않은 것이다. 이유는 뻔했다. 명색이 조선의 임금이 그 더러운 쪽발이 왜놈들 땅에 가서 왜놈 천황에게 신하로서 배알하는 예를 거행하고 돌아왔다는 사실이 더 크게 눈에 들어왔기 때문이다.

"왜놈이고 나라님이고 간에, 이 꼴 저 꼴 다 보기 싫구먼. 불이나 확 나서 모두 다 타 버렸으면 좋겠다!"

선술집에서 그렇게 격앙된 거친 소리들이 터져 나오기도 한다는 정보들이 자주 들어왔다. 그런데 이른바 임금이 '동상'에서 돌아온 지 불과 석 달 열이틀 만인 이때, 임금이 거처하는 대궐이 느닷없이 무섭게 타오르고 있는 것이다. 바로 이 불이 한일합방으로 나라를 잃은 뒤에 조선 궁궐에서 발생한 화재

중에서 가장 규모가 크고 기괴했던 화재로 역사에 기록된 '1917년 11월 10일의 창덕궁 대화재'였다.

1917년 11월 10일 오후 5시 20분경. 불은 창덕궁 안의 큰 전각인 대조전大造殿에서 처음 일어났다. 당시 대조전은 임금(순종)과 중전마마(윤비)가 침전으로 쓰고 있어서 두 분 마마가 항시 거처하고 계신 곳이었다.

"아앗! 불이다!"

누군가 불길을 발견해서 비명을 질렀을 땐 이미 대조전 큰 건물의 뒷벽을 따라 불길이 빠르게 번지고 있는 중이었다. 화염은 급하게 건물을 빨아들이면서 검은 연기를 거칠게 토해냈다. 불을 본 남녀 궁인들이 저마다 비명을 지르면서 이리저리 뛰기 시작했다.

"폐하! 폐하께선 어디 곕시는가!"

"중전마마께선 어디 곕시는가!"

갑자기 불이 일어난 데다가 불길이 너무도 빠르고 세차게 퍼지고 있어, 흡사 누가 단단히 마음먹고 저지른 방화로밖에 보이지 않았다. 빠른 서북풍의 기세를 탄 불길과 검고 매운 연기가 삽시간에 대조전 건물을 온통 휘감아 버렸는데, 그 연기 속을 뚫고 궁인들이 뛰쳐나오는 속에 대전 정감의 등에 업히신 임금이 보였다. 어찌나 창황하게 빠져나왔는지, 임금은 관도 신도 찾지 못해서 맨머리에 맨발이었다. 근시들은 화급히 임금을 불길이 번질 염려가 없을 만큼 멀리 떨어진 금원禁苑 안에 있는 전각인 연경당演慶堂으로 모시고 들어갔다.

"중전은? 중전은 어째서 아직도 안 보이시는가?"

연경당 속에 들어앉은 임금의 얼굴이 처참하게 일그러졌다. 한 치 앞이 안 보이는 검은 연기와 거센 불길 속에서 사방으로 툭툭 튀어나오는 불똥이며 뜨거운 열기를 헤치고 창황하게 대조전 앞을 떠날 때 일단 우선 연경당으로 가기로 결정했다. 그래서 누구던가 바로 옆에 있던 근시에게 빨리 중전을 찾아 연경당으로 모시고 오라고 명했는데, 아직 아무런 소식이 없는 것이다. 혹시라도 변을 당한 것이라면? 불길한 생각이 스쳐서 임금은 급박하게 소리쳤다.

"여봐라! 빨리 중전을 찾아 모시고 오너라!"

임금이 거듭 다급하게 재촉하는데, 자동차 한 대가 연경당 앞에 몰려 있는 궁인들을 헤치고 와서 섰다.

"길을 비키시오! 중전마마께서 타시고 겝시오."

알고 보니 임금과 중전은 모두 구사일생으로 살아난 것이었다. 임금과 마찬가지로 중전 역시 불길이 맹렬하게 타들어오는 것을 뒤늦게 발견하고 상궁들과 함께 맨발 그대로 황급하게 탈출한 것인데, 건물을 빠져나오는 와중에 불똥 떨어진 것을 밟은 중전이 "발바닥이 뜨겁다!"라고 비명을 질렀을 정도였다. 후일담이지만, 화재 당시 중전이 외친 "발바닥이 뜨겁다!"란 말은 민간에까지 전해져서 두고두고 인구에 회자되는 화젯거리가 되었다.

맹렬하게 타오르는 거센 불길 속에서 맨발로 겨우 탈출한 중전 일행은 마침 전각 건너 마당에 세워져 있던 자동차를 발견하고 자동차 안으로 왕비를 모셨다. 거기에 마침 대전 근시가 달려와서 폐하께서 금원 안의 연경당으로 피하셨다는 소식을 전했다. 마침 자동차를 운전할 줄 아는 궁인이 달려와 중전 일행은 황급하게 금원의 연경당으로 향했다. 중전 일행이 떠날 때 강한 바람을 탄 세찬 불길은 대조전 전각을 완전히 삼켜 버렸고 그 옆에 있는 크고 작은 전각들도 너울대는 불길 속에서 세차게 타오르고 있었다.

자동차가 금원으로 연결되는 나무숲 속 길에 접어들어 이젠 아수라 지옥 같은 화재 현장이 전혀 보이지 않을 때였다.

왕세자 혼혈결혼의 비밀

⬆ 영국 화보지 《그래픽》 1909년 2월 20일자에 실린 그림. 제목은 "조용한 아침의 나라에 나타난 자동차", 부제는 "코리아의 수도에 처음 출현한 자동차의 시위"로 1917년 11월 10일의 창덕궁 대화재 당시 궁궐로 달려온 자동차의 모습도 이와 같았을 것이다.

"마마! 옥안玉顔에 검정이 묻었나이다!"

비로소 정신을 차린 내전 상궁이 뒤늦게 중전의 얼굴을 살피고 아뢰었다.

"오! 이런!"

중전이 얼굴을 붉혔다. 불길이 어찌나 급박하고 세차게 번졌던지, 겨우 몸만 빼어 나오느라 중전 일행은 모두 빈손에 맨발이었다. 귀중품을 한 점도 건지지 못한 것은 물론이려니와 하다못해 손바닥만한 헝겊조각 하나 들고 나온 사람이 없었다. 곧 연경당에 도착하면 임금을 비롯한 근시들과 궁인들이 많이 있을 터였다. 없는 신발이야 어쩔 수 없다 해도, 중전이 얼굴에 검정까지 묻은 모습으로 나타난다면 그 체모가 말이 아니었다. 상궁 하나가 얼른 자신의 옷소매를 뜯어내어 중전의 얼굴에 묻은 검은 그을음을 닦아드렸다.

나중에 그 이야기까지 민간에 전해졌다. 그래서 한동안 시중의 경박한 무리들은 창덕궁 대화재 이야기가 나올 때면 으레 "궁녀의 옷소매는 왕비 전하의 행가치프!" 하고 불손하게 비아냥거리며 웃어대었다. 가당찮게 말 멋을 부리느라고 '손수건'이란 말 대신 굳이 외국어인 '행가치프'라는 말을 쓰면서 웃어대었던 심리 이면에 있는 것은 무엇이었을까. 권등사랑개는 그런 민심이 몹시 인상적이었던지, 자신의 회고록 《이왕궁비사》에 이때의 '행가치프' 운운하는 일화도 상세하게 기록해 두었다.

처음 기세로는 창덕궁 안을 모두 다 태워 버릴 것 같았던 대화재는 불길이 인정전 쪽으로 옮겨 붙는 것을 막기 위해서 소방대가 사력을 다해서 진화한 덕분에 대조전과 그 일대의 대소 전각들을 전소시킨 선에서 진화되었다. 그러나 화재로 인한 피해는 도저히 계산할 수 없도록 막심했다. 비어 있는 전각이 탄 것이 아니라, 임금과 중전이 평소 기거하고 있는 침전과 부속 건물들이 모두 타 버렸기 때문이다. 대대로 내려오던 궁중의 각종 보물들과 귀중품들이 모두 재로 돌아갔을 뿐더러, 당장 그날 밤에 덮고 잘 침구마저 전혀 없었다. 그래서 덕수궁과 왕비의 친정에서 황급히 침구부터 날라왔다.

생각해 보면 참으로 기구한 사연이 많은 대궐이었다. 태종 때 지어져서 오랫동안 때로는 법궁法宮으로 때로는 이궁離宮으로 쓰이면서 나라의 명운을 함께하기 수백 년. 창덕궁은 바로 순종 자신이 태어난 궁궐이기도 했다. 순종의 모친 명성황후는 경복궁에 살고 있을 때도 아기는 오래된 궁궐에서 낳는 것이 좋다는 속설을 굳게 믿어서 해산할 때마다 창덕궁으로 가서 낳았다. 그래서 순종은 창덕궁 관물헌에서 태어났다. 태황제가 제위에 계시던 1907년에 해아밀사사건이 일어나자 통감 이등박문이 강제로 양위하게 강박하여 황태자가 황위에 오른 뒤, 이등박문의 독촉에 쫓겨서 새 황제와 황후와 새 황태자는 그해 11월에 수리도 미처 마치지 못한 창덕궁으로 황황하게 이어移御해야 했다. 그리고 이내 거기서 새 황태자 이은을 일본으로 보냈다. 그리고 창덕궁에서 끝내 나라가 멸망하는 일을 겪었다. 그리고 이젠 대화재였다. 수백 년 된 유서 깊은 궁궐이니만치 때때로 크고 작은 불이 없지는 않았지만, 창덕궁에서 이때처럼 큰불이 난 적은 없었다.

"속히 화재의 원인을 찾아라! 빨리 밝혀야 한다!"

조선총독부 산하 수사기관들이 기를 쓰고 수사했다. 궁궐 대화재란 사건 자체가 지닌 큰 비중 때문이기도 했으나, 그보다 더 중요한 이유는 시정에 난무하는 갖가지 기괴한 풍설들을 빨리 가라앉히기 위해서이기도 했다. 그러나 미처 수사기관의 조사가 끝나기도 전에 여러 풍설들이 낱낱이 신문 지상에 보도되고, 그게 더 큰 괴소문으로 번지고 있어서 총독부 당국자들은 골치가 아팠다.

문제는 아무리 수사해도 화재의 원인이 시원하게 밝혀지지 않는다는 것이었다. "도무지 화기火氣라고 없는 곳에서 발화했다"는 것만이 밝혀진 진실의 전부였다. 그러나 조선 백성들 사이에서는 "계획적인 방화"라고 결론이 이미 나 있었다.

실로 기괴했던 '창덕궁 화재'는 여러 방면에서 매우 큰 파장을 몰고 왔다.

우선 조선인들의 민심이 조선 왕실에서 빠르게 떠나고 있음을 명확하게 드러냈고, 나아가 그런 경향을 더욱 부추겼다. 또한 일본인들이 창덕궁의 빠른 복구라는 명분을 내세워 경복궁의 전각들을 헐어다가 옮겨 짓는 바람에 멀쩡하던 경복궁이 심하게 훼손되는 계기와 원인을 제공했다.

그리고 무엇보다도, 일본 당국에서 주목할 만한 반응을 보였다. 조선 왕가를 대하는 일본 당국자들의 정책에 큰 변화가 생겼다. 조선 왕실에 대한 조선인들의 민심이 매우 사납게 거칠어지고 있음을 감지한 일본 당국자들이 유화 정책을 쓰기 시작한 것이다.

왕세자 혼혈결혼의 비밀

뒤로 미뤄진 결혼식

☷ ☶ ☵ ☳ 이미 12월 초순, 1917년도 이젠 거의 다 저물었다. 뜰에 선 대나무의 마른 잎새들이 바람에 흔들리는 소리가 차갑다.

여기는 일본제국의 수도 동경의 정부 청사 안. 널찍한 사내정의 총리대신의 집무실로 찾아온 파다야波多野 궁내대신의 안색이 평소보다 몹시 어둡다.

"수상 각하! 조선 문제가 지금 이상하게 꼬입니다. 각하께서는 조선 문제의 최고 권위자이시니까, 이 시점에서 기탄없이 의논 드리고 싶습니다."

"그렇게 합시다."

사내정의가 여유 있게 고개를 끄덕였다. 조선에 있던 7년이란 긴 세월 동안, 그는 제3대 통감직과 초대 총독직을 역임하면서 헌병경찰제도와 2개 사단에 이르는 일본군의 조선 주차 병력을 도구 삼아 혹독한 무단적 식민통치를 감행했다. 그런 경력과 관록 때문에, 그는 이제 일본 정계에서 조선 문제 전문가로서 첫손가락에 꼽히고 있었다.

"대체 뭐가 문제요?"

느긋하게 묻는 사내 총리대신의 얼굴을 똑바로 바라보면서 파다야 대신은 뚜벅 말했다.

"우선, 우리가 조선 왕가를 다루는 방식을 현 시점에서 재검토할 필요가 있다고 봅니다."

"뭐요? 조선 왕가를 다루는 방식을 재검토할 필요가 있다니?"

사내 총리는 뜨악하게 반문했다.

 재능은 있으나 일에 대한 욕심이 없는 자와 재능은 없으나 일 욕심이 있는 자……. 그런 두 사람의 삶을 놓고 보면, 재능은 없어도 일 욕심이 많은 사람 쪽이 더 많은 것을 이룬다고 한다. 세상살이에서는 하늘이 주는 선물인 재능보다도 인간의 마음에서 우러나오는 욕심이 더욱 큰 힘을 내는 동력이 된다는 이야기다. 일에 대한 욕심은 곧 세상에 대한 야심과 직통하는 카드, 그래서 세상 사람들의 삶을 들여다 보면, 대개의 경우 야심의 크기와 추진력의 강도가 정비례한다. 야심이 큰 자일수록 일에 대한 추진력이 뛰어남을 보게 된다.

 지금 일본제국을 세계 강대국들의 반열에 우뚝 세우겠다고 저마다 발버둥치고 있는 일본 정계의 구성원들 역시 그러했다. 저마다 야심만만하고 세찬 추진력을 자랑하는 재사들이었다. 그런데, 그들 중에서도 특히 파다야 궁내대신은 야심이 많았다. 일본의 국익에 관계되는 일이라면, 자신의 권한과 역량을 모두 동원하여 막무가내로 밀어붙이는 사내였다.

 국가 통치권의 정점에 천황이 존재하는 일본제국의 지배 구조상, 황실 관계 업무를 통괄하는 '궁내대신'의 지위와 권한은 엄청났다. 더욱이나 대정천황처럼 군주로서의 소양이나 통치 능력이 떨어지는 비정상적인 군주일수록 옆에서 모시기가 편한 데다가 측근들의 권한과 재량권은 오히려 컸다. 측근들이 자신들의 생각을 천황의 뜻이라는 이른바 '성지聖旨'로 포장해서 내세우면 못할 일도 없었고 안되는 일도 없었다. 그래서 천황의 측근들 중에서도 최측근인 궁내대신이면 내각의 수반인 총리대신조차 함부로 대할 수 없을 정도의 실세였다. 그런 사나이가 꽤나 착잡한 눈빛으로 속마음을 털어 놓았다.

"이건 저의 개인적인 생각입니다만, 그간 우리 정부에서 틀을 짜 놓은 조선 왕세자의 혼인 계획의 세부사항, 곧 결혼식의 일정과 방식 및 규모를 모두 재검토해야 할 것 같습니다."

"아니! 재검토라니, 그게 대체 무슨 소리요?"

"조선 왕세자를 일본 황족 여성과 혼인시킴으로써 '일한 융화'를 근본에서부터 공고하게 하려는 계획은, 본래 합병 추진 당시부터 국가의 대원로들이 논의해 온 일이었지 않습니까. 그 계획에 따라 일을 추진해서 조선 왕세자의 배우자를 이본궁 방자 여왕으로 확정하고 양국 언론을 통해 세상에 널리 알린 것이 작년 8월이었습니다."

"어디 그것뿐이오?"

사내정의 총리대신은 다소 짜증스러운 얼굴로 상대의 말을 받았다.

"올해 들어서서는 구체적인 결혼 일정까지 신문에 공표하지 않았소. 내년 봄에 혼례식을 치른다고."

사내정의는 전에 읽었던 신문 기사 문면을 뇌리에 떠올리면서 따지듯 말했다.

조선 왕세자와 이본궁 방자 여왕은 1918년 봄에 동경 황궁의 현소대전賢所大前에서 장엄한 일본식으로 혼례식을 치르기로 내정되었다. 결혼식에는 조선의 이왕李王과 이왕비李王妃 양兩 전하와 이태왕李太王 전하와 이강공李堈公 전하까지 이왕가의 왕족들이 모두 동경에 와서 대례大禮에 참례하기로 내정되었다.

신문 기사의 내용은 그러했는데, 물론 신문 지상에서 처음 읽은 것이 아니다.

그 기사가 보도되기 전 신문을 통한 공표를 재가할 때 이미 문장 하나하나를 꼼꼼하게 확인하면서 읽었기 때문에 아주 명확하게 기억하고 있다.

"예, 그렇습니다. 그간 일본 신문들은 물론 조선의 신문에까지 그 소식이 크게 보도되어 전 국민들이 모두 조선 왕세자의 혼사 일정을 그렇게 알고 있습니다. 혹시라도 이왕가의 왕족들이 동경에서 일본식으로 거행될 결혼식에 아예 참례하지 않으려고 들까 봐 참석해야 할 왕족들의 신원까지 모두 미리 그렇게 공표해서 단단히 못질을 해 놓았던 것이지요."

"봄에 혼례식을 올리게 하려면, 이제 곧 본격적으로 혼사 준비에 들어가야 할 거요. 그런데, 가만 있자, 그 기사가 신문에 난 게 언제더라, 맞아요. 바로 이왕이 천기봉사를 하러 동상해서 아직 일본에 머물고 있던 때의 일 아니오?"

"그렇습니다. 지난 6월 하순의 일이었지요. 그때부터 육 개월이 지났을 뿐인데, 이제 일이 돌아가는 형편을 보니 조선 왕세자의 혼인 문제가 아주 심상치 않게 느껴집니다. 매우 예민한 뇌관이 달린 폭탄처럼 아주 조심스럽게 다루어야 한다는 생각이 듭니다."

"뜬금없기는! 대체 어떻게 하자는 이야기요?"

"조선 왕세자의 결혼식을 일단 연기해야 된다는 생각입니다."

"연기라니!"

사내 총리는 어처구니가 없어서 코웃음을 쳤다.

"아니, 이제 와서 조선 왕세자의 혼인을 연기한다는 게 무슨 소리요. 당치도 않소. 그 혼인은 대일본제국 황실의 이름으로 추진되어 온 일이오. 황실의 결정은 무슨 일이 있어도 신성하게 존중되어야 하오. 일단 황실의 계획이란 명목으로 일이 그렇게 추진되어 왔고, 게다가 그런 사실이 널리 공표되어 양국의 일반 국민들까지 모두 그렇게 알고 있는 상황이 아니오! 그대로 밀어붙여야지, 왜 이제 와서 딴 생각을 하는 거요?"

"딴 생각이 아닙니다. 이 문제는 아주 신중하게 처리해야만 할 일이라는 것을 요즘에 와서 새삼 절실하게 깨달은 겁니다."

"왜 그렇게 생각하게 되었는지, 어디 그 이유나 좀 들어봅시다."

"이왕이 동상했을 때, 저는 매우 깊은 관심을 갖고 예의 주시했습니다. 이왕은 특히 우리 일본인 장사들의 손에 참살된 민왕후가 남긴 유일한 아들이라는 점도 있고 해서 말입니다. 그런데 천기봉사를 비롯한 모든 행사들이 예상외로 너무도 편편하게 잘 진행되었습니다. 이왕은 마치 인형극에 나오는 줄에 매인 인형처럼 고분고분 우리 뜻에 아주 잘 따라 주었지요. 그래서 저는 조선 관계의 일은 이것으로 모두 편편하게 완성되었다, 하고 매우 편안하게 생각하게 되었습니다. 조선을 마치 언덕 위에 세워 놓은 마차처럼 본 겁니다. 겉으로는 아무리 완강하게 버티는 것처럼 보인다 해도, 잠깐 손을 대어 밀어서 일단 움직이게만 해 놓으면 이내 제풀에 언덕 아래까지 굴러 내려갈 것이라고 생각한 것입니다."

"맞소! 그건 잘 본 거요. 조선 문제를 처리하는 기본 방식은 바로 그런 틀에서 생각해야 합니다. 그 가장 좋은 본보기가 되는 사례가 바로 일한합병이오. 그 일은, 천 사람이면 천 사람, 만 사람이면 만 사람, 입 가진 사람마다 모두 아주 풀기 어려운 난제라고들 했소. 그러나 보시오! 나는 그 난제를, 내가 한국 통감으로 임명받은 지 석 달 만에, 그리고 현지에 부임한 지 불과 한 달 안에 쾌도난마처럼 통쾌하게 해결해 버리지 않았소! 사실 조선은 언덕 위의 마차 같은 존재요. 조선과 관계된 일은 모두 그래요. 일단 손 내밀어 밀기만 하면 이내 제풀에 굴러 내려가게끔 되어 있는 나라요."

"저, 그게, 전에는 저도 그렇게 생각했습니다만. 그런데, 요즘 생각이 좀 바뀌었습니다. 조선인들을 그렇게 쉽게 보았다간 큰일을 아주 망치게 될 수도 있다, 그런 두려움을 느끼게 되었습니다."

"대체 왜 그렇게 생각하게 되었느냐고 묻지 않소!"

"그건, 저, 지난달에 있었던 조선 창덕궁의 대화재사건을 지켜보면서 받은 깨달음입니다. 그 화재사건을 예의 주시하면서, '조선 통치'란 과제는 아직도 시작에 불과하다는 것을 깊이 깨우친 것이지요."

"허어!"

사내 총리는 차갑게 실소했다.

"그럼 당신도 그 되먹지 못한 풍설을 믿는 거요? 뭐라더라, 조선인들이 일본에 가서 천기봉사를 하고 온 자기네 임금이 보기 싫어서 불태워서 죽여 버리려고 일부러 바람 세차게 부는 날 침전에다가 불을 질렀다, 그런 풍설이 마구 떠돌고 있다면서요?"

"예. 저도 그런 풍설이 크게 돌아다닌다는 말을 들었습니다. 그런데 전말을 자세히 알아보니, 사실 그날 이왕 전하 내외는 산 채로 타 죽을 뻔했더군요. 구출이 단 삼분만 늦었어도 영락없이 타 죽었을 거랍니다. 만약 그 불이 실제로 방화였다면, 그건 정말 얄밉도록 잘 지른 불이었다는 겁니다."

"어쨌든 이왕 전하 내외가 불에 타 죽지 않고 살아 있으니 된 거 아니오. 일본과 조선이라는 두 나라를 한 나라로 만드는 금세기 최대의 대사업에 그런 정도의 부작용이나 후유증은 피할 수가 없는 겁니다. 또 굳이 피하려고 애쓸 필요도 없고!"

"제가 지금 기껏 부작용이나 후유증이라고 지칭할 만한 정도의 사태를 두려워해서 그런다고 보십니까?"

파다야의 얼굴에 언뜻 냉소의 그늘이 스쳤다.

"그렇지 않습니다. 생각해 보십시오! 지난 유월에 이왕이 동상했을 때, 우리는 이왕이 천황 폐하와 황후 폐하와 동궁 전하께 신하로서 배알하고, 또 각 궁가들을 돌며 황족들에게도 인사하고, 귀국길에는 경도에 내려서 명치천황 폐하의 황릉皇陵에도 참배하도록 시켰습니다. 예상외로 이왕은 그 모든 것을 고분고분하고 차분하게 잘 해냈습니다. 그래서 우리 황실과 정부 관계자들은 물론, 이왕의 일거수일투족을 경쟁적으로 세세하게 보도하는 신문들의 취재 경쟁을 통해 그런 전말을 자세하게 안 우리 국민들도 아주 기뻐했지요."

"다 이를 말이겠소!"

"그러나, 이제 보니, 그 결과가 어떠했습니까! 조선으로 귀환한 이왕이 자신의 백성들로부터 배척받아 불에 타 죽을 뻔하지 않았습니까. 그 화재로 정말 이왕 내외가 불에 타 죽었더라면, 그 후유증이 얼마나 엄청났을 것입니까! 생각하면 아찔합니다."

"약자가 강자에게 몸을 낮추고 머리를 숙여 굴복하는 행위는 인류 역사가 시작된 이래 연년세세 늘 있어 온 일이오!"

"강자가 약자에게 너무 과중한 굴욕을 강요하다가 애써 얻은 귀한 구슬을 깨뜨려 만사를 망치는 일 또한 인류 역사 이래 늘 있어 왔지요."

파다야의 대꾸가 마음에 들지 않아 사내 총리의 얼굴이 얼핏 일그러졌다. 사내 총리는 잠시 상대를 지켜보다가 음성에 힘을 주어 천천히 말했다.

"내, 한마디 충고를 하겠소. 지나친 감상은 대업을 추진하는 데 불쾌한 걸림돌이 되는 법, 그 점을 늘 명심하시오!"

그러나 파다야는 전혀 승복하는 얼굴이 아니었다.

"예. 옳으신 말씀입니다만, 조선의 민심을 죄다 적으로 돌리고서야 어찌 조선을 제대로 통치할 수 있겠습니까. 그 점 또한 늘 명심해야 하지 않겠습니까!"

파다야의 얼굴에 문득 쓴 미소가 떠올랐다.

"저는 궁내성 책임자로서 지금까지 신문이나 잡지에서 이왕가의 왕세자 이은의 결혼 이야기를 보도할 때면 반드시 조선 왕족들 전원이 그 결혼식에 참석할 것이라고 분명하게 못 박아서 기사화하도록 조치해 왔습니다. 변동의 여지가 없는 기정사실로 몰고 가기 위해서였지요. 이태왕과 이왕 내외 및 이왕의 동생인 이강공까지 일본에 건너와서 천황 폐하에게 신하로서 머리를 조아려 천기봉사하는 모습을 일본과 조선의 양국 국민들은 물론 온 세계에 분명하게 보여주려고 한 것이지요. 그렇게 해야만, 일본과 조선이 지닌 바 종주국과 속국으로서의 명분과 입장이 스스로 분명해지고 견고하게 확정될 것이라고 확신한 까닭입니다."

"옳은 이야기요!"

"그러나 세상사라는 건 늘 그렇게 간단명료한 것만은 아니더군요. 이번에 이왕이 동상하여 천기에 봉사하고 돌아간 지 겨우 백 일 남짓한 시점에서 산 채로 불에 타 죽을 뻔했던 창덕궁의 대화재사건을 목도하고, 저는 '이건 엄청난 경고'라고 느꼈습니다. 우리가 더 이상 이왕가의 왕족들을 우리 식으로 급박하게 몰아치다가는 조선 왕족들이 모두 비명횡사하게 될 지도 모른다는 점을 깨달은 겁니다."

"훗!"

사내 총리의 얼굴에 노골적인 비웃음이 스쳤다. 그는 여유 있는 어조로 상대에게 말을 건넸다.

"조선에는 바로 지금 귀하와 같은 식의 말을 하는 사람을 보면 으레 건네는 속담이 있다오. '구더기 무서워서 장 못 담그랴'. 조선인들 사이에서 자주 쓰이는 아주 오래된 속담이라고 합디다!"

"각하! 쥐도 나갈 구멍을 보면서 쫒으랬다고 하지 않습니까. 막다른 골목으로 너무 급하게 치몰면 되돌아서서 고양이를 문다지요. 창덕궁 이왕은 우리가 신경 써서 잘 보살펴 주어야 할 사람입니다. 현 상황에서 불의의 사고로 이왕이 갑자기 죽으면 우리 쪽이 대단히 골치 아파지지요. 현재 우리 입장에서 볼 때, 조선의 명목상 군주로서 지금의 이왕만치 여러 측면에서 바람직한 군주가 또 어디 있겠습니까!

"이왕에 관한 그 언급은 옳은 말씀이오. 나도 전적으로 동의하오!"

사내 총리는 얼굴빛을 바로 했다.

"그러나 한 가지가 납득되지 않는구려. 조선 왕세자의 결혼식에 관한 천황폐하의 칙허가 내려서 내년 봄에 조선 왕실 가족 전원을 동경으로 불러올려 결혼식을 거행하기로 되었다고 신문을 통해서 공표까지 했는데, 어째서 그걸 굳이 연기해야 한다고 하는 거요?"

"그건 지금까지 우리 황실에서 공표해 온 문장 속에 들어 있는 결혼식의 조건 때문에 그렇습니다. 우리는 '1918년 봄에 조선 왕세자 이은의 결혼식을 동경에서 일본식으로 장엄하게 거행할 터인데, 이왕 내외와 이태왕과 이강공까지 모두 동상하여 천기에 봉사하고 결혼식에 참례할 것이다'라고 공언해 왔습니다. 그런데 이번 창덕궁 대화재를 보니까 더 이상 그런 식으로는 안 되겠다는 생각이 듭니다. 또다시 이왕은 물론 이왕가 왕족들 모두를 '천황의 칙명'이란 명분으로 윽박질러 동경으로 불러서 천기봉사를 시킨다면, 그 후유증이 너무도 심각해지겠다는 것을 깨달은 겁니다."

총리대신 사내정의는 입을 꾹 다문 채 상대를 지켜보았다. 마음에 들지는 않으나 파다야의 말이 어떤 상황을 염려하는 것인지는 충분히 알아듣고도 남았다.

"그렇다고 말입니다. 그동안 거듭되었던 황실의 공표에도 불구하고 막상 이왕가 왕족들을 전혀 참례시키지 않은 채 결혼식을 거행한다는 것은 우리 황실과 정부의 체면을 몹시 손상시키는 일이 되지요."

"흐음!"

"그러니 현시점에서 가장 바람직한 해결책은 결혼식을 1918년 봄에 하지 말고 일단 뒤로 미룬 뒤, 일본과 조선의 일반 민중들이 이전에 공표된 사항들을 잊을 만한 시점에서 이왕가의 왕족들을 전혀 참례시키지 않은 채 조용하게 거행하는 것이 가장 바람직하다고 판단됩니다."

"하긴, ……일리가 있는 견해오."

사내 총리가 고개를 끄덕였다.

"그렇다고는 해도, 문제가 없는 건 아니오. 대체 무슨 명분으로 결혼식을 연기한다는 말이오? 자칫 잘못되면 우리 황실과 정부의 체면이 더 크게 손상되기 쉽잖소?"

"각하께서 정부 차원에서 결혼식 연기에 동의해 주신다면, 그 방법은 제가 마련하겠습니다. 이건 혼자 궁리해 본 것입니다만, '황족 여자는 황족 또는 화족에게 시집가야 한다'는 '황실전범皇室典範'의 규정을 애로사항으로 전면에 내세우는 것입니다. '그 규정을 먼저 고치기 전에는 조선 왕세자와 일본 황족 여인과의 결혼이 불가능함을 뒤늦게 알게 되었다', 그런 명분과 논리를 결혼 연기의 구실로 내거는 것이지요."

"흠. 황실전범의 규정을 앞에 내세운다……. 일리가 있구면!"

"예. 황실전범 개정 문제를 가지고 각의나 추밀원에서 옥신각신하는 모습을 만들어 가면서 시간을 끌게 되면, 결혼식은 아주 자연스럽게 연기되지 않겠습니까!"

일본의 '황실전범'에 나오는 '황족'이란 단어는 일본 황실 가족만을 지칭하는 호칭이고, '화족'은 공작, 후작, 백작, 자작, 남작 등 작위를 받은 귀족을 지칭한다. 따라서 문자적 의미만으로 따진다면, '황족'도 아니고 '화족'도 아닌 조선의 '왕족'은 그 규정에 전혀 해당되지 않아서, 일본 황족 여자와 결혼할 자격이 없는 것이다. 파다야의 견해는, 바로 그 점을 활용해서 공식적으로 '황실전범'을 개정하는 모양새를 취해 가면서 적당한 시기에 이를 때까지 결혼식을 연기하자는 이야기인 것이다.

"그렇군. 그럴싸하군!"

사내 총리가 고개를 크게 끄덕였다. 파다야 궁내대신은 사내 총리의 동의를 얻어낸 뒤, 가지고 온 가방에서 몇 장의 종이를 꺼내 응접탁자 위에 늘어놓았다.

"아무튼, 어느 때 무슨 일에서나 간에 '조선인은 아무도 믿을 수 없다'는 대전제에서 출발해야만 그들을 통치하는 데 차질이 없을 듯합니다. 제가 조선인들의 민심이 어떤지를 살펴보기 위해서, 《매일신보》에서 이번 창덕궁 화재사건을 보도한 기사들을 번역하게 하여 분석해 보았습니다. 그 결과 제 생각이 옳은 것임을 좀 더 확실하게 확인할 수 있었습니다."

"신문 기사들을 분석했다고요?"

"예. 각하께서 조선 총독으로 재임하고 계실 때, 조선 사회의 각 분야를 모두 정밀하게 정비하시면서, 특히 조선의 언론계를 확고하게 정비하셨지 않습니까. 불령선인들이나 사상이 비뚤어진 조선인들은 물론 그렇지 않은 자들까지, 아무튼 조선인들이 직접 발간하는 신문과 잡지들은 모두 폐간시킨 뒤, 조선어를 사용하는 신문이라고는 유일하게 총독부 기관지인 《매일신보》 하나만 발간되도록 조치하셨지요. 그런 만큼 각하께서 《매일신보》의 육성과 발전에 쏟으신 노고와 배려가 이만저만이 아니셨음은 세상 사람 모두 알고 있습니다. 각하의 그런 언론 정책을 후임인 장곡천호도 총독 역시 지금까지 충실하게 따르고 있지요."

"그래요. 독점업체 격이라서 《매일신보》가 날로 발전하고 있단 소식을 자주 듣고 있지요."

"아니, 알고 보면 그렇지만도 않습니다. 《매일신보》의 조선인 기자들에게 문제가 많더군요. 여기 보십시오! 우리 일본 당국이 줄곧 먹이고 입히면서 기르고 있는 《매일신보》의 기자들이 지금 공공연하게 우리 대일본제국의 시정 방침에 역행하고 있습니다. 조선 사회에 건전한 여론이 조성되도록 진력해야 할 실로 중차대한 책무를 지고 있는 그들이 이 긴요한 시기에 제 몫을 전혀 하지 못하고 있는 것입니다."

사내정의는 파다야가 응접탁자 위에 나란히 펼쳐 놓은 종이들을 내려다 본다. 붉은 줄을 둘러서 특별하게 표시해 놓은 기사가 실려 있는 《매일신보》가 세 장이었다. 그것이 문제가 된 기사들인 모양이다. 옆에는 깔끔하고 단정한 글씨체의 일본글이 쓰인 종이들이 나란히 놓여 있다. 문제의 조선문 기사들을 번역한 것이리라.

"창덕궁 대화재 때 《매일신보》에서 신속하게 호외까지 만들어 뿌리면서 대대적으로 보도한 것까지는 있을 수 있다고 봅니다. 임금이 계신 궁궐이 순식간에 타 버린 워낙 큰 사건이었으니까요. 화재 소식을 듣자, 우리 황실과 일본 정부는 물론 각 황족들의 궁가에서도 일제히 창덕궁으로 문안전보를 쳤을 만큼 일본의 조야까지 모두 크게 놀랐던 대사건이었지 않습니까. 그러니만치 호외 발간은 전혀 무리가 아니라고 봅니다. 그런데 여기, 이런 기사들을 좀 읽어 보십시오!"

파다야는 탁자 위의 종이들 중에서 한 장을 골라서 사내 총리 앞으로 밀어 놓았다.

"제목이 '대조전大造殿 출화出火의 원인'입니다. 그런데, 바로 이런 유의 기사들이 문제입니다. 지금 조선총독부에서는 조선인들의 민심을 빨리 수습하기 위해 몹시 애쓰고 있습니다. '화재의 원인은 어디까지나 실수로 인해서 불이 난 실화'라는 것을 확실하게 밝혀서 멋대로 떠도는 해괴하고 방자하고 괴이한 풍설들을 가라앉힘으로써 사건을 조용히 마무리 지으려고 하고 있습니다. 그래서 실화의 원인을 세심하게 찾아보면서 실체를 규명하고 있지요. 그럼에도 이런 기사들은 매우 의도적으로 조선인들의 의구심과 의혹을 부채질하고 충동질함으로써 총독부의 시정방침에 완전히 역행하고 있습니다."

"어디 봅시다!"

사내 총독은 《매일신보》 기사 스크랩과 그 일본어 번역본을 함께 집어 들었다.

"1917년 11월 14일자 《매일신보》 3면이라……"

기사를 읽어가던 그의 얼굴이 금세 떫은 감을 씹은 듯 찌푸려졌.

신문 기사의 제목은 "대조전 출화의 원인". 그 기사는 "창덕궁 대조전에 불이 난 원인에 대하여는 세상에 여러 가지 풍설이 전하는 바……", 그런 말을 서두에 내세운 다음에 세상에 떠도는 화재 원인 중에서 실화설에 속하는 '여러 가지 풍설'들을 하나하나 거론하여 놓았다. 그런데 문제는 그런 거론만으로 그치지 않고, "그런 실화설들은 왜 사실과 맞지 않는 것인가?" 하는 점을 일일이 따져 가면서 야무지게 설명해 놓음으로써, '화재 원인은 결코 실화가

왕세자 혼혈결혼의 비밀

아니라 의도적인 방화에 의한 것일 터'라는 암시를 매우 강력하게 시사하고 있다는 점이었다. 신문기사가 지적하고 있는 '각종 실화설의 허구'는 다음과 같았다.

비전하妃殿下 처소 옆에 있는 여관女官이 있는 방 온돌에 불을 땐 것이 과열되어 불이 났다는 풍설은, 왕궁의 아궁이는 구조 자체가 민간의 온돌과는 달리 아예 불이 다른 곳으로 옮겨 붙지 못하게 되어 있음을 모르는 소리다.

내전 주방에서 쓰는 와사관(가스관)에서 불이 났다는 풍설, 그 또한 왕궁의 와사관 구조와 설비를 모르는 전혀 근거 없는 소리다.

전기 누전으로 불이 났다는 소리도 전혀 근거가 없는 것이니, 불이 난 시각은 아직 전기를 보내기 이전이기 때문이다.

그런 식으로 기술해 가던 기사는 마무리 문장으로 "당시 이삼 명의 여관이 비 전하를 모시고 있었는데, 한 여관이 다리미로 옷을 다리다가 불똥이 튀어서 불이 난 것이 아닌가 한다"라는 견해가 있음을 소개했다. 그러나 바로 다음날의 기사에서는, 다시 여관의 다리미 불똥 인화설은 사실이 아닌 것으로 폐기되고, 이번에는 "여관이 화주火酒(알콜)를 쓰는 풍로에다 약을 달이다가

↙ 1917년 11월 14일자 《매일신보》. 신문 기사의 제목은 "대조전 출화의 원인". 그 기사는 "창덕궁 대조전에 불난 원인에 대하여는 세상에 여러 가지 풍설이 전하는 바……", 그런 말을 서두에 내세운 다음에 세상에 떠도는 화재 원인 중에서 실화설에 속하는 '여러 가지 풍설'들을 일일이 거론하여 놓았다. 그런데 문제는 그런 거론만으로 그치지 않고, "그런 실화설들은 왜 사실과 맞지 않는 것인가?" 하는 점을 따져가면서 아무지게 설명해 놓았다는 것이다.

불을 낸 것이 아닌가 한다"라고 제기된 새로운 의혹을 소개하면서도 "하여간에 궁중 지밀내전이라 하는 곳은 내지인(일본인을 가리킴)은 물론이오 조선인 관리도 평시에는 결코 출입을 허락지 아니하는 그 속의 여관실인 고로 아무도 평시의 여관생활을 자세히 아는 자가 없는 바, 어찌한 까닭으로 화기가 없는 곳에서 불이 일어났는가 함은 거의 딴 세상과 같은 곳인 고로 전혀 짐작을 전단할 수 없는 지경이 되어 소관 관리도 그 조사에는 비상히 고심하고 있다더라"라는 말로 기사를 끝맺었다.

"흥! 어르면서 뺨 친다더니!"

코웃음을 치면서 사내정의는 손가락으로 기사 번역문의 한 군데를 짚었다.

"여기 이 대목 말이오! '어찌한 까닭으로 화기가 없는 곳에서 불이 일어났는가 함은 거의 딴 세상과 같은 곳인 고로 전혀 짐작을 전단할 수 없는 지경'이라……. 이거야말로 아주 작심하고 창덕궁 화재 원인은 방화가 아니겠느냐는 세상 의혹을 마구 부풀리며 부추기고 있는 게 아니오!"

"그렇습니다. 각하!"

"흠……. 이리 되면, 거, 조선 왕실 다루기……. 그 문제, 좀 더 신중하게 심사숙고해야겠소."

사내정의 총리는 찌푸린 얼굴로 신문지들을 옆으로 밀어놓았다.

"그렇습니다. 이건 이번 화재사건을 보면서 저 혼자 곰곰 생각해 본 것입니다만, 이제는 우리가 조선 왕세자를 다루는 방식도 좀 더 유연해질 필요가 있지 않은가 싶습니다."

"유연해야 한다……? 어떤 식으로?"

"쉬운 예로, 왕세자의 본국 귀성 문제 같은 것 말씀입니다."

"왕세자의 귀성?"

왕세자 혼혈결혼의 비밀

사내정의의 입가에 문득 쓴웃음이 떠올랐다. 대한제국을 합병하던 해 여름에 덕수궁에서 이은의 생모 엄귀비와 그 문제로 몹시 거칠게 부딪쳤던 기억이 떠올랐던 것이다.

"각하께서도 잘 아시다시피, 왕세자 이은은 1911년의 생모 엄귀비의 상사 때 잠깐 장례식에 참례하러 다녀온 뒤로는 아직까지 일절 귀성하지 못하고 있습니다. 왕세자가 일본에 온 지 이미 만 십 년이 지났습니다만, 그간 공식 귀향은 단 한 번도 없었던 거지요. 조선인들 입장에서 보자면 몹시 마음 아픈 일일 수밖에 없습니다."

"그렇긴 하오만, 그런 것까지 일일이 신경 쓸 필요가 있겠소?"

"제가 신경을 쓰는 것은, 조선인들의 마음 아픔 자체가 아닙니다. '조선 통치'라는 명제를 염두에 둔 전략적 견지에서 보자면, 요즘 상황은 별로 좋지가 않습니다. 우리가 조선 왕세자와 조선 백성들 사이를 너무나 오래도록 떼어 놓았다는 생각이 듭니다. 어린 왕세자가 외국에 가서 오랜 세월 돌아오지 못하고 있다……, 하는 것은 물론 마음 아픈 일입니다만, 그런 마음 아픔이란 것은 한계가 있는 것입니다. 그 단계가 지나면 차츰 무관심해질 수밖에 없지요. 서양 속담에 '눈에서 멀어지면 마음에서도 멀어진다'는 말이 있다고 하지 않습니까!"

"흠!"

"각하! 조선 백성의 입장에서 한 번 생각해 보십시오. 이왕은 원체 심신이 허약하고 무능하여 백성들의 존경을 받지 못하는 데다가 지난번의 천기봉사로 더욱 민심을 잃었고, 게다가 왕세자 이은은 어떤 사람인지 본 적도 없고 알지도 못하므로 백성들로서는 그에게 아예 관심이 없다, 현재의 조선은 이런 모습에 가까운 상황입니다. 만약, 조선 백성들의 민심이 조선 왕실에서 아주 떠나게 되면 사태가 어찌 되겠습니까! 그렇게 된다면, 우리가 통치하기에 아주 불편한 사태가 벌어지게 될 우려가 크지 않습니까!"

"으음! 일리가 있는 지적이오."

"저는 이번 창덕궁 대화재가 우리 일본 위정자들에게 주는 경고를 아주 심각하게 받아들여야 한다고 생각합니다."

"흠!"

사내정의는 쓸쓸한 얼굴로 고개를 끄덕였다. 탁자 위에서 종잇장들을 거두는 파다야 궁내대신의 손길을 묵묵히 바라보고 있는 그의 귓가에 유리 창문을 흔드는 겨울바람 소리가 스산하게 다가왔다.

착잡한 최초의
공식 귀향

'왕세자' 이은은 저도 모르게 눈을 감았다가 떴다.

여기가 과연 창덕궁인가……

불의의 재변이었던 대화재에 관해서는 이미 일본에서도 익히 이야기를 들었고 사진도 보아서 잘 알고 있었다. 대화재 소식을 들은 즉시 고희경 사무관을 황급히 귀국시켜 덕수궁의 부황 태황제(이태왕)와 창덕궁의 형님 황제(이왕) 내외분을 직접 배알하고 문후를 올리게 조치했다. 그렇기 때문에 화재 현장을 직접 살피고 돌아온 고희경의 설명을 들어서 불타버린 궁궐의 모습을 충분히 짐작하고 있었다.

그러나 막상 창덕궁을 직접 돌아보니 짐작보다 더욱 충격적이다. 대조전 그 우람한 전각이 서 있던 자리가 이제는 한 덩어리 휘휘한 공터에 불과했다. 대조전의 기단이었던 거대한 장대석들이 거센 불길에 잔뜩 그을린 채 대기에 노출되어 있지 않았다면, 거기가 그 거대한 전각이 있던 자리임을 어찌 알아보기나 할 것인가.

아아! 그 호사롭고 웅장하던 형님의 침전 대조전에 마지막으로 들어가 본 때가 언제던가.

이은의 마음 깊은 데서 긴 탄식이 솟아올랐다. 십일 년 전 그가 '유학'이란 명목으로 일본으로 떠날 때 형님 내외분께 작별인사를 드리고 비죽비죽 울면서 나온 때가 어제런 듯하다. 그 뒤로는 일본에 간 지 사 년 만에 생모인 엄귀비가 돌아가셔서 장례를 치르러 왔을 때 문안 차 잠시 들렀던 것이 마지막이었다.

대조전 근처에 있던 여러 전각들도 같이 불에 타 사라지고 전혀 낯선 곳에 찾아온 듯 생경하기 그지없다. 겨울이 추운 서울, 1월 중순의 한겨울 차갑고 매운바람만 휩쓸고 지나다니는 텅빈 땅 위로 사라진 건물들의 기단이었던 돌들만 불에 잔뜩 그슬린 모습으로 여기저기 널려 있다.

대조전, 흥복헌, 양심각, 통명문, 장순문, 희정당, 경훈각, 징광루, 옥화당, 정묵당, 요화문, 요훈문, 함광문…….

타 없어진 전각과 문들의 이름들만으로도 창덕궁이 입은 피해를 짐작할 수 있다. "산천은 의구한데 인걸은 간 데 없다"더니, 이 일은 그와 정반대였다. 사람들은 의구한데 대궐 건물들은 오간 데 없이 사라졌다.

어제 듣기로는 조선총독부에서 경복궁의 전각들을 헐어다가 창덕궁의 불타버린 전각들의 빈자리를 채우기로 결정했다고 했다. 그리되면 불원간에 벌어질 사태가 뻔했다. 불은커녕 연기도 나지 않은 경복궁이 불에 탄 창덕궁 못지않게 참혹하게 그 본모습을 훼손하게 되리라. 그렇잖아도 작년 여름부터 조선총독부에서 하필 경복궁 앞뜰에 엄청난 규모의 조선총독부 청사를 짓기 시작해서 경복궁은 이미 궁궐로서의 위엄을 심각하게 훼손당하고 있는 판이다.

창덕궁의 대화재……, 대체 이것은 무슨 징조일까.

깊이 베인 상처에 소금을 쑤셔 넣은 듯 마음이 너무나도 쓰리고 아프다. 책에서 읽은 옛말 하나가 떠오른다.

"군주가 배라면 백성은 물이다. 본디 물이 배를 띄우지만 때로는 그 물이 배를 엎어버리기도 한다."

이 화재 또한 물이 배를 엎는 형식의 하나일까. 생각만으로도 마음이 서늘하다.

백성은 물, 백성은 물…….

그 짤막한 말이 음울한 주문처럼 마음속의 골짜기들마다 길게 메아리친다.

그는 작년(1917) 10월 20일로 만 20회 생일을 맞았다. 당시 주위에서는 "이젠 성인이 되시었다"면서 떠들썩하게 축하했다. 일본 신문들도 일제히 그가 십 년 전 처음 일본에 건너온 무렵의 사진들을 게재하면서 그의 성년맞이를 요란하게 보도했다. 생일에는 특히 황궁에 들어가서 대정천황과 황후로부터 성년이 되었음을 치하받았다.

그리고 생일로부터 두 달 여가 지난 1917년 12월 25일에 그는 견습 사관 과정을 끝내고 '육군 소위'에 임관되었다. 군사교육 과정을 모두 마치고 드디어 직업군인의 길에 들어선 것이다. 임관 행사를 치르는 동안 처음 일본에 올 때 같이 왔던 네 명의 공부 친구들, 서병갑, 증아만, 엄주명, 조대호의 얼굴들이 하나하나 눈앞을 스쳐갔다. 그중에서 서병갑은 이미 저세상 사람이 되었다고 들었다. 그간 그들이 한 명씩 차례차례 떨어져 나가고 끝내 일본 육군의 장교로 임관된 것은 자기 하나뿐이라서 감회가 더욱 컸다. 임관된 다음 날, 그는 태자태사였던 이등박문의 묘소를 참배하고 소위로 임관된 사실을 보고했다.

그런데 뜻밖에도 연말이 되자 "내년 1월 초순에 고국에 귀향했다가 돌아오라"는 대정천황의 칙지가 내려왔다. 물론 명분은 대정천황의 칙지라지만 실제로는 궁내성의 조치일 텐데, "1918년 1월 10일에 동경에서 출발하여 조선에 갔다가 1월 30일까지 동경으로 귀환하라"는 조건이 달려 있는 귀향 허가였다.

실은 작년 5월 25일에 육군사관학교를 졸업할 당시 '혹시 졸업 기념으로 고국에 보내주지 않을까' 하고 그 자신 크게 기대했었고, 그런 소망을 여러 경로로 내비치기도 했었다. 그래서 그의 마음을 잘 아는 고희경 사무관이 귀국할 수 있는 여건을 조성하려는 의도에서 신문기자들을 상대로 "이번에 전하께서 사관학교를 졸업하시는데, 졸업식이 있은 뒤에 고국에 다녀오실 수 있는지는 아직 모르겠다"는 말을 퍼뜨려 신문에 그대로 보도되게까지 만들었다. 그럼에도 모든 게 허사로 돌아갔기 때문에 이번 소위 임관을 앞두고는 별 기대를 하지 않았다. 그런데 뜻밖의 칙지가 내려온 것이다.

최초의 공식 귀향.

어찌나 마음이 설레이든지, 막상 출발하던 아침에는 음식조차 제대로 먹지 못했다. 드디어 1918년 1월 10일 오전에 동경역에서 기차를 타고 귀국의 장도에 올랐고, 도중에 경도에서 내려 명치천황의 능에 참배하면서 소위로 임관됐음을 보고했다. 그리고 다시 하관까지 가서 관부연락선으로 현해탄을 건넜고, 부산에서 다시 열차로 상경하여 서울 남대문역에 내린 것이 1월 13일 밤 9시. 곧장 덕수궁 석조전에 들어가 여장을 풀었다. 유학의 명목으로 일본에 건너간 지 햇수로 십일 년 만에 성사된 최초의 공식 귀향이었다.

다시 보는 고국의 산천이 하나하나 눈물겹도록 반갑고, 그간 더욱 늙어버리신 부황 태황제의 용안을 다시 뵙는 것도 눈물겹도록 반갑고, 선량하기만 하신 형님 내외 황제와 황후를 다시 뵙는 것도 눈물겹도록 반갑고, "우리 황태자 전하께서 돌아오신다!"고 도처에서 환호하던 백성들을 다시 보는 것도 눈물겹도록 반가웠다.

그러나 얼굴은 웃고 있어도 그의 마음은 결코 가볍지가 않았다. 지난번 고희경 사무관이 조선에 귀환했다가 돌아왔을 때, 창덕궁 화재를 보도한 《매일신보》 기사들을 챙겨왔다. 그런데 그 기사들을 읽고 예상외로 큰 충격을 받았다. 그 신문이 조선총독부의 기관지라는 한계가 있기는 해도 현재 조선에서 발간되는 유일한 조선어 신문이기 때문에 자세하게 읽어 보았던 것인데, 조선총독부 당국의 이해와 견해를 대변한다는 《매일신보》에서조차 언외에 이번 화재가 방화임을 강력하게 비치고 있지 않던가.

궁궐 방화, 그로 인한 대화재……

사실이 그렇다면, 그건 생각만 해도 정신이 아찔한 이야기였다.

그는 발걸음을 낙선재로 옮겼다. 형님 내외분은 화재가 완전히 진화된 뒤에 인정전 동행각東行閣으로 옮겨 기거하시다 새로 수리한 낙선재로 이어하셨고, 대조전이 신축될 때까지 그곳에 기거하실 것이라고 들었다. 낙선재는 일본에 끌려가기 전 그가 열 살짜리 어린 동궁으로서 이십여 일 동안 거주했던 전각이다. 명목상으로는 아직도 한 나라의 군주이신 형님 내외가 낙선재와 같은 작은 전각에 기거하고 있다는 사실도 마음 편치 않았다.

귀국 직후에 문안 차 들렀었고, 오늘 오찬을 베풀어 주신다고 해서 이제 다시 창덕궁 낙선재에 들어왔다. 그는 형님 내외와 식사를 하고 출궁하는 길에 불타버린 대조전 일대를 다시 찬찬히 들러본 후 새삼 무거운 얼굴로 창덕궁의 정문인 돈화문을 나섰다.

그런데 기이한 일이었다. 덕수궁으로 돌아간 그가 함녕전에 계신 부친 태황제를 찾아뵙고 창덕궁의 불탄 자리를 둘러본 이야기를 꺼냈을 때 늙은 부

↑ **왕세자 이은의 귀국.** 위의 사진들은 1918년 1월 13일에 있었던 이은의 귀국 장면과 한국에서의 일정을 담고 있다(서울대학교박물관 소장). 1911년 어머니 엄귀비의 장례식에 참석하기 위해 일시 귀국한 후 8년 만의 귀국이었다(❷). 1918년 1월 10일 동경을 떠나 13일 오전 부산항에 도착한(❶) 이은은 15, 16일에는 명성황후의 혼전인 경효전과 종묘 참배의식을 거행하고(❸, ❹), 17일에는 홍릉과 영휘원 등을 방문해 참배

왕세자 혼혈결혼의 비밀

했다(❺). 삼일 간의 참배를 마친 이은은 18일부터 조선보병대(❻)와 같은 주요 기관을 방문했다. 21일부터는 교육 사업을 시찰하는데, 숙명여자보통고등학교(❼)와 양명보통학교(❽), 중앙시험소(❾), 경성유치원(❿) 등을 방문했다. 이와 같은 일정을 마치고 1918년 1월 26일 동경을 향해 다시 떠났다(⓫).

친의 반응은 뜻밖이었다.

"염려 말아라."

부친은 선선하게 대꾸했다.

"비온 뒤에 땅이 굳고, 불 난 뒤에 집안이 일어선다는 말이 있다. 불탄 전각은 다시 세우면 된다. 궁궐의 화재란 건 기실 별것 아니다."

지금 공식적으로는 '이태왕'이라고 불리고 있는 부친은 이미 66세의 노년, 그러나 그 눈빛에는 전혀 나이답지 않은 기묘한 활기와 생기가 흐르고 있었다.

"그보다도 널리 세계의 움직임을 내다 보아라. 너도 익히 들어서 알고 있겠지만, 지금 세계는 바야흐로 일찍이 없었던 새로운 전기를 맞고 있다."

부친은 낮은 목소리로 힘주어 말했다.

"지난 사 년 동안 줄창 싸우고 있는 구라파의 대전란이 이제 마지막 단계에 들어서고 있잖느냐. 이 대전쟁이 어떻게 마무리 되는가에 따라서 세계의 각국 지도들이 대거 바뀔 것이다."

거기까지는 어느 누가 듣든지 간에 괜찮을 이야기였다. 그러나 이은은 부친의 음성에 숨어 있는 무언가 특별한 감정을 민감하게 감지한다.

"잘 들어라. 항상 은인자중하고 실력을 쌓아라. 늘 자중자애하면서, 부지런히 실력을 쌓고 쉼 없이 덕을 닦거라. 그것이 바로 하늘로부터 목숨을 받아 세상에 나온 장부가 평생을 두고 한결같이 걸어야 할 길이다."

부친의 말을 주의 깊게 경청하면서, 이은은 마음속에 빠르게 솟는 의문을 느낀다.

지금 부친이 정말 하고 싶은 말은 저게 아니다. 무언가 말하고 싶은 것이 따로 있다. 그것이 무엇일까······.

문득 그의 마음에 암울한 그늘이 드리운다.

왕세자 혼혈결혼의 비밀

십일 년 전의 비극, 곧 1907년의 그 처참했던 비극이 새삼 마음을 건드렸다. 부친은 1907년에 화란(네덜란드)의 수도 해아(헤이그)에서 만국평화회의가 열릴 것이라는 정보를 듣자, 일본에 침탈당한 국권을 회복할 수 있는 천재일우의 기회라고 판단했다. 진정한 의미의 세계 평화를 창출할 수 있는 기구로서 '만국평화회의'의 기능과 권능을 철석같이 믿었던 것이다. 아니, '그렇게 믿고 싶었기에 막무가내로 굳게 믿었다'고 하는 게 좀 더 정확한 표현일 것이다.

 아무튼 부황은 당시 갖가지 힘든 비밀공작을 벌여서 일본의 감시를 뚫고 해아에 밀사를 파견하는 데까지는 성공했다. 그러나 그 결과는 너무도 참혹했다. 격분한 일본의 이등박문을 비롯한 권력자들이 마구잡이 협박과 강압을 가하는 데다가, 일본의 사주를 받은 친일파 신하들이 덩달아 강박해 황태자였던 형님에게 양위하고 물러나 은거해야 했다.

 지금 아바마마께서는 또 무슨 새로운 일을 꾸미려고 하시는 것일까? 그럴까? 예감으로는 '아마도 그럴 것 같다'는 쪽이다. 부친의 저 눈을 보니 분명하다. 노인답지 않게 밝은 눈빛에 어린 춤추는 듯한 생기가 그 증거다. 사람들은, 특히 일본인들은 오래전부터 부친을 '음모가'라고 부른다. 자신들의 수단에 호락호락 농락당하지 않는 것이 불쾌했던 터에 해아밀사사건까지 터지자 더욱 그런 평가를 굳힌 것이다. 부친이 다시 무슨 일을 꾸민다면, 그것은 대체 어떤 일일까?

 "잘 들어라!"

 문득 정신을 차리고 바라보니, 어느새 부친의 얼굴이 저쯤 떨어져 있다. 담담하고 평온한 표정을 한 부친이 평상시보다 큰 목소리로 말을 건네었다.

 "내가 요즘 곰곰이 생각한 일이 있다. 일본 황족과의 혼인이라는 국가적 대사를 앞두고, 너의 신상에 꺼림한 것이 조금이라도 남아 있으면 안 될 일이더구나."

"예?"

그가 자신의 귀를 의심하면서 눈을 크게 치뜨는데, 과장스레 큰 음성으로 부친이 계속 말했다.

"그렇기 때문에, 내 불일간에 사람을 시켜서 민규수 댁에 보낸 신물信物을 찾아오도록 할 것이니라. 앞으로 그 규수의 일은 전혀 마음 두지 말거라."

"……아!"

그는 문득 얼굴을 붉힌다.

민갑완閔甲完.

지난 십일 년 동안 여흥 민씨댁 규수의 그 이름 석 자는 그의 마음 깊은 곳에 아련하게 간직되어 있던 비밀부호였다. 특히 일본 황족 여성과의 혼사 문제가 언론을 통해서 공표된 1916년 8월부터 그녀의 이름 석 자는 아픈 가시처럼 마음에 박혀 있었다.

일찍이 대한제국 시절, 아직 그가 영친왕이라 불리던 시절인 1907년 3월 14일(음력 2월 1일) 그의 배우자가 될 규수를 초간택하는 날, 민갑완 규수도 그 자리에 나와 있었다고 들었다. 그러나 그녀가 어떤 소녀였는지 기억에는 전혀 없었다. 다만 돌아가신 어머니 엄귀비가 약혼자로 정해 준 규수라서, 그간 그녀를 계속 약혼녀로 생각하고 있었다. 듣자 하니, 기이하게도 자신과 같은 해 같은 달 같은 날에 태어났기에 나이와 생일이 자신과 똑같은 규수였다.

그가 뒷날 일본에 간 뒤에 들은 이야기지만, 모친인 엄귀비는 그가 일본으로 끌려가자마자 곧 민갑완 규수를 아들의 약혼녀로 선정해 혼약의 징표인 신물로 금반지 한 쌍을 보냈다고 한다. 그로부터 이때까지 십일 년 동안, 민 규수는 서울에서 그 금반지만 지닌 채 그를 기다리면서 열 살짜리 소녀에서 스물한 살의 과년한 처녀가 되었다. 그리고 그는 동경에서 자신의 의사와는 전혀 상관없이 일본 황족인 여성과 약혼한 상태였다.

그런데 부친은 어째서 하필 지금 이 시점에 와서 민 규수에게 준 혼약의 신물을 되찾아오겠다고 하시는 것일까. 그건 대체 무슨 뜻을 담고 있는 말씀일까.

그가 다소 의아해 하는데 부친이 다시 아무도 엿들을 수 없도록 작게 낮춘 음성으로 빠르게 속삭였다.

"애야! 잘 들어라! 지금 일본인들이 추진하고 있는 혼사, 그 일본 황족 여자와 하라는 혼사 말이다. 그거, 어떻게 해서든지 자꾸 뒤로 미뤄야 한다! 꼭 명심해라!"

이은은 이제는 확실하게 깨닫는다.

아! 역시 그렇구나. 지금 아바마마는 무언가 비상하게 중대한 일을 준비하고 계시는구나. 그래서 일본인들을 철저하게 안심시켜서 감시와 경계를 늦추기 위한 방책의 하나로 민 규수의 존재를 이용하려는 것이구나. 민 규수에게 보냈던 혼약의 신물을 보란 듯이 회수함으로써 일본 황실과의 혼사를 위해 진심으로 최선을 다하고 있는 듯 보여 주는 등, 일본인들의 지시에 고분고분 따르고 있는 듯 처신함으로써 자신에게 딴 뜻이 전혀 없는 것으로 보이도록 확실하게 위장하려고 하시는 것이구나.

그는 눈을 들어 부친을 바라본다. 그새 부친의 얼굴은 평소의 느긋한 호호야好好爺의 모습으로 돌아가 있었다. 눈빛도 흐릿하다. 좀 전까지 눈동자 속에서 춤추는 듯 떠돌던 생기는 그 흐릿한 눈빛 뒤로 숨어 완벽하게 사라졌다.

이제 또 무슨 일이 벌어질 것인가…….

서늘한 전율과 한기가 등골을 훑는다. 이은이 어금니를 지그시 사려무는데, 천장이 웅웅 울릴 만치 커다란 부친의 음성이 느긋하게 건너왔다.

"그러니까 이번 휴가 기간이 한 이십 일 된다는 거지?"

"예. 왕복하는 시간까지 합쳐서 그렇사옵니다."

"그래! 그동안 잘 쉬고, 또 그간 보지 못했던 네 나라 네 백성들의 사는 모습들도 많이 보고 가거라."

"예, 아바마마!"

갑자기 목이 아리게 메어 와서 그는 크게 숨을 들이켰다. 부자 사이에 잠시 말이 끊어지자, 함녕전 추녀를 스치고 지나가는 스산한 겨울바람 소리가 그 사이를 메웠다.

'나의 운명이 빛을 잃던 날', 비운의 약혼녀 민갑완

⚊⚊ ⚌ ⚍ ⚏ 그 무렵, 한양 도성의 동쪽에 놓여 있는 수표교 주변 동네인 수표동에 있는 큰 기와집에서 이은이 묵고 있는 덕수궁을 향해 마른 들판에 번지는 들불에 쫓기듯이 절박하게 마음을 태우는 여인이 있었다. 당년 스물한 살의 나이 든 규수 민갑완이다. 여자 나이 십대 후반이 되면 결혼하여 아이까지 낳는 이가 흔했던 그 시대에 스물한 살이면 노처녀 중에서도 노처녀였다.

"아아! 꿈자리가 왜 그렇게 사나웠을까. 왜 하필 닭들이……."

그녀는 낮게 중얼거리다가 제풀에 흠칫 놀라 입을 다문다. 반듯한 이목구비에 명민한 눈초리……, 언뜻 보기에도 다부진 성품이 역력하다. 그러나 그 얼굴에는 풀 길 없는 초조함과 깊은 우수와 비통함이 깃들어 있다. 흡사 어두운 그늘에 놓여 있는 한 떨기 흰 매화꽃 같다.

쯧쯧, 그 밝고 활달하던 작은 아기씨가…….

몇 술 뜨지 않아 음식이 거의 그대로 남은 밥상을 내어가면서 중년의 찬모는 속으로 혀를 찼다. 아기씨는 일본에 인질로 끌려가셨던 황태자 전하가 귀국한 날부터 음식을 제대로 목에 넘기지 못하고 있다. 억지로라도 좀 더 드시라고 여러 차례 권하기도 했으나 별 효과가 없는 데다, 그러는 아기씨의 정황을 이해하고도 남아서 자꾸 무리하게 강권하기도 어려웠다. 황태자 전하가 처음으로 공식 귀국을 하셨다는데 정혼한 사이면서도 만나볼 수조차 없다. 그러니 어찌 속이 아니 타고 어찌 마음이 아니 상할까.

  십일 년 전에 황태자의 약혼녀로 정해져서 혼약이 이루어지던 때는 얼굴에 솜털이 보시시 했던 열 살짜리 어리고 깜찍한 규수였다. 그러나 그간 무정한 세월이 흐르고 흘러 이젠 어린 소녀티는 전혀 찾아볼 수 없는 과묵한 과년의 규수가 되어 버렸고, 소녀 시절의 그 밝고 천진하고 활달하던 기상도 옛말이 되었다. 찬모는 작은아기씨가 태어날 때부터 곁에서 지켜보아 왔기에 그 안타까움이 더했다. 어릴 때부터 극성맞다 할 정도로 활달하여 주인 마나님이 한때는 사내아이처럼 남복까지 입혀 키운 적이 있었던 작은아기씨가 그처럼 나이 많고 풀 죽은 노처녀 규수가 될 줄이야 꿈엔들 상상이나 했던가. 작은아기씨 또래 동무들은 이미 시집가서 애들을 낳아 기르고 있는 판이니 더욱 기가 막혔다.

  십일 년 전 봄, 작은아기씨가 영친왕의 왕비를 뽑는 간택에 나간다 하여 온 집안이 떠들썩하게 북적이던 때가 어제런 듯 눈앞에 선하다. 그때 재간택에 들지 못했다고 해서 한동안 온 집안이 풀이 죽어 지냈다. 재간택에 든 처자들의 이름이 뜨르르하게 신문에 나고 관보에 나고 그러는 바람에 괜히 기가 죽었던 것이다. 그런데 그해 여름에 '밀사사건'이란 것이 일어나서 세상이 온통 뒤집어지면서 황제 양위 소동이 났다. 황제가 할 수 없이 물러나고 황태자가 새 황제로 즉위한 뒤 영친왕이 새 황태자로 책봉되자, 집안 사람들은 암암리에 작은아기씨가 재간택에 들지 못한 것을 새삼 아쉽게 생각했다.

왕세자 혼혈결혼의 비밀

그런데 새 황태자와의 깊은 인연이 작은아기씨에게 있었을 줄 어찌 알았으랴! 그해 겨울에 황태자가 유학이라는 명목 아래 일본에 끌려가고 난 뒤에 느닷없이 궁에서 사람을 보내 황태자와 약혼하는 것이라면서 금반지를 전했다. 그 약혼지환을 받고 작은아기씨는 하루아침에 '황태자의 약혼녀'가 되었다. 그 이래로 온 집안에 화기가 돌았다. 언젠가 황태자가 황제의 위에 오르게 되면 작은아기씨는 황후가 되어 국모가 된다고 온 집안이 기뻐했었다.

그러나 뜻밖에도 일본에 간 황태자는 전혀 귀국을 하지 못한 채 세월만 흘렀다. 그러더니 결국은 나라가 망해서 일본의 속국이 되었다. 게다가 이 년 전 여름에는 황태자가 일본의 황족 여자하고 약혼했다는 소식이 신문에 크게 났었다. 그 신문 기사를 읽고 온 가족이 모두들 너무도 기가 막혀서 줄초상이 난 집 같았다. 그때 찬모도 집안 어른들 사이에 오가는 이야기들을 귓결에 듣고 너무도 궁금해서 가족들이 놓아 둔 신문을 슬쩍 훔쳐보았었다. 정말 신문에 황태자 전하와 일본 황족이라는 여자의 사진이 나란히 나와 있었다.

약혼지환을 받고 좋아하던 때가 바로 엊그제 같건만……. 쯧쯧!

찬모는 후우 한숨을 내쉬면서 작은아기씨의 거처인 별당의 뒤란을 돌아나갔다.

집 뒤쪽으로 아늑하게 들여서 지은 별당이라 평소에도 조용한데, 오늘따라 새소리조차 없이 고요하기 짝이 없어서 나가는 찬모의 기척이 그대로 귀에 들린다. 무어라 구시렁거리면서 혀를 차는 소리까지 그대로 건너온다. 찬모의 발자국 소리가 완전히 사라지자 민갑완은 후우, 숨을 크게 내쉬고는 가만히 영창문을 열었다.

겨울 아침의 차가운 공기가 매운 연기처럼 스며든다. 보이지 않는 손이 숨통을 조이는 듯 가슴이 답답하여 창문이라도 열지 않으면 질식할 듯했다. 하긴 요즘 시도 때도 없이 혀를 차고 한숨짓는 이가 어디 찬모만이랴. 위로는 집안의 제일 큰 어른이신 할머니로부터 아래로는 어린 하인까지 이 집의 높다란 지붕 아래서 숨 쉬며 사는 이들 모두 그러하다. 그러나 혀를 찬다고 흐르는 세월이 멎어주길 하나, 일본인들의 사악함이 줄어들기를 하나. 한숨 쉬는 것으로는 해결되는 일 하나 없는데, 야속하게도 근자에 들어서서는 꿈자리까지 사나워서 사람의 마음을 더욱 심란하게 한다.

사람의 꿈이란 때로 신령이 통하기도 하는 것이라는데 그녀가 요즘 마음에서 떨쳐내지 못하는 꿈 한 자리야말로 그러했다. 큰 닭 한 쌍이 모이를 먹고 있는데 난데없이 독수리가 날아와서 수탉을 채어가지고 동쪽 하늘로 휙 날아가는 꿈이었다. 불길하고 불안하고 불쾌한 꿈이었다. 그 꿈을 꾼 일에 대해서, 그녀는 뒷날 자서전 《백년한》에서 이렇게 술회해 놓았다.

여자의 운명이란 이러한 것인가. 십여 년 전에 정해 놓은 그 분을 위하여 문밖도 마음대로 못 나가고, 사람도 친척 외에는 피하면서 살자니 정말 고통스러운 생활이었다. 밤도 이젠 퍽 깊었는지 할머님 방에서 내온 뻐꾹 시계가 열두 시를 쳤다. 아버님께서 영국을 다녀오신 후로는 봄, 여름, 가을 없이 시간마다 우리 집에는 뻐꾸기가 울고 있었다. 뻐꾸기의 울음도 기분이 좋을 때는 신기롭게 들리지만 마음이 언짢거나 쓸쓸할 때는 한결 더 슬픈 것만 같았다. 뻐꾹 시계가 할머님 방에서 내 방으로 쫓겨나온 이유도 뻐꾹새의 울음이 너무나 처량한 데 있었다.
그새 잠시 잠이 들었었는지 심한 고통에서 깨어 보니 뻐꾸기가 세 번 운다. 그러나 머리가 무겁고 가슴이 뛰었다. 두세 시간을 잔 동안에 너무나도 흉한 꿈을 꾸었기 때문이다.
나는 날이 새기를 기다려서 대부님께 여쭤봤다. 대부께서는 글을 많이 읽으신 분이시고 경험이 많으신 분이시기 때문에 파자破字나 해몽解夢 같은 것을 잘 하시었다. 아침 일찍 들어오시라고 여쭙자 대부께서도 벌써 알아차리시고는,

"간밤에 또 무슨 꿈을 꾸었느냐?"

하고 물으셨다.

간밤에 내가 꾼 꿈은 아주 흉악했다. 어디선지 선사가 들어왔다고 하는데 둥우리같이 큰 닭 한 쌍이 아주 보기가 좋았다. 수탉은 볏이 빨간 것이 매우 싱싱해 보이고 암탉은 똥똥한 게 퍽 탐스러웠다.

나는 너무나 좋아서 뒤주로 달려가 쌀 한 쪽박을 떠다가 그들에게 뿌려주었다. '구구' 하며 뿌리는 대로 따라와서는 잘 먹어주었다. 얼마인지 재미있게 모이를 주고 있는데 난데없는 독수리 한 마리가 날아들더니 수탉을 물고는 동쪽 하늘로 휙 날아가는 것이다. 나는 소리를 지르며 땅에서 발을 구르고, 수탉은 피를 철철 흘리면서 안 가겠다고 버둥거리는 것을 보며 안타까워하다 깨어 보니 꿈이었다.

내 말을 들으신 대부께서는 고개를 좌우로 흔드시면서 매우 난처해하시었다.

"둘 다 유생酉生(=닭띠)인데 그 무슨 꿈일까? 내 저기 어디 가서 물어보고 오지."

하시며 안색이 좋지 않으셔서 나가셨다.

얼마 후 돌아오신 대부께서는 액막이를 하자고 하셨으나 어머님께서는 그런 것은 질색을 하시기 때문에 그럭저럭 지내고 말았다. 악몽을 꾼 지도 어느새 보름이 지났다. 방울소리가 들리자 옥순이가 석간신문을 갖다 주었다. 그때 신문배달인은 의례히 허리에다가 방울을 차고 다녔다. 우리 집에서 보는 신문은 동아일보東亞日報이었는데 첫 장 맨 위에 '학성귀국學成歸國' 이라는 커다란 제목이 첫눈에 띄었다. 기사 내용은 이젠 학업을 다 마쳤으므로 정사년丁巳年 섣달 초하룻날에는 영친왕께서 귀국을 하신다는 것이었다.

아무런 연락도 없이 별안간에 난 기사가 되어서 반가운 마음보다도 불안감이 앞을 섰다. 이젠 또 무슨 꾀를 부리려고 예정보다도 일찍, 더욱이나 예고도 없이 귀국을 하시게 하나 하고 걱정스러웠다. 우리는 정치나 외교에서 너무나도 많이 속았기 때문이다.

기사는 동짓달 스무 이렛날에 났는데 영친왕께서는 기사대로 섣달 초하룻날에 나오셨다.

민갑완의 꿈은 바로 그녀의 배필로 정해졌던 대한제국의 마지막 황태자 이은과 살아서 영영 이별하게 됨을 미리 알려준 흉몽이었다. 같은 닭띠 태생인 이은과 민갑완, 두 사람의 운명에 '독수리'로 나타난 일본이 끼어들어 두 사람을 갈라놓을 것임을 현몽한 것이다. 그리고 곧 그 꿈은 구체적 현실로 드러났다.

1918년 1월 13일에 이은이 귀국했으나 민갑완은 만나볼 수조차 없었다. 그래서 날마다 애만 태우고 있는 중에 그는 다시 일본으로 돌아갔다. 참으로 기가 막힌 노릇이었다. 그런데 정말로 기가 막힌 일은 그 뒤에 일어났다. 이은이 일본으로 돌아간 직후에 태황제 고종이 궁중 사람들을 민갑완의 집에 보내 약혼지환이었던 '한 쌍의 금가락지'를 환수해 간 것이다. 민갑완은 그 금반지를 빼앗긴 날을 두고 '나의 운명이 빛을 잃던 날'이라고 불렀다. 그녀가 약혼의 신물이던 금반지를 빼앗긴 날은 1918년 2월 13일로서, 이은이 일본으로 돌아간 때로부터 불과 18일이 지난 때였다.

약혼의 신물인 한 쌍의 금반지, 그것은 금반지이면서 그 이상의 물건이었다. 그야말로 민갑완의 '운명'을 담고 있던 물건이었다. 황태자의 약혼녀로 살아온 긴 세월, 믿을 것은 오로지 그 금반지 한 쌍 뿐이었기 때문이다. 이은이 일본으로 끌려간 해의 음력 동짓달 스무날(양력 1907년 12월 24일), 오전에 궁중에서 미리 전갈을 보낸 뒤, 오후에 봉명상궁이 나와서 전한 약혼지환을 민갑완의 집에서는 소중하게 받아 비할 데 없이 극귀한 보물로서 아주 자랑스럽게 간직했다. 그것이 곧 그녀가 '황태자의 약혼녀'라는 사실을 보증하고 증명하는 물건이었기 때문이다. 황태자 이은의 생모 엄귀비는 일단 그렇게 약혼의 신물을 보낸 뒤로는 그녀를 '황태자의 약혼녀'로 대우하여 시절따라 절기따라 때마다 귀한 예물들을 챙겨 보내면서 관계를 돈독하게 유지했다.

그러나 그 약혼지환을 받은 지 사 년 뒤인 1911년 7월에 엄귀비가 일본에 끌려가 있는 어린 아들을 그리면서 원통하게 별세했고, 그 뒤로 이은과의 혼사는 더 이상 아무런 진척도 없고 아무런 기별도 없이 마냥 세월만 흐르고 있었다. 그리고 놀랍게도 엄귀비가 승하한 뒤 5년 뒤인 1916년 8월 초에 이은이 일본 황족인 이본궁 방자 여왕과 약혼했다고 신문에 크게 보도되었다. 그러나 그런 기사를 보고도 그녀와 그녀의 집안에서는 오로지 '약혼반지'만을 굳게 지키고 있었다.

그런데 그처럼 기약 없는 약혼 상태를 파기해 버리는 새로운 사태가 일어난 것이다. 돌연 태황제가 보낸 상궁들이 집안에 들이닥쳐서 금반지를 환수해 가겠다고 선언했다. 약혼지환을 환수한다는 것은 곧 파혼함을 뜻하는 일이었다. 그렇기 때문에 그것은 도저히 응할 수 없는 일이었다. 그 금반지가 있는 한, 민갑완은 자신이 '대한제국의 마지막 황태자 이은의 약혼녀'라고 당당하게 자부할 수 있었다. 그 금반지를 빼앗긴다는 것은 약혼녀로서의 신분을 빼앗기는 것이었다. 그래서 빼앗기지 않으려고 완강하게 버티었지만 끝내 빼앗길 수밖에 없었다. 민갑완의 자서전《백년한》에는 당시 궁에서 나온 상궁들에게 신물을 빼앗기던 일의 전말이 특별히 〈나의 운명運命이 빛을 잃던 날―戊午年 正月 초사흘 밤 열두 시―〉라는 제목을 붙여서 기록되어 있다. 그 기록을 따라가 본다.

(이은이) 일본으로 다시 가신 지 사흘이 되던 섣달 열 여드렛 날 오후였다. 해가 막 기울려고 할 무렵, 안에서 별당인 내 방으로 나가려니까 웬 남치맛자락이 힐끗 보였다. 직감적으로 무슨 일인가, 하고 공연히 가슴이 내려앉는 것 같았다. 틀림없이 궐내에서 나온 모양인데 무슨 일로 나왔을까, 하고 조바심이 났다. 흉몽을 꾼 후로는 언제나 불안한 것이 걱정스럽기만 했다.
나는 별당에 그냥 있은 채 들어가지 않았으나 안에는 아버님과 어머님께서 계시었다. 궁인의 의상을 갖춘 상궁들이 나온 것이다. 한 분은 창덕궁 제주상궁의 김상궁이고, 한 분은 홍상궁이었다. 방안에 들어선 그들은, "대감마님께 문안드리옵니다. 부인마님께 문안드리옵니다" 하면서 양수거지兩手据地하여 읍을 한 후 나란히 앉았다. 무슨 말을 어떻게 먼저 해야 좋을지를 모르는 듯이 서로 주저하더니 김상궁이 먼저 입을 열었다.
"황공하온 말씀이오나 신물을 환수還受하러 나왔사옵니다."
"아니 그게 무슨 말씀이오. 자다간 꿈이나 꾼다지만 이런 꿈 밖의 일이 또 어디 있단 말이오?"
"물론 놀라실 줄 알고 왔사오나, 상의 뜻이 그러하시다니 어찌 하옵니까?"
"상의 뜻이시라니, 간택을 치르고 신물까지 나눈 지 십여 년이 된 오늘에 와서 뜻이 변하셨단 말씀이시오?"
"그리 노하실 것은 아니옵니다. 강약이 부동으로 총독부에서 지령하신 일이온 즉 어찌할 도리가 없사옵니다."
"그건 나는 못하겠소. 내 자식의 일생을 망치고 게다가 그 동기까지도 폐혼케 되는 그런 일을 어찌 하라고 합니까. 못해요" 하시며 아버님께서 언성을 높이

시자 이번엔 어머님께서 울먹이시면서,

"아무리 나라 일이 중타 해도 자식들의 전정을 막아 주는 법이 어디 있단 말씀이시오. 큰애를 그렇게 해 놓으면 그 애는 물론이거니와 그 아래 아이들의 전정까지도 막아 버리게 되지 않습니까. 역혼逆婚은 못 하는 법인데 세상에 이런 법도 있습니까" 하시며 통곡을 하시었다.

"부인마님, 너무 애통해 하시지 마시옵고 소인의 입장과 정경을 살피시와 어명을 봉승奉承해 주십시오. 곧 타문他門으로 출가를 시키시겠다는 확답을 내려 주십시오."

"그런 문제는 나에게 말씀하시오. 어명이 정 그러하시다면 도리 없이 어명을 봉승하겠읍니다" 하시며, "어명을 봉승합니다"라고 쓴 증서를 아버님께서 내 주시었으나 이것으로는 안 된다고 하였다.

이렇게 싸우기 수일이었다.

이렇게 시작된 민규수 댁의 신물 환수 소동은 1918년 2월 13일(음력 무오년 정월 초사흘날)까지 꼬박 14일 동안이나 계속되면서 처절한 대소동을 일으켰다.

식음 전폐하고 드러누운 어른들, 떼를 지어 몰려와서 집안에 버티고 앉아 금반지를 내놓으라고 조르는 상궁들, 가족들의 억울하고 비통한 통곡, 마음에도 없는 악역을 맡은 상궁들의 비애와 고통이 서린 서러운 통곡……. 집안 풍경이 흡사 줄초상이 난 상가와 같았다고 한다.

궁중에서 파혼하자고 통고한 것이니 신하의 도리로 어쩔 수 없이 받아들이기는 하지만, 11년간이나 '생명과 같이 여기며 간수를 하고' 있던 신물을 도로 내놓다는 것은 너무도 원통해서 민씨 댁에서는 죽을힘을 다 내어 끝까지 신물을 내놓지 않으려고 버티었다. 그러나 궁중의 뜻이 워낙 강고하여 끝내 견디지 못하고 2월 13일 밤에 되돌려 주었다. 민갑완은 당시 겪었던 상황을 자서전에 다음과 같이 기록해 놓았다.

우리를 도와주려는 몇몇 분들은 어떻게 된 내력인가를 조사하여 보고를 하였다. 이번 일은 어명도 아니고 총독부의 지시도 아닌 오직 아부를 밥 먹듯 하는 친일파의 간교라고 하였다. 시종원경侍從院卿을 비롯하여 총리대신과 시종부관의 계책이라 전하면서 버티라고 말해주었다. 그러한 연락이 없더라도 신물만은 생명과 같이 여기며 간수를 하고 있는데 더욱이나 그러한 입장이라면 더 불측하고도 원통하였다. 어느 풍편에는 규수閨秀가 너무나 영리하여서 명성황후는 명함도 못 들일 정도이니 일찍 방비를 해야지 더 두었다간 큰일이 날 것이라는 시종원경과 총리대신의 우려에서 생겨난 비극이라고 한다.
"만일에 그 규수가 국모가 되었다간 또 민씨일파閔氏一派들이 득세를 할 것이고, 뿐만 아니라 두뇌가 남달리 탁월하고 기억력이 일람첩기一覽輒記라니 공연히 큰일 날 것이외다" 하고 간신일파들은 권세를 얻기에만 급급하였다.
사흘이 지나자 우리 집은 궁궐과 같이 나인과 상궁들이 들끓었다. 덕수궁 제주상궁인 서상궁, 창덕궁 제주상궁의 김상궁, 경성궁 제주상궁의 조상궁, 최상궁, 홍상궁, 박유모, 이유모, 김유모 등 교대로 드나들면서 줄을 이었다. 그러다가 나흘째 되던 날 전갈하기를,
"영친왕님께서는 일본의 황족 공주와 결혼을 하시게 되었으니 대감댁에서도 어서 타문他門을 택하여 성혼준비成婚準備를 해주십시오. 만일에 무엇 하시다면 금릉위궁錦陵尉宮 박영효朴泳孝 씨 댁으로 하시면 어떠하시겠읍니까?"
하자 아버님께서는 펄쩍 뛰시면서,
"파혼을 하면 했지 남이야 뉘게 시집을 보내든 무슨 상관이시오. 절대로 방해

는 놓지 않을 것이니 염려를 마시옵고 돌아들 가십시오."
하시며 탄식을 하셨다.

그 날부터 할머님과 어머님은 식음食飮을 전폐하시고 주야로 눈물 속에서 세월을 보내시었다. 상궁들도 이 정경이 딱해 보였던지 울고불고 야단들이었다. 반빗아치(찬 만드는 사람)는 미음 끓이기에 여념이 없고, 나이 어린 동생들은 이방 저방으로 몰려다니며 눈치만 살폈다. 어느 상갓집이 이리 슬프고 분주하랴. 나는 가슴이 찢기는 것같이 아프고 미칠 듯 괴로웠다. 무슨 운명을 이리도 박복하게 타고났기에 부모에게 효도는 못할망정 이러한 고통을 만들어드리나, 하고 생각하면 생각할수록 가슴이 메어지고 한없이 괴로웠다. 어디든지 마구 달려가서 바위에다 몸을 산산이 부수어 죽고만 싶었다. 그러나 웃어른들이 계신 앞에서 험한 꼴을 보여드리는 것은 더 큰 불효이고 죄악이고 보니 나에겐 그러한 행운도 있을 수가 없었다. 백발이 되신 할머님께서 땅을 치시며 우시는 양을 보면 가슴이 메어지는 듯 멱문까지 막혀왔다.

이러한 고충 속에서도 밤과 낮은 쉼 없이 바뀌었고, 세월은 거침없이 흘러갔다. 그토록 다사다난多事多難하던 정사년丁巳年이 가고 무오년戊午年의 새 아침은 밝아왔으나 침통한 분위기에 슬픈 감정만은 물귀신과 같이 우리 집에서 떠날 줄을 몰랐다.

대종가 집이라 울음 속에서도 차례는 잡숩게 하였으나 명절의 기분이라고는 찾으려야 찾을 길이 없었다. 새 옷으로 갈아입고 기쁨과 웃음 속에서 맞는 날이 설날이건만 우리 집만은 작년인 어제와 다름없이 울음 속에 묻혀 있었다. 초하루가 지나고 초이틀이 샜으나 갈수록 곡성만 커질 뿐 아무런 결단도 내려지지는 않았다. 도리어 감금까지 당하게 되었다. 상궁 중에도 스파이가 있어 비밀이 누설된 탓으로 신물을 환수하기 심히 곤란하다는 사정을 당국에 알린

후로는 가족은 물론이고 하다못해 상노나 청지기 아이종까지도 문밖출입을 마음대로 못하게 하였다.

행여나 신물을 가지고 도망을 치면 어떡하나, 아니면 궐내에 들어가 행패라도 부리면 어쩌나 하는 피해망상증에서 생겨난 처사이리라. 근 보름간을 들볶이고 나니 온 집안 식구들은 병색病色이 들고 맥이 없었다. 마음 상하는데 너는 참례치 말라, 고 하시는 아버님의 권유도 뿌리친 채 三일 날은 내 방으로 상궁들을 불러들였다. 남치마에 옥색저고리를 입고 또야머리를 한 상궁들이 十여 명 우우 몰려들어 왔다. 안방에서 울다가들 왔는지 눈물을 닦는 이도 있고 흐느끼는 이도 있었다. 그러자 나를 보더니 목멘 소리로,

"전 영친왕님의 이 유모입니다."

"전 영친왕님의 박 유모입니다."

"전 영친왕님의 김 유모입니다."

"전 덕수궁 제주상궁의 서 희순입니다."

"전 경성궁 제주상궁의 조 하사입니다."

하고 각각들 인사를 했다. 유모들은 내 손을 잡고 엉엉 울면서,

"세상을 잘못 만난 탓이오니 어찌 합니까. 그러나 너무 억울합니다. 十여년씩이나 마음 잡숩고 계시다가 이게 무슨 변입니까."

하며 흑흑 흐느꼈다. 이를 악물고 참고 참던 나의 눈물도 왈칵 쏟아지고 말았다. 그러나 나는 곧 내 마음을 진정시키면서 발악을 하듯 야단을 했다.

"우시긴 왜들 이리 우십니까. 집안이 시끄러우니 조용히들 해주십시오. 모두가 나의 운명이거늘 뉘를 탓하겠소. 그래, 무슨 일로 나의 부모님을 괴롭히셨읍니까. 나두 나이가 이만한데 내 일은 내가 처리할 게 아닙니까."

실은 그들이 벌써부터 나를 만나고 싶어 하였으나 감히 나까지는 만나자고 청

원을 못했던 것이었다. 비록 신물은 환수하러 나왔어도 재간택까지 치른 셈인 나는 그들의 상上이 되기 때문에 두려워했던 것이다. 그래서 내가 말을 침착하게 해내려가자 그들은 금시 울음을 멈추고 조용해졌다.

"약혼을 파하자고 해서 파하겠다고 허락을 해줬으면 그만이지 그까짓 신물이 무엇이기에 우리를 그토록 괴롭히십니까. 나야 누구와 결혼을 하든 말든 그편의 생활에 간섭만 않으면 되지 않습니까. 정혼을 한 지 十여년간 미우나 고우나 낭군으로 여기고 마음 두고 살아온 나에게 그까짓 신물 하나 기념으로 주고 간들 무엇이 그리 원통하시겠읍니까. 내가 말씀드린 대로 그대로들 가시어서 전갈을 해주십시오. 결혼은 물론 다시 마음먹지 않을 것이며 생활에도 간섭치 않을 터이니 신물만은 귀중하다기보다도 억울한 마음의 기념으로 두고 싶사오니 그리 아시옵고 선처해 주십사고 아뢰어주십시오."

하며 목이 메어 말끝을 잃자 그들도 따라서 다시금 통곡을 하기 시작했다. 얼마 동안 운 뒤 덕수궁 제주 서상궁이,

"황송하온 말씀이오나 만일 이 신물을 환수치 못할 때에는 저희들의 목은 물론이요, 양궁까지도 존폐를 시킨다고 하옵니다."

하고 고개를 맥없이 떨어뜨렸다.

나는 정신을 가다듬고 조용히 생각해보았다. (중략) 주자, 깨끗이 주어버리자, 하고 마음속으로 다짐은 했으나 내 고리에서 신물을 꺼내자니 손은 사시나무 떨 듯 떨려왔고, 가슴은 미어지는 듯하여 울음이 왈칵하고 터지고 말았다. 두 쪼가리 금반지를 신물이라 이름 지어 부르면서 거기에 매여 이팔청춘의 고운 티를 전부 버린 생각을 하면 원통하고도 절통하였다. 하지만 내주려고 한번 정한 마음 울며불며 추태부리지 말고 깨끗이 선뜻 내주자고 다짐한 후 나는 상궁들 앞에 신물상자를 내놓고는 이렇게 말했다.

"나의 신표信標로 이것만은 꼭 간직하려 하였으나 이것을 반환치 않으면 양궁이 존폐되신다 하시니 내 비록 아녀자라, 나라에 충성을 못할망정 양궁을 존폐케 하여 드릴 수야 있읍니까. 신표 따위는 있으나 없으나 매한가지로 직지인심直知人心이라고, 모든 것은 마음 한가운데 있는 것인즉 이대로 반환하겠읍니다. 그러나 이것을 가져가시는 대신으로 영수증을 하나 써주셔야 되겠습니다. 세상 인심이 하도 야박하고 보니, 만일 가져가신 후라도 안 가져갔다고 하시며 생무지같이 떼를 쓴다면 그때에 나는 더 기막힌 꼴을 당할 것이오니, 제주상궁님들을 비롯하시어 유모님들의 연명으로 '아무 연분에 간택을 치르서어 아무 일자에 택일을 하여 신물을 수수케 하였으나 일제日帝의 강압으로 아무런 이유도 없이 신물을 다시 강탈해간다' 는 내용의 영수증을 써주십시오."
하자, 덕수궁 서상궁과 홍상궁, 김상궁은 펄쩍 뛰면서,
"어찌 그러한 내용으로야 영수증을 쓸 수가 있사옵니까, 그것만은……."
"그것도 못해주시겠다면 나도 신물을 못 드리겠습니다. 마음대로들 하십시오."
하고 일어서자 그들은 수군거리면서 바삐 연락을 취했다. 상궁이 들어가면 정감이 나오고, 정감이 들어가면 또 상궁이 나오고, 이러기를 수십 번 거듭하더니 또다시 타협을 제의하여 들어왔다. 누가 써서 가져왔는지는 몰라도 나의 청대로 쓴 글이 내 앞에 놓였다. 그러나 날인은 하나도 없었다.
"이런 어설픈 종잇조각으로는 안 되겠습니다. 이 자리에 참석하신 분은 전부 다 날인을 해주십시오."
"저희들은 도장이 없는데요."
"유모님들은 없으시니깐 지장을 찍어도 좋지만 제주 상궁님들은 도장을 찍어주십시오."
"지금 가지고 나온 것이 없사온데요."

"몇 밤도 새웠는데 오늘 한 밤쯤 못 새겠읍니까. 정감을 시켜 내오라고 하시면 되지 않습니까."

하고 대작을 하자 그들은 할 수 없었던지 정감을 시켜 도장을 가지고 나왔다. 도장이 찍힌 종이 한 장과 신물을 바꾸자니 나도 모르게 눈물이 쏟아졌다. 목메는 울음을 삼키며 신물을 받들어 덕수궁 제주 서상궁에게 넘겨준 후 벼루와 먹을 꺼내어 흰 백지 위에다,

충신忠臣은 불사이군不事二君이요
열녀烈女는 불경이부不更二夫라고 써서는,

"미안하오나 이것을 양전마마께 꼭 좀 전해주십시오."

하고 흐느끼자 덕수궁 제주 서상궁은 파랗게 질리면서

"이것을 가져갔다간 저희들의 목이 달아납니다. 아기씨의 뜻은 잘 알겠사오며 가서 말씀으로는 하나도 빠짐없이 여쭙겠사오나 글까지는 못 가져가겠사옵니다."

하고 퍽이나 미안해하였다.

"정 사정이 그러하다면 낸들 어찌 더 고집하겠읍니까. 그러나……."

하며 나는 그만 소리를 내어 울게 되었다. 나의 울음소리를 따라 내 방에 들어온 상궁과 유모들도 전부 소리를 내어 울게 되었다. 온 집안이 초상집과 같이 금시로 울음에 묻히었다.

신물을 넘겨주고 슬피 울고 있다는 전갈이 아버님께 전해지자 아버님께서는 애석하고도 분한 마음을 참지 못하시어,

"빼앗고 싶었던 물건을 빼앗았으면 어서 물러들 가실 것이지 남의 집에서 울긴 왜 이리들 우시오. 누가 죽는 꼴을 보셔야만 시원들 하시겠소."

하시며 고함쳐 몸부림을 치셨다. 건너편 방에서 할머님과 어머님께서 달려오시고 몸부림치시는 아버님을 부축해 모시면서 서로가 서로의 슬픔을 위로하며

달래는 사이에 시종원경의 스파이인 홍상궁이 울며 받아놓은 영수증을 슬쩍 가지고 먼저 도망쳐버렸다. 그러한 공을 세워서 후세에 얼마나 잘 살려는지는 모르겠으나 그 모질고도 악독한 마음이 너무나 무서워서 다시 찾을 생각을 못하고 말았다. 무오년(戊午年) 정월 초사흗날 밤 열두 시로서 나의 운명의 종막은 내려진 셈이다.

민갑완이 약혼반지인 '한 쌍의 금반지'를 궁중에 환수당하던 정경이 눈에 선하게 그려져 있는 회상이다. 다만, 위의 문장에 여러 가지 오류들이 있는 것이 흠이다. 나라가 망한 이후에는 전혀 존재하지 않았던 '총리대신' '시종원경' '시종부관' 등의 벼슬 이름이 버젓이 표기되어 있고, 상궁의 직책인 '제조상궁'을 '제주상궁'이라고 썼는가 하면, 상궁들 이름 중에서 '조하서'를 '조하사'로 표기하고, '황태자'를 '영친왕님'이라고 부르고, 엄귀비의 궁호인 '경선궁'을 '경성궁'으로 표기하는 등의 오류들이 산재해 있다.

민갑완의 술회에 의하면, 궁중에서는 금반지를 회수한 것으로 일을 끝내지 않았다고 한다. 다음 날, 이번에는 민갑완의 아버지 민영돈에게 "신의 여식을 금년 내로 타문에 출가시키지 않으면 부녀가 중죄를 받아도 좋다"는 서약서를 쓰게 했다는 것이다. 그것으로써 민영돈 집안과 궁중의 인연은 완전히 끊어진 것이다.

무오년(1918) 음력 정월에 이런 침통한 곤욕을 당한 뒤, 민갑완의 할머니는 매일 몸부림치며 울었다고 한다. 손녀딸이 눈앞에 얼씬하면 "갑완아!" 하고 흐느끼는데, 안 보이면 안 보여서 찾으면서 애통해하고, 보이면 보여서 애통함을 금치 못했다. 연로한 몸에 그토록 큰 고통과 절망은 독약 못지않게 치명적이었다. 민갑완의 할머니는 파혼된 뒤 애통함과 화병으로 기력을 잃고 자리에 누웠고 신물을 환수당한 날로부터 불과 5개월째이던 음력 5월에 별세했다. 그녀의 아버지 역시 울화와 절망으로 나날을 보내다가 같은 해 음력 10월에 별세했다. 그래서 반년도 안되는 사이에 집안 최고 어른과 가장을 잃은 가족들은 이중 삼중의 슬픔과 고통과 원통함 속에서 아무런 빛도 없이 아무런 기대도 없이 아무런 기쁨도 없이 그저 무력하게 하루하루를 영위해 갔다.

한 쌍의 금가락지, 그리고 이은과 민갑완…….

돌아보면 두 사람은 참으로 기이한 인연으로 얽혀진 사람들이었다. 1897년 10월 20일, 명성황후의 탄신일에 같은 서울 하늘 아래에서 나란히 태어났고, 민갑완은 엄귀비에 의해서 '약혼녀'로 선정되어 약혼신물인 금반지를 받고 '황태자의 약혼녀'가 되었다. 그러나 일본에 인질로 끌려간 이은은 일본 황족인 이본궁 방자와 결혼한 뒤 일본에서 평생을 보냈고, 민갑완은 '황태자 이은의 약혼녀'였다는 명분 하나 때문에 평생을 수절하다가 1962년에 65세의 나이로 《백년한》이란 자서전을 출간하여 남기고 1968년에 외로이 죽었다.

그녀의 자서전은 지금 사람의 눈으로 읽어 보면 너무도 애처롭다. 다만 한

➧ **상해 망명 시절의 민갑완.** 1918년 1월 13일에 이은이 귀국했으나 민갑완은 만나볼 수조차 없었다. 그리고 이은이 일본으로 돌아가자 태황제 고종은 궁중 사람들을 민갑완의 집에 보내 약혼지환이었던 '금가락지'를 환수해 갔다.

가지 유감스러운 일은, 그녀가 자서전 집필을 위해서 따로 마련해 둔 자료 없이 오로지 기억에 의해 구술한 것을 집안의 젊은 사람이 정리한 기록이기에 도처에 착오와 오류들이 많다는 점이다.

무엇보다 이은이 일본에 인질로 끌려간 때의 날짜부터 틀렸다. 당시 이은은 통감 이등박문의 손에 이끌려 1907년 12월 5일에 서울을 떠났음에도 불구하고 《백년한》에는 "이등 총독의 제언과 주장으로 음력 정미년 시월 초하루에 이등의 인솔로 도일 유학의 길로 오르시게 된 것이다"라고 기술되어 있다. '음력 정미년 시월 초하루'는 양력으로 '1907년 11월 6일'이니 날짜가 틀린 데다가, 당시 이등박문은 '총독'이 아니라 '통감'이었다. 또한 엄귀비의 상사 때에 이은이 분상하려고 잠시 귀국했었고 그 사실이 당시 신문에도 크게 보도되었다. 그럼에도 불구하고 "(이은이) 일본인들이 보내지 않아서 모친의 장례에도 참석하지 못하였다"고 기술했는가 하면, 당시 벼슬아치들의 벼슬이름이며 실존 인물들이던 각 궁궐 상궁들의 이름들도 부정확하다. 심지어는 아직 《동아일보》가 창간되기 전인데도 불구하고, "'정사년丁巳年 섣달 초하룻날에는 영친왕께서 귀국을 하신다는' 기사를 당시 집에서 구독하고 있던 《동아일보》의 보도를 보고 알았다"고 회고했다.

또한 이은이 황태자가 된 뒤 대한제국 궁정에서는 황태자보다 격이 낮은 호칭인 '영친왕'이란 왕호를 공식적으로 폐지한 뒤에 일체 쓰지 않았고, 더구나 국망 이후에는 일본 황실에 의해 '이왕가의 왕세자'로 지칭되었기에 공식적으로는 그 호칭만 쓰였다. 그런데도 불구하고 "우리 집에서 보는 신문은 동아일보東亞日報이었는데 첫 장 맨 위에 '학성귀국學成歸國'이라는 커다란 제목이 첫눈에 띄었다. 기사 내용은 이젠 학업을 다 마쳤으므로 정사년丁巳年 섣달 초하룻날에는 영친왕께서 귀국을 하신다는 것이었다"라고 기술해 놓았다.

그 당시는 총독부 기관지인 《매일신보》 하나만 발간되던 때로, 신문의 "첫 장 맨 위에 '학성귀국學成歸國'이라는 커다란 제목이 첫눈에 띄었다"느니, "이젠 학업을 다 마쳤으므로 정사년丁巳年 섣달 초하룻날에는 영친왕께서 귀국을 하신다"느니 하는 따위의 기사들은 《매일신보》에도 전혀 실리지 않은 문구들이다. 민갑완이 당시에 그런 기사가 보도되었던 것처럼 스스로 기억을 만들어서 기억한 것에 해당한다.

그런데 그처럼 부정확한 부분들이 많은 그녀의 자서전 속에 극히 정확하게 기록된 부분이 있다. 이은이 처음으로 공식 귀국했던 바로 그 날짜다. 민갑완의 《백년한》에는 그날이 음력으로 '정사년(1917)의 섣달 초하룻날'이라고 나오는데, 양력으로 환산하면 정확하게 '1918년 1월 13일'이다. 당시는 공식적으로 모두 양력을 쓰던 때라서 신문에는 일체 양력으로만 보도되었다. 그럼에도 그녀가 그 날짜를 음력으로 기억하고 있는 것으로 보아서, 그것은 그 당시에 그 날짜를 음력으로 환산하여 자신의 기억 속에 깊이 간직해 두었던 것임을 알 수 있다.

당시 그녀는 그날 이은이 서울에 들어왔다는 신문 보도를 보았을 뿐 직접 만나본 것도 아니었다. 그런데도 사십여 년의 세월이 지난 뒤에까지도 약혼한 남정네가 처음으로 공식 귀국했던 그 날짜가 환갑이 지나도록 늙어버린 여인의 기억 속에서 그토록 생생했던 것이다. 한 맺힌 여심의 애달픈 마음의 무늬가 손에 닿듯 생생하다.

오로지 '황태자의 약혼녀'였다는 명분 하나 때문에 자신의 생애를 박제해서 역사의 하늘에 걸어놓고 죽은 여인 민갑완, 그녀는 누구인가.

그녀는 여흥 민씨로써, 대한제국 시절 주영 공사와 주청 공사를 역임한 민영돈閔永敦의 2남 3녀 중 차녀로 태어났다. 그녀가 태어난 해가 마침 집안 최고의 어른이신 할머님의 회갑인 해여서 아기의 이름에 '갑甲' 자를 넣어 '갑완甲完'으로 지었다.

여흥 민씨 가문은 조선조 말에 들어서 당대 최강의 권문세가로 떠오른 명성황후의 친정가문이다. 갑완의 부친 민영돈과 항렬이 같은 영永 자 돌림의 친척 중에서 특히 유명한 이로는, 명성황후의 조카로 갑신정변 때 부상을 입었던 민영익과 1905년에 을사늑약이 체결되었을 때 그에 항의하여 자결한 충정공 민영환 등이 있다. 민갑완의 자서전에 의하면, 그녀는 어릴 때 충정공 민영환을 "아저씨"라고 부르면서 자랐다고 한다.

민영돈은 양자였다. 그를 낳아준 부모는 한미하고 가난한 양반으로서 충북 청주에 살고 있었다. 집안의 두 형제 중 장남인 그가 과거를 준비하고 있던 열두 살 때였다. 하루는 서울에서 같은 문중의 부유한 집안인 입동댁笠洞宅의 양자를 구하러 손님들이 내려왔다. 그들은 형제의 관상을 꼼꼼히 살펴보고 "부귀공명의 상을 타고 났다"는 이유로 형인 민영돈을 양자로 뽑았고, 그는 상경하여 입동댁의 가계를 이었다. 당시 입동댁의 안주인 이씨는 민씨 문중에 시집온 뒤 이내 소년과부가 되어 홀로 수절하면서 살다가 민영돈을 양자로 들여서 집안을 다시 세운 것이다.

민영돈이 부유한 일가 집안의 양자가 되어 서울에 온 것은 그의 고속 출세를 확실하게 보장했다. 인물 좋고 총명했던 민영돈은 민씨 가문의 비슷한 또래 자제들 중에서 특별히 왕세자(뒷날의 순종)의 글동무로 뽑혀 3년 동안 왕세자와 같이 글공부를 했다고 한다. 그는 열다섯 살이 되는 해 가을에 있었던 과거에서 장원급제를 한 뒤로는 줄곧 내직內職에 있으면서 궁궐 일을 보았다. 25세 때에는 동래부사가 되어 6년간 재임했고, 그 뒤로는 종묘 제관, 승후관, 주영 공사, 주청 공사 등으로 봉직했다고 한다.

민영돈이 35세였던 1897년에 갑완이 태어났다. 그녀의 어머니는 갑완을 낳기 전에 이미 5남매를 낳았으나 먼저 낳은 4명은 어려서 죽고 나중에 낳은 딸 하나만 살았기에 갑완은 둘째 딸이 되었다.

민갑완의 어린 시절은 밝고 환하고 떠들썩하다. 부유하고 유명하고 지위 높은 벼슬아치의 귀한 딸로서 하인들의 시중을 받으며 아주 호사스럽고 거침없이 잘 자랐다. 그녀의 자서전에는 그 행복했던 시절이 다음과 같이 회상되어 있다.

설을 쇠고 떡국을 먹는 것과 더불어 내 나이도 한 살 더 불어서 여섯 살이 되었다. 오뉴월 볕을 하루 더 쐬고 덜 쐬는 데 따라 지혜도 다르다는 옛말도 있지만, 나이를 한 살 더 먹은 탓인지 그렇게 심하던 장난도 이젠 좀 뜸해져서 제법 아가씨의 티를 내게 되었다. 모두들 명절이라고 하여 널뛰기며 줄타기 등 갖은 놀이로 야단이었건만 나는 글공부에만 열중하였다. 그래서 음력 정월 열이렛날에는 천자를 완전히 깨쳤다. 남들은 一, 二년씩 배우는 천자를 五十 여일 만에 뗐다고 하여 집안에서들은 칭찬이 자자했다.

어머님께서는 곧 사람들을 시켜 책씻이 준비를 하시고 집집에다 통지를 하시었다. 책씻이라 하면 옛날부터 내려오는 풍습으로서 책 한 권을 배워서 떼는 날에 큰 잔치를 하는 것을 말한다. 선생과 학생에게 새 옷, 새 신을 해주고 술과 떡을 만들어 친척과 친지에게 나누어주는 것이다. 책씻이에는 의례히 송편과 국수장국을 한다. 송편과 같이 속이 동그랗게 공부 잘하고 크게 되며, 국수와 같이 수명장수壽命長壽하여 오복五福을 누리라는 뜻이라 한다. 열 아흐렛날은 내 책씻이 날이라 아침부터 손님이 줄을 이으셨다. 자손이 귀한 집에다 아버님까지 외국에 계시고 보니 가까운 친척들은 안팎을 물론하고 모두 다 모이셨다. 의정대신 이명근議政大臣 李明根 씨며, 호판공戶判公의 아드님이신 민찬호閔讚鎬 씨며, 보국 민영소輔國 閔泳韶 씨 등 외가, 친가, 할아버님, 아저씨들이 모두 나오셨다. 나와 나의 선생님이신 대부는 새 옷과 새 신을 신고 무척 즐거워하셨다. 사랑에서 손님들이 부르시면 책을 들고 나가서 강講을 받아야 했다. 한 자를 튕겨주시면 그것을 받아 줄줄 외어야 하고, 한 구절을 읽어주시면 그것을 해석도 할 줄 알아야 했다. 큰 사랑에는 의정대신 할아버님이며, 보국 아저씨 등이 계시었다. 의정대신 할아버님은 가슴까지 내려온 수염을 쓰다듬으시며,

"난봉, 어서 들어오게. 장난이 너무도 세차서 공부를 할까 걱정을 했더니 오히려 그 반대로 성적이 아주 좋다니 내 마음도 한없이 기쁘구나."

내 장난이 너무나도 심한 탓으로 나의 별명이 '난봉'이었다. 마음 쓰는 데는 너그러워서 활량 같고, 노는 데는 때와 장소를 가리지 않는다고 하여 여러 어른들 입에서 생겨난 나의 총칭寵稱이었다.

의정대신 할아버님의 말씀을 받아 보국 아저씨는,

"외워봐야 알지요, 어디 남의 말만 듣고는 알 수가 있습니까. 난봉, 자신이 있나? 어디 대부님도 계신 앞에서 한번 외워봐라."

하시자, 의정대신 할아버님께서,

"계집 녀女 밑에는 무슨 자가 있으며 그 뜻은?"

하고 물으셨다.

"계집 녀女, 사모 모慕, 곧을 정貞, 매울 렬烈. '여모정렬'이란 계집이 한 사람을 사모했을 땐 오직 그 한분에게만 마음을 둬야 된다는 뜻이옵니다."

"옳지, 그놈 아주 제법인데. 그럼 알 지知자 다음은?"

하시며 재차 물으셨다.

"알 지知, 허물 과過, 반듯 필必, 고칠 개改. '지과필개'라 함은 어떤 일이 허물

인 줄 알았을 땐 반드시 고쳐야 된다는 뜻이옵니다."

"하하⋯⋯ 과연 두뇌가 명석明晳한 아이야. 자, 저 윗목에 선물이 있으니 네 방에 가져가고 더 열심히 공부하거라. 나를 비롯하여 아저씨께서들 사오신 것이다."

나는 기뻐서 곧 윗목으로 갔다. 그 곳에는 지필묵紙・筆・墨이 수북이 쌓여 있었다. 나는 너무나 기뻐서 다시 아저씨와 할아버님 앞에 감사하다는 인사를 여쭙고는 방울이와 옥순이를 불러 선물을 내 방으로 가져가게 하였다. 내 방에는 다른 곳에서 가져온 선물들이 가득 차 있었다. 색간지色間紙며, 송죽松竹이 그려져 있는 편지지와 봉투들은 나도 모르게 내 입가에 미소를 짓게 하였다.

이 증언에 나타난 문장은 후인의 눈에는 일종의 신탁처럼 매우 기이한 인연으로 비친다. 하필 생애 첫 공부였던 천자문의 책씻이 자리에서 처음 받은 질문과 대답이 여인의 길에 대한 것이었을까. 어린 민갑완이 했던 대답, 곧 "여모정렬女慕貞烈, 그 뜻은 '계집이 한 사람을 사모했을 땐 오직 그 한 분에게만 마음을 둬야 된다' 는 뜻이옵니다"라는 대답은 훗날 그녀의 생애 전체로서 처연하도록 완벽하게 실현되었다.

아무튼 위의 증언은 당차고 명랑하고 야무지고 명민하고 활달한 꼬마 여자아이의 면모가 약여한 한 폭의 그림 같은 기록이다. 이런 모습으로 자라던 민갑완이 아홉 살 되었을 때 남동생이 태어나자 그의 부모는 뒤늦게 아들을 얻은 것이 너무도 다행하고 기특하다 하여 이름을 '천행千幸'이라 지어 길렀고, 그 뒤에 다시 아들을 낳자 더욱더 다행하다 하여 '만행萬幸'이라 이름 지어 길렀고, 그 아래로 다시 여동생인 '만순萬順'이 태어났다. 그래서 세월 따라 그녀의 동기간들은 결국 2남 3녀의 다복한 남매들이 되었다.

한때 중전의 친정 집안으로서 당대 최고의 권문세가였던 가문의 배경과 내력 탓도 있겠지만, 갑완의 아버지 민영돈은 빈한한 집에서 태어나서 번성한 일갓집으로 양자를 간 사람답게 혼인으로 집안의 위상을 올리는 데 능했다. 2남 3녀 중 첫아이인 큰딸을 당대 권력자 중 하나였던 윤덕영의 아들에게로 출가시켰다. 혼사 당시 윤덕영은 황태자(순종)의 계비(후처)인 황태자비 윤비의 백부이자, 그런 집안 배경을 내세워 목소리를 한껏 높이던 권력의 실세였다.

그러니 장녀를 출가시킬 시점에서 보았을 때, 민영돈 자신으로 말하자면 금상 황제의 유일한 정실이던 명성황후의 친정 일가이고, 사돈인 윤덕영으로 말하자면 현 황태자비 윤씨의 친정 백부인 정계 실력자였다. 한마디로 해서 민영돈의 큰딸의 결혼은 당대 최고의 명문 외척들이 새로이 겹으로 연결된 혼사였다. 집안 간의 혼사를 매개로 지형이 곧잘 바뀌던 당시의 대한제국 권력 지도 안에서 민영돈이 차지한 지체와 위상은 자못 막강했다. 그러나 윤덕영이 대표적인 친일파 중 하나로서 특히 태황제의 양위 이래 궁중을 휘저으며 횡포를 일삼은 탓인지, 민갑완은 뒷날 자서전을 쓸 때 윤덕영의 며느리인 자신의 친정 언니에 대해서는 일절 언급하지 않았다.

황태자의 약혼녀가 된 때로부터 무정한 세월은 흘러 흘러 어언 십일 년, 1918년 1월에 이은이 최초로 공식적인 귀국을 했다가 돌아간 뒤 이내 약혼의 신물인 금반지를 궁중에 환수당하면서, 민갑완은 자신의 정신 속에 자리 잡고 있던 웅장한 대궐이 속절없이 무너지는 것을 느꼈다. 아니, 대궐만이 아니다. 그녀는 자신의 삶 자체가 빛을 잃고 캄캄한 암흑의 나락 속으로 굴러 떨어지는 것을 보았다. 그래서 그녀의 영혼 깊은 곳에서 길고 처참한 비명과도 같은 탄식이 울려나왔던 것이다.

아아! 나의 운명은 빛을 잃었다!

《매일신보》의 야무진 저항

▦ ▤ ▨ ▦

1918년 12월 10일, 서울.

다사다난했던 1918년의 마지막 달에 들어서면서 날씨가 부쩍 차가워지더니 오늘은 더욱 춥다. 태양이 서쪽으로 기울기 시작한 뒤로 기온이 몹시 내려간 데다 바람까지 세차게 불어 지나다니는 행인들은 몸을 잔뜩 웅크린 채 종종걸음들을 친다. 세찬 바람이 휘몰아칠 때마다 거리마다 서 있는 전신주에서 전선줄들이 비명처럼 소리 내 울었다.

"허어, 날씨 한번 춥다!"

"어제는 올해 처음으로 영하 13도까지 내려갔다던데, 오늘 또한 그에 못지않은 듯하이."

"어찌나 얼었는지 손가락이 고드름 같네그려."

행인들의 입에서 부지중에 탄식처럼 비명이 터져 나온다.

서울에서도 가장 번화한 거리인 종각 근처의 종로 한복판 전차 정류장 부근에 자리 잡은 잡화점 서원상점은 오늘도 손님들로 바글바글하다. 그러나

손님은 많아도 물건은 별로 팔리지 않는다. 모자 양말 장갑 같은 작은 일상용품을 파는 가게라 미적미적 들어와서 물건을 보는 체 시간을 끌면서 난롯불 따뜻한 실내에서 몸을 녹이다가 전차가 오는 기척이 들리면 슬며시 나가는 손님들이 많다. 가게 안쪽 작은 방 온돌에 앉아 손님들을 지켜보고 있는 오십대 중년인 주인 남자는 그런 눈치를 뻔히 알면서도 싫어하는 기색이 없다. 추운 사람들에게 그렇게나마 몸을 녹이게 하는 것도 조그만 보시라고 속으로 생각하고 있다.

갑자기 실내 풍경이 변했다. 손님들이 일제히 진열장 앞 공간에 있는 누군가를 빙 둘러싸고 있다. 주인은 자리에서 일어나서 목을 길게 빼어 바라본다. 사람들이 둥그렇게 둘러싼 속에 한 젊은 남자가 서 있다.

아, 신문을 읽어주는구만.

왕세자 혼혈결혼의 비밀

주인은 혼자 고개를 끄덕인다.

"그 다음, 이건 말이요, 일본 동경에 계신 우리 황태자 전하의 사무관이 8일, 그러니까 그저께 오전 열 시에 이본궁에 가서 방자의 부모에게 폐백을 드리는 납폐 예식을 잘 거행하고 돌아왔다는 기사요. 큰 제목은 '납폐納幣의 예禮도 순성順成'이고, 작은 제목은 '8일 오전 10시에 리본궁저에서. 왕세자 전하께서 매우 기뻐하심'이구만요."

그러자 둘러선 사람 중에서 고연 놈들, 말이면 다 하나. 과연 우리 태자 전하께서 매우 기뻐하시기도 했겠다, 그런 중얼거림들이 새어 나왔다.

"조거판 어용저의 현관 앞에는 동매冬梅 한 송이가 반쯤 피어서 향기를 풍기는데, 8일 오전 9시 20분에 납채의 폐백을 실은 궁내성의 자동차는 왕세자 저를 나와서 청산에 있는 리본궁저에 향하였더라……"

그렇게 시작된 신문 기사는 왕세자저 고희경 사무관이 이본궁에 가서 어떤 물건으로 어떻게 납폐하는 일을 마치었으며 왕세자저로 돌아와서 복명하던 때 정황이 어떠했는지를 소상하게 밝힌 것이었다.

또박또박 신문 기사를 읽고 난 젊은 남자가 어두운 얼굴로 혀를 찼다.

"쯧쯧! 이러다가 정말로 우리 황태자 전하께서 그 발칙한 왜녀倭女하고 가례를 올리게 되시는 거 아닌가 모르겠네."

그러자 사람들 뒤에 서 있던 막일꾼 차림의 거칠게 생긴 삼십대 사내가 배알이 온통 뒤틀린단 얼굴로 내뱉었다.

"에이! 그년의 이본궁 방자 여왕, 이본궁 방자 여왕……. 요새 들어 매일같

🔖 이방자의 납폐 기념사진. 왕세자 이은이 정혼이 이루어진 증거로 신랑 집에서 신부 집으로 예물을 보내는 예식인 폐백을 드리는 납폐를 거행한 후 이방자 집안의 식구들과 찍은 사진이다(맨 왼쪽이 이방자).

이 신문 지상에 그 요망한 왜년 이야기가 자주 나오는구먼그려!"

"쉿! 말조심하기요. 그리 겁없이 마구잡이 욕을 하다 동티날까 무섭수. 누가 듣고 찔러서 잡혀가면 어쩌려고 그러오. 그래도 명색이 대일본제국의 신성한 황족이라는데."

옆에서 누가 말을 끼우자, 사내가 바락 목청을 높였다.

"허! 동티가 나? 지금 여기는 온통 조선 사람들뿐인데! 조선 사람들끼리 있는 자리에서 왜년 욕을 좀 하면 대수요? 그랬다 해서 고자질을 당해 잡혀가서 졸경을 치르게 될 세상이라면 더 이상 목숨 늘여 살고 싶지도 않소!"

그러자 목소리 몇이 그에 화답했다.

"맞소."

"그 말 한번 시원하오! 그렇고말고!"

그런 목소리 사이를 뚫고 신문을 읽던 젊은 남자의 음성이 다시 들려왔다.

"잠깐, 여러분! 이거, 오늘 신문이 꽤 재미있구먼요. 보세요! 여기 아주 의미심장한 기사가 하나 나와 있습니다. 이건 《매일신보》에 있는 조선인 기자가 '우리 태자 전하께서 끝내 일본 여자와 혼인하시면 장차 어떤 꼴이 벌어질 것인가'를 미리 조선 사람들에게 똑똑히 보여주고 경고하려는 마음으로 취재도 하고 글도 써서 만든 기사가 아닌가 싶을 정도의 글입니다."

그는 목청을 좀 더 크게 높여서 신문을 읽기 시작했다.

"들어보세요! 작은 제목은 '왕세자 전하의 가례嘉禮 전에 일선동체日鮮同體의 가정방문家庭訪問', 본제목은 '전연全然히 내지화內地化한 의사 안상호 씨의 가정, 오남매를 두고 아조 재미있게 산다' 입니다."

그 기사는 소위 말하는 '기획 기사' 였다. 작은 제목 그대로 '왕세자 전하'가 일본인 여성과 가례를 올리기 전에 사전 분위기 조성 작업의 일환으로써,

왕세자 혼혈결혼의 비밀

조선인과 일본인이 결혼한 혼혈가정을 취재하여 독자들에게 소개하는 시리즈 기사였다. 본제목에 있는 '내지화'라는 단어는 '일본화'라는 이야기다. 일본 당국에서는 합방 이래 조선인들에 대해 굳이 일본을 '내지(內地)'라고 부르게 강제하고 있다. 남자가 기사 제목을 읽는 동안 목을 늘여 어깨너머로 들여다보던 옆 사람이 불쑥 말했다.

"허, 그것 참! 글만 난 게 아니라, 그놈의 안가 녀석 부부가 모두 일본 옷으로 차려 입힌 오망 졸망한 애새끼 다섯 놈을 좍 거느리고 찍은 사진까지 같이 있네그려."

그 말을 따라 신문을 들고 있던 남자가 사람들 눈앞으로 신문을 한 바퀴 돌려 지면에 실려 있는 의사 안상호 일가의 사진을 보여 주었다.

"따져보니, 이 기사는 꽤 기이한 점이 있군요. 일본 동경에 계신 태자 전하께서 왜녀인 방자 여인네 집에 납폐를 한 날과 같은 날인 8일에 취재했고, 또 전하의 납폐 사실을 보도하는 12월 10일자 신문의 같은 지면에 나란히 실린 겁니다. 두 가지 기사 사이에 눈에 보이지 않는 기이한 인연이 있는 듯 하지 않습니까?"

남자가 실내에 있는 사람들이 모두 들을 수 있도록 또박또박 힘을 주어 기사 본문을 읽어 내리기 시작했다.

조선에 처음으로 서양의술을 수입하여 성공한 안상호(安商浩) 씨는 일선동체의 가정을 만드는 데도 제일 먼저 성공의 기를 들었다. 팔일 오후에 겨울 위엄을 발휘하는 모진 바람을 무릅쓰고 씨의 저택을 방문하였다.

진찰실에서 분주히 일을 하다가 두 손을 부비며 나와서 기자의 방문한 뜻을 듣고 "감사합니다. 저리로 들어가시지요." 어디로 뜯어보던지 조선 신사이다. 인도 되어 내실에 들어가 본즉 내지 가정과 같으리라고 미리 생각하였던 바이지만은 고만큼 고만큼한 일본 아이들이 사오 명이나 있어서 매우 번화하다. 안씨와 기자는 금시에 딴 세상에 들어온 것과 같이 생각이 된다. 안씨는 "고라 레이 짱 야가마시이요" 어린아이들을 제어하면서 온돌방으로 안내한다.

기자는 먼저 살림 재미를 물었다. 안 씨는 "네. 그렇지요. 별 수 있나요. 나는 무엇 일본 사람과 똑같지요. 나는 지금 조선 옷은 한 벌도 없습니다. 그리고 음식도 매운 것은 조금도 못 먹어요. 일본 사람과 똑같지요. 그러하니까 불편한 점은 조금도 없어요. 집안사람도 연전에는 매우 적적히 지내였으나 요사이에는 아이들도 많이 있고 우리 장모도 와서 계시니까 매우 재미있게 지내지요." "그래 혹 시골에서 일가들이 오시면 어떻게 하십니까." "네. 나는 고독한 사람이 되어서 찾아올 일가가 없어요. 가족이야말로 단출하지요. 조선 사람과 그리 상종하는 일이 없음으로 불편한 것은 없어요. 이것이 불행 중 다행이라 할런지요." 안씨는 지금부터 열두 해 전에 의친왕이 동경에 계실 때에 의친왕의 시의로 있었더라. 그때에 씨의 부인 기자磯子와 서로 알게 되어 기자 부인의 모친에게 청혼을 하여 전후 열한 해 동안 고락을 같이 하였는데 지금 앵정 소학교를 다니는 아홉 살 먹은 큰 딸을 위시하여 자녀가 모두 오남매이며, 동경에 있을 때로부터 지금까지 살림살이를 조금도 고치지 아니하였음으로 안씨가 도리어 안해를 따라서 일본 사람이 된 셈이다. 기자는 다시 부인에게 면회를 청한즉 사랑스러운 어린아이들에게 싸이어서 "나는 조금도 조선 사람하고 상관이 없음으로 일본에서 사는 것과 조금도 다를 것이 없고 열한 해 동안을 조선에 있었어도 조선말은 한마디도 못해요. 그리고 보시는 바와 같이 아이들이 많아서 출입도 잘못해요. 한 달에 진고개나 한 번씩 가지요." "어린아이들은 조선 동무들과 자주 놀 터이지요" 하고 물은즉 "집 앞이 바로 전차길이기 때문에 단속

↑ 《매일신보》의 의사 안상호 가족 기사. 《매일신보》에서 이은의 결혼을 앞두고 분위기와 여건 조성을 위해서 기획한 "왕세자 전하의 가례 전에 일선동체의 가정방문" 시리즈는 1918년 12월 8일부터 12일까지 5회에 걸쳐서 보도되었다. "전연히 내지화한 의사 안상호씨네 가정"이란 제목의 기사는 '일본 여인과 결혼하여 일본화된 조선인'에 대한 반감을 부추기기에 충분했다.

하여서 내보내지를 아니함으로 우리 집 식구들은 딴 세상에 사는 셈이에요." 말을 할 즈음에 조선인 늙은 할멈이 문을 벙싯 열더니 "옥상 뉴륙구" "소고기 다 구어요" 할 때에 기자는 안씨의 집을 하직하였다(《매일신보》 1918. 12. 10).

기사 낭독이 끝났는데 좌중은 조용했다. 그 침묵은 그들이 방금 받은 충격을 역력히 드러내고 있었다.

의사 안상호가 누구인가. 그는 신학문인 서양의술을 익힌 의사로서 현재 명의라고 그 이름을 팔도에 떨치고 있는 자다. 그래서 궁중 전의가 되어 대궐을 무상출입하면서 태황제 폐하와 금상 폐하의 건강을 보살폈다. 일본인 못지않게 성공한 훌륭한 조선인 중 하나로 알았는데, 이제 《매일신보》 기사를 보니 이 무슨 모습인가. 이미 일본에 중독된 독이 온몸에 퍼져 골수까지 썩어 문드러져 버린 비천한 자가 아닌가. 안상호는 기사에 나와 있는 표현 그대로 "안 씨가 도리어 안해를 따라서 일본 사람이 된 셈"인 것을 아주 확실하게 알아보게 만든 기사였다. 일본이 이 나라를 삼킨 지 팔 년, 그 사이에 벌써 이렇듯 뼛속까지 일본화된 인간들이 보란 듯이 나타나고 있다는 말인가. "나는 조금도 조선 사람하고 상관이 없음으로 일본에서 사는 것과 조금도 다를 것이 없고, 열한 해 동안을 조선에 있었어도 조선말은 한 마디도 못한다"는 그의 일본인 마누라가 "한 달에 한 번씩 간다"는 '진고개'는 서울에 있는 일본인 구역으로서 일본인 상점들이 많은 곳이었다.

"그 요망한 친일파 망종의 사진 다시 좀 봅시다."

누군가 쇳소리 섞인 음성으로 침묵을 깼다. 신문이 소리 나는 쪽으로 건네져서 환한 유리창 쪽으로 크게 펼쳐졌다.

음울한 얼굴로 다시 신문을 돌리면서 안상호 일가의 사진을 들여다보는 사람들 마음에 새삼 무거운 닻처럼 내려앉는 존재가 하나 있다. 멸망한 대한제국의 마지막 황태자인 이은 전하였다. 지금 급급하게 몰아치는 일본인들의 재촉에 따라 꼼짝없이 왜녀와 혼인을 올리도록 몰리고 계신 전하, 그 분의 앞날은 어찌될 것인가……. 사람들은 불길한 예감에 눈살을 찌푸렸다.

"이 기사에 나온 의사 안상호는 이미 조선인이라고 할 수 없는 인간쓰레기 중의 쓰레기지만, 그 기사를 쓴 기자는 과시 이 시대의 참된 지사군요."

문득 한 중년 남자가 크게 말했다.

"요즘이 어떤 세상입니까! 관리들은 물론 학교 교사들까지 칼을 차고 다니면서 위세를 부리는 험한 세상이잖습니까. 친일파들만 활개 치는 세상이지요. 그런데도 그 기자는 그처럼 높이 출세한 세력 있는 친일파를 비웃고 조롱하는 기사를 훌륭하게 써냈군요. 더욱이 그게 공식적인 신문 보도기사인데도 우리 황실에 대한 호칭 사용에서도 뱃심 한 번 대단하군요. 일본인들이 새로 정해 준 칭호인 '이강공李堈公' 대신 당당하게 '의친왕'이라는 대한제국 시절의 왕호를 사용하고 있지 않습니까!"

사람들이 고개를 끄덕였다.

"젊은이! 잘 보았네. 바로 보았어! 그게 다 우리 신문계에 눈에 보이지 않는 올곧은 정신의 뿌리가 남아 있어 가능한 일이라네."

늙수그레한 노인이 끼어들었다.

"현재 《매일신보》가 총독부 기관지라고 하지만, 그 전신이 무엇인가. 일찍이 대한제국 시절에 높은 뜻을 지닌 지사들이 구국의 충정과 정신으로 만들던 《대한매일신보》가 아니던가!"

노인은 힘을 주어 말했다.

"합방이 될 때 총독부에서 다른 신문들은 다 없애고 《대한매일신보》를 강제 매입하여 신문 제호에서 '대한' 두 자를 떼어 내서 《매일신보》라고 이름하여 자기네 기관지로 발행하기 시작했지. 그래서 그게 조선 천지에 유일한 조선글 신문이 되도록 만들어 놓은 게 아닌가. 그러나 막상 《매일신보》를 만드는 기자들 속에 《대한매일신보》 시절의 기자들이 많이 남아 있어서 그 인맥과 정신이 이어지고 있다고 들었네. 내가 일찍이 그런 말을 듣고서도 반신반의하였더니만, 오늘 보니 과연 그 말이 맞구먼! 우연찮게 이렇게도 조선인 기자로서의 정신이 날카롭게 살아 있는 기사를 만나 보게 되어 참으로 흥감하이!"

듣던 이들이 저마다 고개를 끄덕였다.

땡땡 땡땡땡 땡땡땡.

정류장에 전차가 다가오는 소리가 들렸다. 가게 안에 있던 사람들이 우르르 나갔다. 그들의 모습을 눈으로 뒤따라가는 상점 주인의 얼굴에 작은 미소가 떠올랐다. 덕이 높은 고승에게서 좋은 법문을 들은 듯 따뜻하고 밝은 미소였다.

《매일신보》에서 '왕세자 이은의 결혼'을 앞두고 분위기와 여건 조성을 위해서 기획한 '왕세자 전하의 가례 전에 일선동체의 가정방문' 시리즈는 1918년 12월 8일부터 12일까지 5회에 걸쳐서 보도되었다. 자작 조중응, 경무관 구연수, 의사 안상호, 포목상 김현태, 경시총감 부통역관 도변응차랑의 가정을 취재하여 쓴 기사를 사진과 함께 게재했다.

총독부에서 특별히 주문한 기사였다. 그러나 기자들의 기사 작성 태도와 논조는 기획 의도와 전혀 맞지 않았다. 포목상 김현태 외 다른 가정들은 모두 집에서 일본말만 쓰고 자녀들도 모두 일본말만 쓰면서 일본인으로서 살고 있고 조선인들과는 전혀 관계를 갖지 않고 살아 간다고 밝혀 놓은 것이다. 그렇기 때문에 그런 기획 기사를 신문에 연재하면서 노렸던 효과를 아예 내지 못했다. 이미 기사를 쓰는 기자 차원에서부터 보이지 않는 형태의 저항이 매우 치열하고 야무졌던 것이다.

그런 기사들 중에서 조선인들 사회에서 가장 크게 반감을 불러일으킨 기사가 바로 '전연히 내지화한 의사 안상호 씨네 가정'이란 제목의 기사였다. 그 기사를 쓴 기자의 목적이 '일본 여인과 결혼하여 일본화된 조선인'에 대한 반감을 부추기려는 것이었다면, 그 의도는 기자가 원한 것보다 훨씬 더 엄청난 형태로 충분히 달성되었다. 조선인들은 일본 여성과 혼혈결혼하여 그런 식으로 살고 있는 안상호에 대해 격렬한 반감을 품었고, 그 반감은 이내 아주 뜻밖의 방식으로 의사 안상호를 향해 발산되었다.

바로 다음 달인 1919년 1월에 고종이 갑자기 별세하자, 조선인들은 느닷없이 "조선총독부의 사주를 받은 의사 안상호가 궁녀에게 식혜에 독약을 타서 올리게 함으로써 태황제를 독살했다"는 소문을 만들어 퍼뜨렸다. 안상호의 신분이 전의여서, 수많은 조선인들은 그 소문을 그대로 받아들였다.

그 소문은 일본에까지 퍼져 나갔고, 수많은 일본인들도 그대로 믿었다. 심지어 이은의 부인이 된 방자는 물론 그녀의 친정 어머니 이본궁 이도자비 역시 그 소문을 그대로 믿었다. 그래서 이방자의 회고록인 《비운의 왕비》와 이도자비의 자서전인 《삼대의 천황과 나》에도 "이태왕(고종은)은 의사 안상호에 의해 독살되었다"고 기록되어 있다.

안상호는 연년세세 두고두고 그 소문으로 인한 무고한 피해를 감수해야 했다. 안상호가 고종을 죽이지 않았는데도 독살설의 생명은 안상호의 생물학적 생명보다 더 길어 그가 죽고 난 뒤에도 줄기차게 살아 남았다. 그래서 요즘 나오는 고종황제 관계서적이나 방송 다큐멘터리 프로그램에서도 "고종은 조선총독부의 사주를 받은 전의 안모 씨에 의해 독살당했다"고 적시하고 있을 정도다.

동경 이본궁의
화려한 혼사 준비

세상에 영원한 것은 없다. 도저히 그칠 것 같지 않던 유럽에서 벌어진 대전쟁의 포화가 드디어 멎었다. 전쟁이 멈춘 세상은 전쟁할 때의 세상과는 또 다른 새로운 세상이다.

1918년 11월 21일, 동경.

"전쟁이 이제 아주 끝났다면서?"

"그러게 말일세! 앞으로 세상이 어찌될지 모르겠네!"

요즘 일본 사회 전체가 몹시 격렬하게 동요하고 있다. 1914년 7월에 발발하여 햇수로 5년을 끌어온 대전쟁이 막을 내리고 있는 데 따른 혼란이다. 전쟁의 대세는 이미 작년부터 연합국 측으로 확고하게 굳어졌다. 그리고 열흘 전인 1918년 11월 11일에 최후까지 버티던 독일이 항복함으로써 드디어 연합국의 승리로 대단원의 막을 내렸다.

전쟁이 진행되고 있는 동안, 일본은 세계대전에 참전한 연합국 측의 군수기지 역할을 하면서 전쟁 특수경기의 호황을 한껏 누렸다. 그러나 대전쟁이 마무리에 들어감에 따라 그간 비정상적으로 팽창했던 호황의 거품이 빠르게 걷히면서 일본 사회는 급격히 곤경에 빠져들어 갔다. 특히 서민들의 처지가 몹시 고통스럽게 악화되었다.

"앞으로 어떻게 살아 가야 하지?"

"죽겠어! 길이 안 보여. 그저 캄캄해!"

호황에는 남보다 느리게, 불황에는 남보다 빠르게……. 불황이든 호황이든 간에 늘상 불리한 형태로만 노출되기 마련인 힘없는 서민들은 공포와 고통에 찬 얼굴들을 마주보며 절망적으로 수군거렸다.

전쟁 특수경기에 바탕을 둔 호황이 영원토록 계속될 듯 마냥 흥청이던 일본 경제, 그것이 세계대전의 종막과 함께 격심하게 추락하는 조짐들이 지금 도처에서 뚜렷하게 드러나고 있다. 수요가 끊어진 각종 전쟁물자 생산 공장들이 연이어 문을 닫자 실업자가 격증했다. 게다가 쌀을 비롯한 각종 생필품의 가격들은 시간을 다투면서 빠르게 올라갔다.

그런 세태를 잘 드러낸 것이, 석 달 전인 지난 8월에 겪은 '쌀 소동'이었다. 그것은 일찍이 일본 사회가 겪은 일이 없는 희귀한 형태의 폭동이었다. '쌀 소동'의 시초는 희한하게도 힘없는 가정주부들에게서 비롯되었다. 그네들은 워낙 가진 돈이 없는데다 쌀값은 너무 폭등했기 때문에, 마른 솥바닥을 들여다보는 것만으로도 이미 절망 상태였다. 그런 판에 투기꾼들이 쌀을 매점하고 있기에 앞으로도 계속 쌀값이 올라갈 것이라는 소문까지 돌았다. 그러자 그네들은 더욱 절망했고 대책 없는 그 절망 때문에 끝없이 격앙했다. 그런 상황에서 부산현富山縣에 있는 한 가난한 어촌의 부인네들이 이판사판의 심정으로 모여서 소동을 일으켰다. "쌀을 내놓아!", "쌀! 쌀을 내놓아!", "쌀을 줘! 우리도 살아야겠다", "쌀을 줘! 쌀, 쌀을 내놔!", 부인네들은 떼를 지어 몰려다니면서 외치다가 수數의 힘을 빌려 곳곳의 쌀가게와 부잣집들을 습격하여 멋대로 쌀을 날라 갔다.

 이것이 곧 큰 들판을 태우는 엄청난 들불의 불씨가 되었다. 작은 어촌 부인네들의 소동은 곧 이웃 마을로 번졌다. 그리고 금세 일본 서부 지역을 전부 휩쓸었고, 곧장 전국으로 파급되었다. 도처에서 부인들뿐만 아니라 농민, 노동자, 어민, 가게 점원…… 그런 소외계층의 가난한 이들이 길거리로 뛰어나왔다. 그들은 함께 뭉쳐 거리를 휩쓸면서 쌀가게를 털고 부잣집을 공격했다.

 일본 정부는 거의 2주 동안이나 전국을 뒤흔든 이 폭동에 가담한 서민들이 70만 명 이상이었다고 추산했다. 축소하기 마련인 관변의 통계로도 70만 명 이상이 가담한 대폭동……. 결국 그 폭동은 당시 정권을 쥐고 있던 조선 총독 출신의 총리대신 사내정의의 내각을 붕괴시킨 주요 요인 중의 하나가 되었다. 그 표한한 사내정의도 별수 없이 총리대신 자리에서 물러나 칩거했다.

 그러나 사람들의 세상살이가 모두 똑같은 것은 아니다. 같은 일본 땅이지만 이처럼 불안한 시대 조류에서 훌쩍 비켜 앉은 안락한 곳들이 있었다. 공권력에 의해서 치안이 유지되는 대도시에 있는 권력자들과 대부호들의 거처다. 동경 시내에서 가장 고급 주택지에 속하는 청산靑山에 있는 이본궁 수정왕의 왕저 역시 지금 불안하게 요동치는 사회 분위기에서 뚝 떨어져 있었다.

 "그간, 우리 일본도 참 많이 발전했어요."

 이본궁의 크고 화려하게 꾸며진 응접실에서 차를 마시고 있는 삼십대 중반의 아름다운 여인이 소녀처럼 천진하게 고개를 까딱거리며 말을 꺼냈다.

 "내가 전하와 결혼한 게 1900년 11월이니 꼭 십팔 년 전이에요. 그런데 그때만 해도 우리 일본의 보석상들은 정말로 섬세하게 세공한 세련된 보관寶冠은 만들어 내지 못했어요."

 화사하고 세심하게 손질한 미모, 최고급의 사치스런 옷차림, 몸 전체에서 몹시 세련된 귀티가 흐른다. 수정왕의 부인으로 이본궁의 여주인인 왕비 이도자다. 그녀는 과도번의 마지막 번주의 딸로 로마에서 태어났고, 결혼한 뒤에는 황족인 남편 수정왕과 함께 유럽과 아시아를 여행하면서 널리 외국 문물을 대했다. 그래서 타고난 미모에다가 국제적인 감각까지 갖춘 여인으로서, 당대 일본 사회 최상류층의 여인들 중에서 가장 아름다운 미인이자 가장 개화된 멋쟁이로 꼽혔다.

보는 이의 눈길이 절로 다시 가게 만드는 이 여인을 두고, 주위에서는 '이도자비'니, '이도군양伊都君樣'이니 하는 호칭으로 불렀다. 일본 궁중 어법으로는 왕비의 칭호로서 본명 뒤에다 '비妃'자를 하나 덧붙여서 부르거나, 궁호宮號 또는 군호君號 뒤에다 '양樣'자를 붙여서 부르는 호칭법을 썼기 때문이다.

당시 일본 사회에서 황족인 여인들에게 붙이던 호칭인 궁호와 군호는 존칭인 동시에 그녀들의 출신 신분을 구별하는 기호이기도 했다. '군양君樣'이라는 호칭은 본래는 화족 집안의 여인인데 황족과 결혼함으로써 황족이 된 사람임을 나타냈고, 본디 황족 집안에서 태어난 왕비나 여왕에게는 '궁양宮樣'이라는 호칭을 써서 출신 가문의 격이 더 높음을 드러내었다.

화족 집안의 여인으로서 황족인 남자와 결혼하게 된 여인은 혼인 전에 봉군받아 신분이 격상된다. 황족과 약혼한 뒤에 '군호 수여의식'을 거쳐 봉군됨으로써 군호가 생기게 되는 것이다. 화족이었던 이도자의 경우, 황족인 이본궁 수정왕과 약혼한 다음날에 이본궁에서 사자가 와서 군호를 수여하는 의식을 거행함으로써 '이도군伊都君'이 되었다. 그래서 그녀를 부르는 호칭이 '이도군양'이 된 것이다. 그런 구별법 때문에, 이본궁 수정왕의 가족들 중 과도번 최후의 번주 딸로 태어난 화족 출신의 왕비 이도자는 '이도군양(이쓰기

미사마)'으로 불렸지만, 황족인 수정왕의 딸로 태어났기에 나면서부터 황족의 신분을 지닌 그녀의 딸 방자는 '방궁양方宮樣(마사미야사마)'으로 불렸다.

이도자비는 1882년생이라서 올해로 36세, 그러나 풍요한 재력과 높은 신분에 따른 지위를 배경으로 늘 자신의 몸을 정성스럽게 다듬고 가꾸는 덕에 세월만치 나이를 먹지 않아 아직 이십대 후반으로 보일 정도로 젊고 아름답다.

"그래서 내가 결혼할 때만 해도 혼수품 보석류들을 외국에 주문해서 만들어 오느라고 품이 아주 많이 들었지요."

이도자비의 얼굴에 꿈꾸는 듯 아름다운 미소가 떠올랐다.

"당시로선 국내에서 좋은 보석을 만나기도 어려웠던 데다가, 세공 솜씨들 역시 워낙 투박하고 용렬했거든요."

그건 이도자비가 누군가의 혼사 이야기가 나올 때면 즐겨 내놓는 화제였다.

명치유신으로 덕천막부가 쓰러지고 천황이 친정하는 형식의 정치 체제가 이루어진 뒤, 일본 각지에 웅거하는 큰 번의 영주들 집안에서는 가문의 지체를 높이기 위해서 천황 가문의 황족들과 혼사 맺기를 열망했다. 대부분 별로 유복하지 못했던 황족들 쪽에서도 유력한 영주 가문과 혼사를 맺으면 경제적으로나 문벌의 힘을 키우는 데 도움이 매우 컸기에 크게 환영했다. 대영주의 가문으로서 예전에는 전국 제10위의 녹고祿高를 자랑했던 과도 가문에서도 황족과 혼사 맺기 정책을 강력하게 추진한 끝에, 과도직대 후작의 차녀인 이도자를 황족인 이본궁 수정왕에게로 출가시키는 데 성공했다. 결혼 당시 과도 가문에서는 영주 집안의 가족과 친족들은 물론 대소 가신들까지 그 혼사를 대단한 영광으로 알아서 황송해 마지않았다.

그런 혼사 배경 때문에, 이도자는 결혼한 뒤 평생토록 부귀와 영화와 각종 사치를 다 누렸으면서도 자신의 의사와 전혀 상관없이 결정지어진 혼사였다는 이유 하나로, 늘 "나는 정략결혼의 희생자"라고 주장하며 투정을 부렸다. 어쨌든 귀족에 불과한 영주 가문의 딸이 천황 가문의 황족과 결혼하는 것이라서, 과도번에서는 이도자의 혼사 당시 재물을 아끼지 않고 쏟아부었다. 그래서 두고두고 일본 상류사회의 흥미로운 이야깃거리가 되었다. 혼수품 중에서 특히 보석류에 관한 이야기들이 유명했다.

"당시 우리 친정에서는 이본궁 왕비라는 신분에 걸맞은 혼수를 준비하기 위해서 신하를 유럽에 파견할 수밖에 없었어요. 그 신하가 프랑스 파리까지 가서 특별히 정성들여 고안한 왕비관인 보관을 포함한 보석 장식품 한 세트를 주문하고 그 물품이 완성되기를 기다려 받아가지고 다시 배를 타고 귀국하기까지 꼬박 일 년 반이나 걸렸답니다."

"시간도 무척 걸렸지만, 그때 비용이야말로 정말 엄청났다면서요?"

이미 서로 다 아는 이야기지만, 옆에 앉아 있는 친척 여인이 새삼스레 진지한 얼굴로 묻는다. 아름다운 보석에 관한 이야기는 아름다운 꿈에 관한 이야기 같아서 아무리 거듭해서 듣는다 해도 전혀 싫증나지 않는다.

"그랬어요. 사신의 왕복 여비와 체재비도 물론 많이 들었지만, 특별주문이라서 보관 하나에 2만 몇 천 원이었고, 아무튼 한 세트 장만하는 데 든 비용이 십 수만 원이 되었거든요."

"아유! 그 무렵이면 총리대신의 연봉이 9천 6백 원이었고, 3만 원만 있으면 그 이자만으로도 평생 부유하게 살 수 있다고 한 때였다던데, 그 시절에 한 세트에 십 수만 원짜리 보석들이라니! 아유, 그 이야기는 언제 들어도 너무 황홀해요."

"그런데 그때로부터 꼭 십팔 년이 지난 지금, 우리나라가 그간 얼마나 발전했는지 보세요. 이젠 일본 보석상들도 보석 세공품들을 멋지게 만들어 낼 뿐

왕세자 혼혈결혼의 비밀

만 아니라, 국제무역도 성황이라서 품질이 빼어난 좋은 보석들도 많이 들어와 있더군요. 그래서 요새 우리 방자 여왕의 혼수품 보석들을 마련하는 데 동경에서도 충분히 훌륭한 물건으로 마련할 수 있어서 얼마나 편리한지 몰라요. 정말 기뻐요."

"예. 혼사 날짜가 잡힌 뒤, 이본궁에서 혼수품 마련에 더욱 박차를 가하고 있다는 말을 들었어요."

"그래요. 궁내성으로부터 혼삿날이 1919년 1월 25일경이 될 거라는 연락을 받았어요. 혼례식 날짜가 정해진 뒤로는 제대로 눈코 뜰 새 없을 정도로 바쁘군요."

요즘 이본궁의 이도자비와 방자 여왕 모녀는 혼수품을 준비하고 챙기는 일에 큰 신명이 나 있었다. 둘 다 사치를 즐기는 성품인 모녀는 왕비관을 비롯한 보석류를 주문하고, 수입품 장신구들을 사들이며, 양복과 화복和服을 망라한 갖가지 새 옷들에다 각종 시계를 비롯한 가재도구에 이르기까지 모두 맘껏 최고급품으로 고르고 주문하여 계속 사들이느라고 바쁘다.

서양식 이브닝드레스며 일본식 예복들을 포함한 행사용 옷들을 얼마나 많이 마련했는지, 일류 양장점에 주문한 그 의류들을 가봉하느라 미리 입어 보는 일만 해도 대단한 일거리였다. 그즈음은 이미 일본 정계 실력자들이 국민들을 상대로 강력하게 시도했던 천황 숭배사상의 주입이 큰 성과를 거두어서, 장인匠人들은 황실 가족에 관계된 물품을 주문받아 제작한다는 것 자체만으로도 큰 영광으로 알았다. 전해지는 이야기로는 장인들은 황족들이 주문한 물품을 제작할 때에는 신성한 행사를 치르듯 경건하게 목욕재계까지 한 뒤에야 작업에 들어간다고 할 정도였다. 그렇기 때문에 혼수품 마련은 장인들로 대표되는 국민들의 극진한 공경을 눈으로 확인할 수 있는 일종의 행사와도 같아서 더욱 신명났다. 당연한 일로, 요즘 들어서 방자의 혼사 준비 때문에 이본궁의 분위기는 날로 들뜨고 있다. 온 집안이 하루가 다르게 생생한 활기로 충만해져 가는 것이 손으로 만져지는 듯 선명하다.

"사람들 말로는, 우리 일본에서 명치유신 이전, 그러니까 폐번치현 전에 각지에 할거하고 있던 대영주들인 대명들과 비교하자면, 지금의 조선 왕실은 일본에서 최고 최대로 꼽혔던 대명조차 따라갈 수 없으리만큼 대단한 대명인 셈이라고들 하더군요."

친척 여인이 이도자의 눈치를 보면서 아부하듯 말했다.

"막부 시대에 우리 일본의 실질적인 통치자였던 덕천막부의 장군 가문조차 현재 조선 왕실이 소유한 토지와 백성과 세입의 규모를 따라갈 수 없다고요."

"그래요. 맞는 말이에요."

이도자비가 고개를 크게 끄떡였다. 친척 여인이 부러운 듯 말을 더 늘어놓았다.

"조선은 우리 일본과 달라서 최고 통치자인 왕 한 사람 이외에는 달리 자기 신민臣民을 거느리고 독자적으로 통치하는 제후들이 전혀 없는 나라이고, 그래서 나라 전체가 모두 왕의 소유라고들 말하더군요."

"맞아요!"

이도자비가 다시 고개를 끄떡였다.

"그러니 방자 여왕은 정말 좋겠어요. 시집가면 평생토록 여자로서 누릴 수 있는 최고의 호사에 또 호사를 더하며 살게 되겠어요."

"그렇겠지요."

왕비 이도자의 얼굴에 자못 빼기는 기색이 떠올랐다. 그녀가 방자의 혼사를 결정짓기 전에 크게 주목하고 중요하게 평가했던 것이 바로 조선 왕실의 부유함과 영토의 거대한 규모와 긴 역사였다. 그래서 자청해서 방자 여왕을 조선 왕세자 이은과 결혼시키기로 결정했다. 그것은 그녀가 사람이나 사물을 판단하는 데 적용하는 기준이 예사 사람들과는 다름을 드러내는 것으로서, 대명 집안 대영주의 딸로 태어난 출생과 성장 배경을 함께 고려해야 제대로 이해되는 특질이기도 했다.

그녀는 명치유신 이후 폐번치현으로 종래의 번국제도가 일본에서 완전히 없어진 뒤에, 게다가 멀리 국외인 이탈리아 수도 로마에서 태어났다. 그래서 태어난 시기와 장소라는 외형만으로 보자면, 새로 열린 일본의 국제화 시대에서도 가장 첨단을 가는 여인이다. 그럼에도 불구하고 그녀의 내면을 들여다 보면 마음의 풍경은 영 달랐다. 그녀의 마음 한쪽에는 쇄국 시대의 전형적인 골수 봉건주의자가 들어앉아 있었다. 그녀는 과거 봉건 시대를 살았던 아주 완고한 영주들에게조차 전혀 뒤지지 않을 정도로 극심한 봉건영주적인 의식과 정서를 강고하게 지니고 있었다.

그런 현상을 가장 단적으로 드러내는 것이 바로 그녀의 언어 습관이었다. 그녀는 일본의 유명한 가문들에 관한 이야기를 할 때면, 으레 말머리에 예전 번국 시대에 그 가문이 지녔던 봉록俸祿의 석수石數부터 먼저 언급했다. 지난날 3백에 가까운 대소 번국의 영주들이 통치하던 시대에 각 번이 지닌 위상과 위력과 영토의 크기를 가늠하는 척도가 곧 '영지가 몇 석짜리인가'였다. 그런데 그녀는 그런 시대가 완전히 사라진 다음에 태어났음에도 불구하고, 그런 시대를 실제로 살았던 사람들보다 더한 주의력과 관심과 자긍심을 가지고 이미 없어진 그 봉록제도를 자못 현재형처럼 취급하면서 평생을 살았다. 큰 번국의 번주 가문에서 마지막 번주의 딸로 태어났다는 의식이 평생토록 그처럼 기이한 자의식을 강하게 지니게 만들었던 듯하다.

그래서 이도자가 남긴 회고록 《삼대의 천황과 나》라는 책을 보면, 가장 인상 깊은 것이 바로 그녀의 그런 어법이다. 그 책은 그녀가 93세이던 1975년에 출간된 것으로서 20세기의 후반에 쓰인 것임에도 불구하고, 그 책의 첫머리 첫 문장은 이렇게 시작된다.

노인들이 되뇌는 화묘 소동化猫 騷動 이야기로 유명한 비주 좌하 과도번肥州 佐賀 鍋島藩은 35만 7천 석石이었다.

자서전의 첫머리를 자신의 친정 가문인 과도번의 녹고祿高에 대한 언급으로 시작한 것이다. 그뿐 아니다. 그 책에는 도처에 그 같은 의식을 드러내는 표현들이 널려 있다.

나의 아버지의 후임인 이탈리아 공사는 수호水戶 35만 석 12대 번주 덕천독경德川篤敬……(22쪽).
너르고 큰 못 쪽으로 축전 복강筑前 福岡 52만 석 13대 번주 흑전黑田 후작의 광대한 저택이……(23쪽).
구이궁가久邇宮家에는 살주 녹아도薩州 鹿兒島 77만 석 30대 번주 도진충의島津 忠義 공작의 피가 흐르고……(187쪽).

그토록 골수에 박힌 봉건영주적 기질과 정서를 지닌 여인이었기에, 조선 전국을 홀로 다스렸던 조선 왕가의 위상을 다른 일본인들보다는 훨씬 더 높고 크게 평가하는 부분이 있었던 것이다.
"상대가 상대이니만치, 지금 우리 이본궁에서도 조선 왕실에 지지 않으려고 혼수를 보란 듯이 하느라고 최대한 애쓰고 있답니다."

이도자비가 뻐기는 기색을 감추지 않고 말했다.

당시 이본궁에서 마련한 혼수의 품목과 종류에 관한 소식은 비단 이본궁의 황족들과 그들의 친지들만 즐겼던 이야깃거리가 아니었다. 조선과 일본 양국의 매스컴에서 앞다투어 소상하게 보도했던 국가적인 큰 화젯거리였다.

혼수품이란 물건이 본래 그 성격상 지극히 사적인 것인 데다 더구나 일본 황족 집안에 관련된 사안이니만치 의도적으로 정보를 주지 않으면 외부 인사로서는 도저히 그 내막을 알 수 없는 일이었다. 그런데도 '이본궁 방자 여왕의 혼수품'들은 아주 자세하게 품목 하나하나 짚어가면서 신문 지상에 세세하게 사전 보도되고 있었다. 당시 《매일신보》에 보도된 관련 기사에서 혼수품 중 일부인 '팔뚝 시계들'에 관해서 설명한 구절을 짚어 보면 이렇다.

서서(스위스)에서 만든 둥근 금시계로 가에 무수한 금강석과 홍보석과 백보석을 박고 엇줄은 금인데 그물 형상으로 만들어서 늘고 줄고 하는 것과 농형으로 만든 데다가 금강석을 박고 금줄을 단 것.

그런가 하면, 실내장식용품인 '은으로 만든 비둘기', '은으로 만든 화초분', '비취 허리띠' 등의 사치스런 혼수품 목록들이 읽는 이의 눈길이 어지럽도록 신문 지면에 나열되어 있다. 양국 간에 흥청거리는 잔치 분위기를 조성하고자, 일제 당국이 그렇게 보도되도록 용의주도하게 조치한 것이다.

이본궁 왕비 모녀의 그 많은 양의 혼수품 마련 작업을 더욱 즐겁게 만든 것은, 혼수품 비용을 모두 일본 궁내성에서 대주는 점이었다. "황족인 방자 여왕이 '나라를 위해' 조선 왕가에 시집간다" 해서, 결혼 비용 일체를 궁내성에서 부담했다. 이도자가 결혼할 때는 친정의 재물깨나 축냈는데, 지금 방자는 모친 못지않게 호화스런 혼수를 모두 일본 정부의 돈으로 마련하면서 게다가 "나라를 위해서 그토록 큰 희생을 하니 장하고도 고맙다"는 칭송 또한 넘치도록 듣고 있었다.

그런데 모전여전이라고 했던가. 당시 그녀의 딸인 방자 여왕 역시 이도자비와 매우 비슷한 정서를 지니고 있었다. 그녀도 이은이 '조선인'이라는 것에 대한 거부감이 별로 없는 데다가 이은이 갖고 있는 조건에 호감이 상당히 컸던 것으로 보인다. 그녀는 초기에 나온 자서전에서 '이은 왕세자 전하'와 약혼했다는 보도가 나온 뒤의 일에 대해 이렇게 기술했다.

나의 입장은 어땠는가? 역시 어쩔 도리가 없는 입장이었다. 그러나 나는 그때의 환경이 어쩔 수 없다는 생각보다도 "그게 뭐 안 될 게 있느냐"는 식으로 순순히 응낙을 했다. 나의 고분고분한 태도를 본 부모님은 한편 안심을 하면서 "하긴 이은 왕자도 영특하시니까"로 위안을 삼았다(이방자, 《지나온 歲月》).

나중에 이방자의 자서전이라고 출간된 책들에서 대필한 이들이 그녀가 이은과의 약혼 사실을 신문 보도를 통해 처음 알게 되서는 너무 놀라 통곡을 하는 것으로 매우 극적으로 묘사한 것과는 큰 차이가 있다. 또한 방자가 그와 같은 반응을 보인 것에는 '이도자비적인 정서'도 작용했으려니와, 타고난 명랑한 성품도 한몫한 것으로 보인다. 《비련의 황태자비 이방자》를 쓴 본전절자本田節子는 이방자는 물론 그녀의 학습원 시절의 학우들을 인터뷰하여 그들의 증언을 자신의 책에 수록했는데, 이렇게 서술되어 있다.

어린 시절의 자신을 평해서 방자 여사는 "손님이 오셔도 인사하는 것마저 부끄러워서, 빨리 돌아가시기를 바라는 수줍음 많은 처녀였어요"라고 말했는데, 그 억양이 있는 말끝에 소녀 시절에 대한 만족감이 엿보인다.

그러나 그 당시의 학우들은 "마사코(방자)님이 내향적이라니 천만의 말씀이에요"라며 웃는다.

당시의 학습원에서는 훈장 담는 상자 만드는 작업이 행해지고 있었다. 완성된 상자의 수가 자연히 경쟁의 대상이 되어, 반에서 1위를 다투는 마사코는 지지 않으려고 심혈을 기울여 이에 열중했으며, 테니스를 할 때도 자신이 이길 때까지는 그만두려 하지 않았다는 것이다.

또한 당시의 마사코는 비행사가 되는 것이 은근한 꿈이었다고 하는 것은 뜻밖의 일이지만, 그런 점이 진취적 기상에 넘치는 나베지마 나오히로(과도직대)공의 손녀로서의 마사코답기도 하다(본전절자, 서석연 옮김, 《비련의 황태자비 이방자》).

학습원 친구들의 회고담을 보면, 이방자의 밝고 활기찬 성품을 짐작할 수 있고, 그런 성품이 '조선 이은 왕세자'와의 혼담을 수월하게 받아들인 저력이 되었을 것임을 알 수 있다.

이방자의 회고록을 보면, 당시는 일본에서도 국제결혼이란 지극히 드문 시절이었기에 처음에는 조선 왕세자와 결혼해야 한다는 일이 "마치 높은 다리에서 강물로 뛰어드는 거나 다름없게" 느껴졌다고 한다. 그러나 그녀는 이어 다음과 같이 술회해 놓았다.

그렇지만 여자의 마음이란, 어쩌면 그렇게 미묘하고 슬픈 것일까요? 아무리

바동거려 보아도 이 어쩔 수 없는 운명에서 피해갈 도리가 없다는 체념을 갖게 되자 내 마음은 차차 달라지는 것이었습니다.

닷새가 지나고 열흘이 지나고 하는 동안에 내 마음에 주었던 그토록 심한 충격도 불안도 안개가 개이듯이 스러져 갔습니다. 그와 동시에 신생활에 대한 기대와 포부로 가슴이 부풀어 오르기까지 했습니다.

'어떤 가정을 이루게 될까?'

'왕세자님의 인품은 어떨까?'

'그 분은 지금 어떠한 생활을 하고 계실까?'

이것저것 궁리를 하자니까 저도 모르게 가슴이 들먹이기까지 하는 것이었습니다. 가정이라고 부르기에는 어딘지 부족한 데가 있는 미야께宮家-王家에서 다감한 사춘기를 만난 탓인지 마음속은 늘 공허했었습니다. 그런데 그 빈자리가 이제 차츰차츰 메워져 가는 느낌이었습니다.

그리고 또 한국과 일본 두 왕실의 결혼은, 오랜 두 나라의 역사 중에서도 획기적인 의의가 있는 것이다……. 이러한 자각과 긍지를 느끼게끔 되었습니다. 이렇게 되자, 왕세자님에 대한 아련한 그리움 같은 것이 싹트기 시작했습니다.

두 사람의 강한 애정으로 말미암아 한국과 일본 두 나라가 굳게 뭉치는 길을 열어야 한다고 큰 사명감을 느끼기도 하는 것이었습니다(이방자 회고록, 《비운의 왕비》).

자신이 조선 왕세자와 결혼하도록 결정되었다는 소식을 처음 들은 때 방자는 만 15세의 소녀였다. 그 나이를 생각하면 위와 같은 반응은 사실 꽤 놀랍다. 상대 남자가 아직 만나 보지도 않은 외국인임에도 생각하는 것만으로도 "저도 모르게 가슴이 들먹이고" "아련한 그리움 같은 것이 싹트기 시작했다"

는 것을 보면 모성애와 같은 따뜻한 정감도 있지만, 한쪽으로는 '남자'에 대해 민감하게 반응하는 여자로서의 성적 본능이 발달한 여인임을 느끼게 하는 것이다.

고운 용모에 사치를 즐기고 성에 민감한 밝고 부드러운 감성의 여인······.

빼앗긴 자신의 나라와 백성을 되찾기 위해서 와신상담의 고난을 잊지 말아야 할 처지였던 망국의 황태자 이은에게는 최악의 조합에 해당하는 배필이었다.

1918년 12월 5일자로 '이은 왕세자와 방자 여왕의 혼약'에 관한 대정천황의 칙허가 다시 내려지고 마침내 1919년 1월 25일로 결혼식 날짜가 잡혔다. 그런데 여기서 한 가지 주목할 것이 있다. 이처럼 구체적으로 결혼이 추진되고 있으면서도, 조선 왕가에 대해서 강력하게 요구했던 "이왕과 동비 양 전하와 이태왕 전하와 이강공 전하가 몸소 동경에 건너와서 왕세자의 결혼식에 참례해야 한다"는 조건은 완전히 사라지고 그 비슷한 언급조차 일체 없었다는 점이다. 그러고 보면, '1917년 6월에 동상하여 천기를 봉사한 이왕'을 겨누고 창덕궁에 불을 질러대리만치 절망하고 격앙했던 조선인들의 치욕감과 격정은 결과적으로 조선 왕가에 다시 강요되던 더 큰 수치와 굴욕을 막아낸 울타리가 된 셈이다.

아무튼 조선 왕세자 이은의 결혼 문제는 파다야 궁내대신의 구상대로 처리되었다. "조선의 이은 왕세자와 일본 이본궁의 방자 여왕을 결혼시키라"는 대정천황의 칙허가 내려졌다고 이미 공표했고, 또 1918년 봄에 조선의 왕족들이 모두 동경에 와서 참석한 자리에서 결혼식을 올린다고 신문에까지 널리 공표했음에도 새삼스럽게 '황실전범의 개정' 문제를 구실 삼아서 그들의 결혼을 연기했다. 그런 와중에 쌀 소동과 시베리아 출병 문제로 사내정의 총리는 1918년 9월에 실각했고, 그 후임으로 취임한 원경原敬 수상의 대에서 '황실전범의 개정'이 이루어졌다. '황실전범'을 개정하는 문제가 등장한 뒤 그간 설왕설래하면서 크게 화제가 되었던 것에 비해서 개정 자체는 매우 단순하고 간략하게 이루어졌다. '황실전범' 39조에 한 줄의 단서를 '증보增補'하는 방식으로 해결한 것이다.

'황실전범' 39조는 황족의 결혼 대상에 관한 규정이다. 그 조문은 "황족의 혼가婚家는 황족 또는 칙허에 의해 특별히 인정받은 화족에 한함"이라고 되어 있다. 풀이하자면, "황족은 황족과 결혼하되, 칙허에 의해서 특별히 인정받은 경우에는 화족(귀족)과도 결혼할 수 있다"라고 규정한 것이다. 그 조문에다가 "황족 여자는 왕족 또는 공족에게 시집갈 수 있음"이라는 단서를 붙인 것이다. 그것이 이때의 '황실전범 개정'의 실체였다.

단서 조항에 있는 '왕족'과 '공족'은 당시 시점에서 누구를 가리키는 것인가? '왕족'은 3명으로서, 조선 왕의 직계 존속 및 왕위를 이을 후사인 '이왕·이태왕·이왕세자'를 가리켰다. 또한 '공족'은 2명으로서, 예전의 의친왕이었던 '사동궁 이강공李堈公(순종의 이복동생)' 및 흥왕이었던 '이희공(이재면: 흥선대원군의 장남이자 고종의 친형, 1911년 사망)'의 아들이자 상속인인 고 '이준공李埈公(1917년 사망)'의 양자이자 상속인인 '운현궁 이우공李鍝公(이강공의 둘째 아들)을 가리켰다. 여기서 분명하게 지적해 둘 점이 있다. '황족'과 '화족'은 일본에만 있는 신분이며, '왕족'과 '공족'은 조선에만 있는 신분이라는 것이다.

아무튼 "공짜는 없다"는 세상의 속언대로 그처럼 주도면밀하게 준비하여 일을 꾸미고 추진한 일본 통치자들의 노력은 헛되지 않았다. 과거에 조선과 특수한 인연을 지녔던 가문인 과도번 번주의 딸인 이도자비로 하여금 자청하여 조선 왕세자 이은을 자신의 사위로 맞아들이려고 나서도록 유도했고, 그 결과 지금 혼사 준비가 무르익고 있다. 당연히 일본 통치자들로서는 큰 난제를 요령 있게 잘 해결했다는 크나큰 만족감을 누를 수가 없었다.

게다가 구라파전쟁이 끝나고 '파리강화회의'가 열릴 예정이던 당시의 국제 정세 또한 절묘하게 그 결혼에 부응했다. 시기가 시기인 만큼, 이들 두 가문의 결혼 사실은 그간 생각해 왔던 것보다 더욱 막중하고 긴요한 의미를 갖게 되었고, 일본의 국익을 위해서 결정적인 기여를 할 것이라고 기대하게 되었다. 그것은 무엇보다도 1918년 초에 미국 대통령 윌슨이 연두교서 형태로 발표한 '구라파대전(1차 세계대전)의 전후처리 지침 14개조'에 들어 있는 '민족자결주의' 때문이었다.

'민족자결주의'는 윌슨 대통령이 1918년 1월에 공표한 이래 지난 1년 동안 전 세계적인 주목을 받아오고 있었다. 그것은 "어느 민족이 스스로 한 나라를 세우느냐, 또는 타국에 속하느냐 하는 문제는 그 민족 자체가 결정짓게 하자"는 주의로서, 윌슨은 그 근거 이념으로서 '정의正義와 인도人道'를 제시했다. 일본 당국은 그런 형태의 민족자결주의가 분명히 조선인들에게 큰 자극이 될 것이라고 예상했다. 그래서 조선인들의 반응을 매우 예민하게 주시하며 날카롭게 감시하고 있었다. 특히 일본 당국자들이 걱정하고 근심한 것은 '이태왕(고종)'이었다. 그들이 '천부의 음모가'라고 꼽고 있는 '이태왕'이 구라파대전의 종전 조건을 논의할 '파리강화회의'를 무대로 또 음모를 꾸밀까봐 걱정이 태산이었다.

문제는 '이태왕' 뿐만이 아니었다. 조선 안에는 물론 세계 여러 나라에 흩어져 있는 독립운동가인 조선인들도 반드시 '파리강화회의'에 모인 세계열강들을 상대로 "우리 조선에도 '민족자결주의'를 적용해서 독립시켜 달라!"고 요구할 것이 분명했다. 그래서 윌슨이 '민족자결주의'를 발표한 뒤로, 일본 정부에서는 그에 대한 대비책을 강구하느라 마냥 분주했다.

아니나 다를까, 끝내 '이태왕'이 그들이 그토록 우려하고 있던 '음모'에 착수했다는 정보가 들어왔다. '이태왕'이 '파리강화회의'에 밀사를 파견하여 세계열강을 향하여 "조선 문제에도 '민족자결주의'를 적용하여 조선을 독립시켜 달라!"고 호소하려고 한다는 정보였다.

이때 골치 아픈 '이태왕의 음모'를 깰 수 있는 가장 훌륭한 대책으로 떠오른 것이 '조선 왕세자 이은과 일본 방자 여왕의 결혼'이었다. 그들 두 사람의 결혼 사실을 세계열강 앞에 드러내 놓고 널리 선전하면 매우 막강한 힘과 효과를 지닌 반격이 될 터였다.

"보라! 일본과 조선은 강압으로 합병한 것이 아니라 평화롭고 화기애애하게 하나가 되었다. 그 증거가 양국의 통치자 가문의 화목하고 행복한 결혼이다!"

그래서 그들은 '파리강화회의'가 개막할 즈음을 계산하여 이은과 방자의 결혼일을 잡았다. 그렇기 때문에 일본 궁내성으로서는 '방자 여왕 전하의 혼사 비용'이 얼마가 들던지 간에 아깝지가 않았던 것이다.

왕세자 혼혈결혼의 비밀

마지막 승부처
'파리강화회의'

1919년 1월 1일.

드디어 새해가 밝았다. 새해 첫날인 1월 1일은 수요일이었다. 흔히 '구주전란' 또는 '구라파전쟁'이라고 불리는 1차 세계대전이 일어난 1914년 이래, 이날처럼 평화로운 새해 새 아침을 맞이하기는 처음이었다. 지난 해 11월에 독일이 항복함으로써 구라파전쟁이 완전히 막을 내린 뒤, 5년 만에 처음으로 세계는 포성이 들리지 않는 새해를 맞았다.

"태황제 폐하! 과세 안녕히 하시었나이까?"

이날 태황제(고종, 이태왕)가 침전으로 쓰고 있는 덕수궁의 함녕전은 아침부터 분주했다. 창덕궁의 금상 폐하를 위시하여 종친들과 근시들이 새해 첫 아침 문안을 올리려고 예궐하는 발걸음들이 계속 이어졌다.

"아바마마! 과세 안녕히 하시었나이까?"

엄귀비가 별세한 뒤 덕수궁의 젊은 궁녀 양씨가 승은하여 얻은 어린 고명딸인 '복녕당 아기씨'도 새 설빔으로 곱게 차려 입고 세배하러 왔다. 주위에서 가르쳐 준대로 참새 부리 같은 조그만 입을 벌려 깜찍하게 아뢰는 것을 보면서 태황제의 얼굴이 기쁨으로 온통 허물어졌다.

"오냐! 떡국은 많이 먹었느냐?"

강보에 싸여 고물거리던 갓난아기 때가 어제 같은데 벌써 일곱 살, 특히 얼굴 생김새가 아버지인 자신을 빼다 박다시피 똑같아서 더 사랑스럽고 귀여운 딸이었다. 전에 중전 민씨가 공주를 낳은 적이 있으나 이내 죽어 딸 기르는 재미를 알지 못했는데, 이제는 고명딸이 보여 주는 재롱 때문에 노년에 화창한 햇살이 비치는 듯했다.

이 고명딸이 곧 '덕혜옹주'로서, 고종 사후인 1921년 5월 4일에 순종에게서 '덕혜'라는 호를 하사받기 이전에는 생모가 옹주를 낳은 뒤에 하사받은 당호를 따라 '복녕당 아기씨'라는 호칭으로 불렸다.

엄귀비가 살아 있을 때 태황제는 감히 궁녀들에게 승은을 입히지 못했다. 엄귀비 또한 여자 문제라면 중전 민씨 못지않게 억센 기질이었기 때문에 그녀 생전에는 다른 궁녀들에게 전혀 한눈을 팔 수 없었다. 그래서 중전 민씨가 시해된 뒤 이내 엄상궁을 불러들였던 것과 같은 일이 엄귀비의 사후에도 일어났다. 엄귀비가 별세하자마자 태황제는 즉각 이 궁녀 저 궁녀……, 원하는 대로 마음 가는 대로 연달아 대전 침전에 불러들여 시침하게 했다. 승은한 궁녀들은 곧 회임을 하기도 하고 못하기도 했는데, 아무튼 일단 승은하여 아기를 낳으면 당호를 내려 후궁 대접을 해 주고 있어서 덕수궁에는 당호를 지닌 후궁들이 여럿이었다. 엄귀비가 1911년에 승하한 뒤 다음 해인 1912년부터 1915년까지 1913년 한 해만 빼고, 덕수궁 안에서는 연달아 태황제의 자녀들이 새로 태어났는데 그 이름은 다음과 같다.

↑ **복녕당 양씨.** 덕혜옹주의 생모인 복녕당 양씨의 모습이다. 엄귀비가 1911년에 승하한 뒤 다음 해인 1912년부터 1915년까지 1913년 한 해만 빼고, 덕수궁 안에서는 연달아 세명의 태황제의 자녀들이 태어났다(1917년 이전).

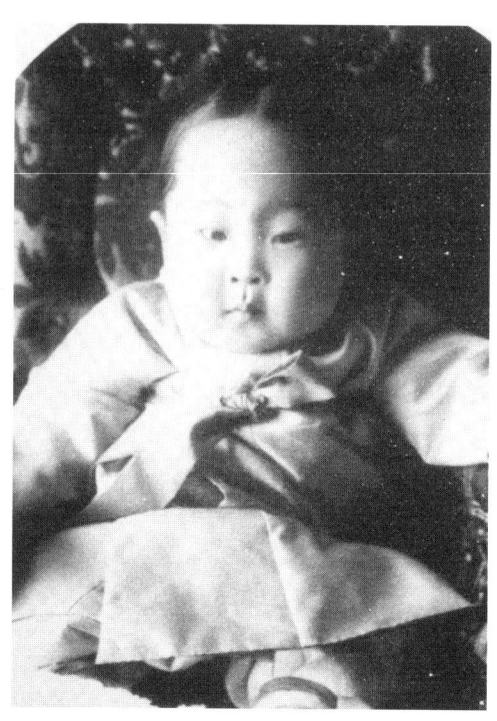

덕혜옹주(1912년생, 1989년 4월 사망), 복녕당 양씨 소생
육堉 왕자(1914년생, 1916년 1월 사망), 광화당 이씨 소생
우鍝 왕자(1915년생, 1916년 7월 사망), 보현당 정씨 소생

무엇보다도 '복녕당 아기씨'의 존재와 그 나이야말로 태황제가 엄귀비의 사후에 얼마나 빨리 궁녀들에게 승은을 입히기 시작했는지를 가장 명료하게 드러내는 증거다. 엄귀비가 승하한 것이 1911년 7월 20일인데, 그로부터 10개월 만인 1912년 5월 25일에 벌써 그 여자아기가 태어난 것이다.

왕세자 혼혈결혼의 비밀

"이제 새 세상이 오고 있는데……. 이 아이는 더 이상 치욕이 없는 평화롭고 복된 세상에서 명예롭게 자라야 하는데……."

복녕당 아기씨의 어린 단풍잎 같은 조그만 손을 잡고 어르면서, 태황제는 새삼 지난 몇 년간의 전쟁 시대와는 다른 평화로운 새 시대가 열리고 있음을 생각했다. 이날 발간된 《매일신보》에도 바로 그 점을 지적하는 서울 주재 프랑스 영사인 가로아의 담화가 실려 있었다. 그 기사에는 "전승戰勝 영신迎新의 환희歡喜"라는 큰 제목 옆에 "이렇게 즐거운 신년은 없습니다"라는 부제가 달려 있고 내용은 다음과 같았다.

세계대전란의 결과가 필경에 연합군의 승리가 될 줄은 미리 생각했던 바이지만은, 그 시기가 속히 돌아오기를 기다리기는 하였습니다. 오래간만에 화평한 새해를 맞게 된 것은 참으로 경사올시다. 지금 불국 파리에서는 미국 대통령 위일손씨를 위시하여 각국의 강화 대사들이 모여서 개벽 이래에 그중 큰 담판을 개시하려고 분주한 모양이오, 강화회의로 말하면 명년 일월 상순에 시작될 터이나 원래 이번에 해결할 문제로 말하면 중대한 정도가 어떠하다 형용할 수 없음으로 속히 결말이 나지는 못하겠지요. 전 독일 황제에게 대한 처분 문제로 말하여도 지금 연합국에서 여러 가지로 의론을 하는 중이니까 어떠한 처분을 할런지 알 수 없으며…….

신문기자가 작년 연말에 프랑스 영사를 취재해서 작성해 놓았던 기사를 그

🍁 **덕혜옹주.** 1913년 덕혜옹주의 돌을 기념해 찍은 사진이다. 고종 사후인 1921년 5월 4일에 순종으로부터 '덕혜'라는 호를 하사 받기 이전에는 생모가 옹주를 낳은 뒤에 하사 받은 당호를 따라 '복녕당 아기씨'라는 호칭으로 불렸다.

대로 실은 모양이다. 1919년 올해, 그것도 바로 이달에 열릴 강화회의에 대해서 "명년 일월 상순에 시작될 터이나……"라고 언급되어 있는 것이 흠이 되어 쌀 속의 뉘처럼 두드러지게 눈에 띄었다. 신문기자가 프랑스 영사의 말을 들어서 신문에 싣기까지 흐른 시간은 길다고 해야 불과 며칠, 그러나 그 사이에 해가 바뀌니까 저렇게 보기 싫은 오류가 된다. 그런 걸 보면, 새삼 "해가 바뀌었다……", 그런 실감이 들고, 곧 닥칠 새 시대에 대한 기대가 더 힘차게 치솟았다.

참으로 중요한 때인데…….

태황제는 주먹을 부르쥐었다.

작년(1918) 신년 벽두에 받은 충격이 아직도 마음에 생생하다. 미국 대통령 윌슨이 1918년의 연두교서 형식으로 발표한 바, 세계대전을 종결하는 처리 방침으로 제시한 '14개조'에 관한 소식을 듣고 느낀 충격은 엄청났다. 충격은 충격이되 너무도 기쁘고 상쾌한 충격이었다. 태황제를 그처럼 기쁘게 한 것은 그 14개조 중 한 조인 '민족자결주의'에 관한 부분이었다. 피압박민족을 그 민족의 의사에 따라서 독립 여부를 정하게 한다는 것이다. 그 소식을 처음 들었을 때, 태황제는 문자 그대로 천상의 복음을 듣는 듯했다.

그런데 그간 전쟁이 끝나고 그토록 바라고 기다리던 '그 새해'가 되어서, 바로 이달부터 프랑스 파리에서 대망의 만국강화회의가 시작된다. 이제 불란서 영사 가로아의 담화 기사를 보면, 미국 대통령이며 각국 대사들이 강화회의에 참석하려고 현재 파리에 모여 있다는 것이 아닌가.

오! 천재일우의 이 시기를 놓치면 안된다! 놓치면 절대 안된다!

태황제는 《매일신보》를 읽으면서 몇 번이나 주먹을 굳게 움켜쥐었다. 지금 궁중에서는 '왕세자의 가례' 건 때문에 온 궁중 사람들이 열심히 《매일신보》

왕세자 혼혈결혼의 비밀

를 정독하고 있다. 가례에 대한 일본 황실의 결정과 일의 처리 방향이 직접 이쪽 왕실로 통보되는 일은 거의 없고, 으레《매일신보》지상을 통해서 먼저 발표되고 있기 때문이다. 지난 12월 7일자 신문에는 조선 왕가의 그런 딱한 사정까지 그대로 기사화되었다. '태왕 전하'와 '창덕궁 이왕 전하' 모두《매일신보》를 정독하고 있고, 그에 의해서 가례 절차가 어찌 되어가고 있는지를 파악하고 있다는 보도였다.

"가례는 칙허됨"
동경에는 국분 차관이 출장하여 있어 제반 중요 경과에 대하여는 전보로 보고가 오지마는 그보다 자세한 일은 항상 신속히 매일신보에 게재되는 고로 태왕 전하께서는 매일 저녁에 매일신보 오기를 기다리시와 날마다 보도되는 소식을 자세히 어람하옵시며……

"본보를 정독하시는 창덕궁 이왕 전하"
동경에서 오는 기별로 간혹 주상하는 일은 공보에 지나지 못함으로 자세한 소문이 매일 게재되는 매일신보를 열심으로 어람하시와 저녁 수라를 물리신 뒤에는 반드시 매일신보를 바치라 하옵시며 혹시 신문이 늦는 날에는 바치기까지 기다리시와 자세히 어람하옵신 뒤에 침소에 드시와 매일신보에 게재되는 가례 소식은 리왕 전하께서 제일 자세히 어람하옵심을 뵈와도……

궁중의 근시들은 그 기사를 보고 신문기자들의 태도가 불경하다고 느끼면서 꽤나 무안하게 생각했다. 어느 날, 시종 한 사람이 궁중 사람들의 그런 심기를 바로 그 기사를 쓴 기자에게 귀띔했다. 그랬더니 뜻밖에도 그 기자의 해

명이 듣는 이의 의표를 찔렀다.

"그런 기사를 굳이 써서 지면에 게재한 것은 생각하는 바가 있어서입니다. 그것은 우리 조선 백성들에게, '현재 태자 전하께서 일본 황족 여인과 가례를 거행하는 일은, 일본 황실의 일방적인 요구에 따라 생긴 일로서, 본시 전혀 조선 왕실의 뜻이 아니다' 라는 사실을 은연중에 알리고자 쓴 기사이거든요."

그러고 보면, 조선 민족의 민족혼을 바로 세우기 위해서 기자들이 그야말로 기사의 행간에서 절규하고 몸부림치고 있는 것을 느끼게 하는 기사들을 요즘 《매일신보》 지면에서 곧잘 발견하게 되는 것 또한 바로 그 기자처럼 의식 있는 기자들의 소산일 터였다.

그간 조선인들은 《매일신보》 지상을 통해서 세계 정세를 아주 소상하게 파악할 수 있었다. 평소 세계 각국의 움직임에 많은 지면을 할애해서 보도하고 있기 때문이다. 이번의 구주전란 보도 역시 그랬다. 전쟁 보도도 충실하게 하더니, 전쟁이 끝나자 이내 전쟁의 원인과 전사자 등을 분석하면서 연재물로 만들어 보도함으로써 세계를 보는 감각을 키우게 했다. 만국강화회의가 열릴 베르사유 궁전과 거기 있는 거울의 방에 관한 상세한 역사적 일화까지 소개하는 기사가 실리기도 했다.

물론 태황제로서는 요즘 세계의 현안 가운데서 '파리강화회의' 보다 더 중요한 것은 없었다. 생각하면 지금으로부터 불과 12년 전인 1907년에 헤이그에서 열렸던 만국평화회의에 일본 측의 눈을 피해서 밀사를 파견했던 기억과 그에 따른 실패 때문에 겪어야 했던 고난과 절통했던 원한이 새로웠다. 하지만 이번에는 절대로 그런 실패를 다시 거듭하면 안되었다. 미국 대통령 윌슨이 약소국들을 위해서 '민족자결주의' 라는 정말 놀라운 정책을 펼치고 있지 않은가! 이번 파리강화회의야말로 우리 민족이 독립할 수 있는 절대 절호의 기회였다. 마땅히 파리강화회의에 밀사를 파견하여 세계만방에 호소함으로써 우리의 독립을 쟁취해 내야 할 천재일우의 기회였다. 그런데 문제가 용이하지 않았다. 그 큰 사명을 떠맡아서 완수해 낼 인재는 어렵게 찾아냈는데, 밀사를 파리까지 파견할 비용을 마련하기가 수월치 않았다. 조선총독부에서 일일이 감시하고 있기 때문에 들키지 않고 그 큰 비용을 마련하기가 너무도 어려웠다. 게다가 밀사를 그냥 빈손으로 파리에 보내서는 큰 성과를 거두기 힘들 듯하여 중요한 서류를 하나 찾아서 건네주기로 했는데, 그 서류를 일본인들 모르게 찾아낸다는 것이 쉽지 않았다. 그것은 바로 1882년에 미국과 맺은 조미수호통상조약의 원본이었다. 그것이 요즘 태황제를 줄곧 괴롭히는 가장 큰 고통이었다.

　오오, 어떻게 해야 이 절체절명의 호기를 잘 살릴 수 있을꼬…….

　태황제는 윌슨 대통령의 '민족자결주의'에 대해서 들은 뒤부터 줄곧 고민해 왔다. 그런데 '파리강화회의'가 개최될 날짜도 확정되었다는 소식이 들려왔다. 1919년 1월 18일에 개막되어 세계 각국들의 대표자들이 몇 개월을 계속 논의하여 세계 대전란의 종전 처리를 마무리할 것이라는 이야기였다. 당연히 밀사 파견의 일이 발등의 불처럼 다급해졌다. 그런데 《매일신보》 지면에 난 왕세자 가례 관계 기사 하나가 태황제에게 날벼락처럼 뜻밖의 고통을 가져왔다. 불과 아흐레 전인 1918년 12월 22일, 시종이 어탁에 가져다 놓은 신문을 펼치다가 태황제는 그만 경악했다.

"가례후嘉禮後에는 어도구御渡歐"

그런 큰 제목 아래, "평화된 후 최초의 친목을 표시하는 황족사절의 수원이 되어"라는 작은 제목이 있었다. '어도구'의 어御자는 통치자와 그 가족에게만 붙여 존경의 뜻을 나타내는 관용어니, 이 소리는 막내아들 이은이 가례, 곧 결혼식을 거행한 뒤에 구라파(유럽)에 건너간다는 말인 것이다.

이 무슨 소리인가!

신문을 쥔 태황제의 손이 자신도 모르게 부르르 떨렸다. 기사 본문의 활자들이 춤을 추듯 눈으로 뛰어들었다.

리왕세자 전하께서는 명춘 일월에 리본궁 방자 여왕 전하와 가례를 지내이신 후에 구라파로 건너 가신다는데, 이는 명춘明春 일월 하순으로부터 불란서 파리 '베루사이유' 궁전에서 강화회의를 개최하고 예정한 바와 같이 경사롭게 연합국이 승리를 얻을 때에 세계가 다시 평화하게 된 후 최초의 친목을 표시하는 뜻으로 영국, 이태리, 벨기, 루마니아, 각 황실로부터 황족 전하를 우리나라로 파견한다 하며, 또 미국, 불란서, 로시아, 중국 각 공화국에서는 사절을 우리나라로 파견한다 하는 내정이라 하여, 우리 황실에서도 황족 두 분을 파송하시게 내정이 되어 목하 어떠한 황족께서 가실른지 선택하시는 중인데, 복견궁 원수께서는 노래老來에 원행을 하실 수가 없고 동복견궁 대장께서는 해로 원로에 귀조하신 후에 곧 다시 원행하시지 못하겠으며 구이궁 리본궁 복견궁 각 중장 전하께서는 지금 직무를 띠고 계신 중인고로, 결국 한원궁 대장 재인친왕 전하께서 이 대임을 띠시고 구라파로 건너가실 터인데, 리왕세자 전하께서는 수원으로 따라가시리라고 승문하였더라(《매일신보》, 1918. 12. 22).

이 기사에서 말하는 '우리나라'는 물론 일본제국을 뜻한다. 당시 기사를 다 읽고 난 태황제는 이를 악물었다.

왕세자 혼혈결혼의 비밀

오오! 이 간악한 일본인들! 이 자들이 지금 내 철퇴를 가져다가 내 머리를 내려치려고 하는구나!

불덩어리 같은 분노가 치솟으면서 자신도 모르게 손이 덜덜 떨리고 있었다. 격노하면 손이 떨리는 증상이 나타난 것이다.

1919년 1월 18일부터 프랑스 파리 근교의 베르사유 궁전에서 열리는 만국강화회의…….

"우리 민족은 위로는 태황제 자신으로부터 아래로는 산간벽지의 일반 백성들에 이르기까지 모두 일본의 통치와 압제를 거부한다. 우리 민족은 우리 스스로 우리나라를 유지하고 지켜가기를 원한다."

현재 밀사를 파리강화회의에 보내어 바로 그런 주장을 하려고 지금 노심초사 백방으로 애쓰고 있는 중이었다. 그런데 이제 보니, 일본인들은 오히려 한 수 더 뜨고 있는 것이 아닌가. 다른 사람도 아닌 바로 태황제의 아들이며 현재 조선의 왕세자인 이은을 일본 황족 여인과 결혼시켜서 파리강화회의에 보내서 "우리를 보라. 일본과 조선은 이제 이처럼 평화롭고 화목하게 한 나라가 되었다!"고 선전할 작정인 것이다.

만일 그리 된다면 어찌될 것인가. 태황제 자신이 보내는 밀사는 어디다 명함도 내밀지 못하거나, 내민다고 해도 비웃음이나 받고 아무도 상대해 주지 않는 꼴을 당하고 그냥 돌아오게 될 것이다. 실패로 끝났던 1907년 헤아밀사 사건 때보다도 더욱 불리하고 더욱 황당한 정황이 될 것임은 한밤에 불을 보는 것보다 더 명확했다.

오! 어찌 이런 일이 일어나게 된다는 말인가!

인류 최초의 세계대전은 끝났다. 그러나 이제 멀리 파리 교외의 베르사유 궁전을 무대로 일본을 향해서 포성도 없고 형체도 없는 보이지 않는 또 하나의 전쟁을 시작할 각오로 일을 준비하고 있는 판이다. 그런데 어찌 이처럼 뜻밖의 곳에서 재난이 닥쳐올 줄 생각이나 했으리오. 생각할수록 환하게 예견되는 앞날의 간고함에 새삼 무서운 전율이 일었다.

이야말로 총칼 없는 전쟁이구나! 오! 천지신명이시어, 제게 힘을 주시옵소서! 절로 마음 깊이 간구하는데, 방문 밖에서 인기척이 났다.

"폐하!"

가까이 부리는 시종이 들어와서 국궁하고는 그대로 일어서지 않은 채 태황제의 귀 가까이 입을 가져갔다.

"분부하신 소문에 관한 일, 은밀하게 확인한 결과를 방금 전달 받았나이다."

"그래. 어떻더냐?"

"예. 폐하! 과연 소문대로라고 하더이다. 동경에 계신 태자 전하께서는 지난 12월 8일에 납채의식이 거행되어 공식적인 약혼이 이루어진 뒤로는 일요일마다 이본궁에 찾아가시어 방자 왕녀와 함께 뜰을 거니시거나 트럼프 놀이 같은 것을 하시면서 같이 시간을 보내시는 것이 사실이라고 하옵니다."

"오오! 저런!"

태황제의 얼굴이 절망적으로 일그러졌다.

"그 아이가, 그 아이가 과연 어떤 생각으로 그리 처신하는가……."

하늘이 내려앉는 것 같은 고통이 뇌리를 후려쳤다. 공식 약혼 상태가 된 이은이 일요일마다 이본궁에 놀러간다는 소문을 들었을 때 처음에는 전혀 믿지 않았다. 순전히 모함이라고 생각했다. 당당한 한국의 황태자였던 몸으로 일본 여자와 결혼하는 것을 원할 리가 절대 없을 터였기 때문이다. 그래서 사람을 시켜서 은밀하게 실정을 알아보게 시키면서도 그게 사실이라는 보고가 올라오리라고는 꿈도 꾸지 않았다.

그러나, 그 소문이 사실이라는데……. 어떤 연유일까.

태황제의 눈빛이 고뇌로 어둡게 흐려졌다. 이윽고 태황제는 머리를 흔들고 고개를 치켜들었다.

혹시, 그 아이도 나처럼 일본인들을 안심시키기 위해서……, 그래서, 그런 연극을 하고 있는 것일 수도 있지 않지 않은가…….

태황제의 얼굴에 희미한 미소가 떠올랐다.

그래, 분명 그런 것일 게다. 그렇지! 다른 사람 아닌 바로 나 자신을 보라! 남이 보기에 지금 나의 겉모습이 어떨 것인가. 일본인들의 비위를 극력 맞춰 주어 나를 경계하지 않도록 만드는 일을 이미 오래전부터 시작하지 않았던가. 그게 모두 구라파전쟁이 끝나 세계열강들이 모이는 강화회의가 열리게 되면 거기 밀사를 파견하기 위한 사전 공작인 것을!

지난 2월에 태황제는 이은의 약혼녀인 민규수 댁에 많은 수의 상궁들을 보내어 일부러 세상이 떠들썩하도록 소문을 내면서 약혼 예물인 반지를 회수하는 대소동을 벌였다. 태황제 자신이 이젠 한일합방을 기정사실로 확실하게 받아들이고 일본 측과 잘 지내기 위해서 최선을 다하고 있는 것으로 보이게 함으로써 일본인 당국자들을 안심시키기 위한 연극이었다. 그런데 그 효험이 아주 컸다. 분명 일본인들이 그런 조치를 취하는 자신을 보고 마음을 놓은 덕택이라고 여기는 바, 지난 8월 하순에 태황제가 치질을 앓았을 때 일본인들이 이은을 조선에 보내어 나흘 동안 곁에서 뫼시면서 병간호를 하도록 주선해 주었다. 당시 앓았던 병이 기껏 '치질'이고 별로 중태가 아닌데도 그랬다. 그래서 1918년에는 1월과 8월, 한 해에 두 차례나 아들을 만날 수 있었는데, 그것은 이은이 일본에 끌려간 이래 처음 있는 일이었다. 그것은 정말로 전례에 없던 일로서 태황제는 분명 그 약혼반지 회수 소동 덕택이라고 짐작하고 있는 터였다.

　아아! 신이여! 도우소서! 저를 도우시고, 이 나라를 도우소서!

　태황제는 애타는 마음으로 절규하듯 기구했다.

고종은 독살되지 않았다!

1919년 1월 18일.

드디어 파리 근교 베르사유 궁전에서 강화회의가 그 막을 올렸다. 국제회의의 관행으로 보아 몇 달 동안 계속될 터였다. 어쨌든 이미 회의가 개막한 이상, 밀사를 파견하는 일은 더욱 시급해졌다. 그러나 밀사를 선정하여 불란서 파리까지 파견한다는 일은 너무도 난관이 많았다. 밀사로 보낼 사람을 선정하는 일도 너무 어렵고 파견 비용을 마련하는 일도 그 못지않게 어려웠다. 이미 총독부 당국자들은 "태황제가 또 '밀사사건'을 일으키지 않을까" 하고 눈에 쌍심지를 돋우어 감시에 감시를 더하고 있는 중이었다. 그런 엄혹한 감시를 피하여 일을 추진하려니 수월한 게 하나도 없었.

현재 태황제는 밀사를 파견하는 일에 관해 큰 가닥을 잡아 놓고 극비리에 추진하고 있는 상태였다. 이번에는 밀사로 남녀 두 사람을 파견할 생각이었다. 일본 당국자들이 의심하지 않도록 기독교인을 선정하여 기독교 관계 국제대회에 참석하는 것으로 위장하여 출국한 뒤 파리로 가게 하려고 계획을 세워 놓았다.

밀사로 선정된 사람은 각각 배재학당과 이화학당에서 학생들을 가르치고 있는 신흥우申興雨(1883~1959)와 하란사河蘭史(1875~1919)였다. 두 사람의 이력을 살펴 보면 다음과 같다.

신흥우는 1883년 충청도 청원 출신으로 12세에 배재학당에 들어가서 신학문을 공부한 뒤 미국 유학길에 올라 1903년 봄부터 1911년 봄까지 남가주 대학에서 공부해 석사 학위를 받았다. 곧 귀국한 그는 배재학당에서 교편을 잡았고, 1912년에 제4대 학당장으로 취임한 뒤 후진 양성에 힘썼다. 그는 독실한 기독교 신자로서, 기독교 계통의 국제대회에 한국인 대표로 여러 차례 참석했다. 1912년에 북경에서 열린 '아세아 YMCA 대회'에 참석했고, 1914년에는 스위스 취리히에서 열린 '세계주일학교 대회'에 참석했다. 1916년에는 미국 뉴욕 주에서 열린 '미국 감리교회 총회'에 한국 감리교회의 평신도 대표자로서 하란사와 함께 참석했다.

하란사는 1875년에 평남 안주의 김해 김씨 집안에서 태어났다. 기생 출신이라는 이야기도 있으나 확인되지 않고, 1890년대에 인천 감리監理 하상기의 후처가 되었다. 1896년에 이화학당에 들어갔는데, 그 이면에는 유명한 일화가 있다. 신학문에 뜻을 둔 그가 학생으로 받아줄 것을 여러 차례 요청했으나 학당 측에서는 '기혼녀는 학생으로 받지 않는다'는 규칙을 내세워 거듭 거절했다. 그러자 프라이 학당장을 찾아가 가지고 간 등불을 훅 불어서 끈 뒤에 "우리가 캄캄한 게 이 등불이 꺼진 것과 같으니 우리에게 학문의 밝은 빛을 비춰줄 수 없겠습니까?" 하고 애원했다. 그 말에 크게 감동한 프라이 당장이 입학을 허락하여 신학문을 공부하기 시작했다. 이때 기독교로 개종해 세례명인 '낸시Nansy'를 '란사蘭史'로 의역하고 서양식으로 남편의 성인 '하' 씨를 결합하여 자신의 이름을 '하란사'라고 지었다. 1900년에 동경 경응의숙에서 1년 동안 공부하고 1902년 미국 웨슬리언 대학에 입학해 1906년 한국 여성 최초로 '문학사B.A.'를 받았다. 귀국한 뒤 '부인 영어학교'에서 영어와 성경을 가르치다가 1910년에 이화학당에 대학과가 신설되자 유일한 한국인 교수로 참여해 총교사 및 이화학당 기숙사 사감 직을 겸임하였다. 1916년에는 신흥우와 함께 한국 감리교회의 평신도 대표자로서 '미국 감리교회 총회'에 참석한 바 있다.

신흥우와 하란사가 가진 최대의 장점은 영어로 자유로운 의사소통이 가능하다는 점이었다. 게다가 그들은 기독교 관계의 국제대회에 참석한 경험이 풍부했고 더욱이 두 사람 모두 뜨거운 애국심을 지니고 있었다. 한마디로 밀사로서의 조건을 그만치 갖춘 사람을 달리 찾기 어려울 정도로 여러 가지 조건을 구비하였다.

그런데 밀사 파견 때문에 들이는 공력이나 염려 못지않게 커다란 근심거리가 빠르게 코앞으로 닥쳐들고 있었다. 일본 당국자들이 1월 25일로 정해 놓은 '왕세자 이은의 결혼식'이었다. 전에는 왕실에 혼혈이 실현되는 '결혼식'만이 걱정거리였다. 그러나 지금은 다르다. 일본 당국자들이 그들을 결혼시킨 뒤에 파리로 보내 세계만방 앞에 '평화롭고 복된 일한합병의 상징'으로 과시하려 한다는 신문 기사를 읽은 뒤로는 그들의 결혼식이 흡사 거대한 시한폭탄처럼 느껴졌던 것이다. 얼마 전까지만 해도 '파리강화회의'는 희망과 활기의 상징 그 자체처럼 반가운 단어였는데, 이제는 절망과 곤혹의 또 다른 표현이었다.

당시 태황제는 왜 그처럼 큰 고통과 고뇌를 겪었던 것일까?

'조선 왕세자 이은과 일본 이본궁 방자 여왕'이 결혼식을 올린 뒤에 강화

회의가 열리고 있는 파리에 가서 한 쌍의 비둘기처럼 다정하게 각국 사절들 사이를 휘젓고 다닐 뻔했던 일은 오늘의 눈으로 보면 별로 큰 사건으로 보이지 않는다. 그러나 1919년 초반이라면 그 의미와 비중이 지금과 아주 달랐다. 전쟁의 뒷처리를 강화회의로 결정짓는 것이 관행이었던 당시에는 국제회의의 비중이 몹시 커 각국 사절들에게 주는 인상이 그대로 회의에 영향을 미쳤다. 그렇기 때문에 일본 정부로서도 그런 계획을 수립하여 언론을 통해서 공표했던 것이고, 고종황제가 그 일로 그토록 고뇌했던 것이다. 그 일에 주목한 것은 고종황제나 일본 정부만이 아니었다. 한국 독립운동가들도 크게 주목했었기 때문에, 그 일이 우리 독립운동사에도 명료하게 기록되어 있다.

임정의 대통령을 역임한 사학자 박은식朴殷植 선생의 《한국독립운동지혈사》에는 이 사건이 다음과 같이 기록되어 있다.

우리나라 광무제(고종)는 명성황후가 일본인들에게 피살되자 저들에 대한 원한이 이미 골수에 사무쳤는데, 그 위에 자신도 폐위를 당하고 나라까지 합병되자 무한히 통분하였다. 그는 비록 유폐되었다 하더라도 언젠가는 때를 타서 보복하려는 생각을 버린 적이 없었다. 왜놈들은 우리 황제를 일본 배격의 우두머리로 인정하고 제거하려는 생각을 가진 지가 오래였다.

때마침 구라파에서는 전쟁이 끝나고, 열국列國은 파리에서 평화회의를 개최하고, 미국이 대통령(윌슨)은 민족자결주의를 제창하였으며, 우리 민족도 용약하여 독립운동을 벌이려 하고 있었다.

이보다 앞서 일본은 영친왕을 일본 여인 방자와 결혼을 시키기로 하고 기미년 1월 25일 혼례를 치른 다음, '신혼여행'이라는 명목으로 파리의 평화회의에 맞추어 구라파 유람을 시킴으로써, 한국과 일본의 동화同化의 증거로 보여 주려고 하였다.

앞에서 보았듯, 당시 일본 정부의 그러한 기도는 이미 《매일신보》에 크게 보도되어 지식층만이 아니라 일반 백성들까지 다 알고 있던 사실이었다. 이은의 부친 태황제는 이처럼 자신의 아들이 일본 정부의 전략적 도구로 쓰여

▶ **고종과 왕세자 이은.** 1918년 1월 23일 이은의 일시 귀국을 기념해 덕수궁 석조전 앞에서 찍은 기념사진이다. 연미복을 입은 고종을 중심으로 왼쪽과 오른쪽에 이은과 순종이 앉았다. 그 주위를 총독부 관료와 일본 군경 고위 관계자 등 당시 조선을 지배하던 일본 관련 인사들이 포위하듯 둘러서 있다(서울대학교박물관 소장).

서 잃은 나라를 되찾으려는 자신의 계획을 망치는 것을 막아야 할 위기에 있었던 것이다.

당시 파리강화회의에 밀사를 파견하려는 고종의 노력에 대해 일제 당국이 마련한 또 하나의 카드가 있었다.

그것은 언론을 이용한 압박 정책으로서, 파리강화회의 개막일이 다가오고 있는 1918년 12월부터 1919년 1월에 걸쳐 총독부 기관지인 《매일신보》에 폐위 당한 뒤에 살해되고 가족까지 모두 피살되어 멸문이 된 외국 군주들의 사례를 집중 보도함으로써 '이태왕(태황제)'에게 절대 망동하지 말도록 경고하는 것이었다. 혁명으로 제위에서 쫓겨나서 피살된 러시아 황제와 폐위된 독일 황제 및 그 가족들의 비참한 말로를 세세하게 묘사한 그런 기사들은 '폐위된 황제'라는 뜻의 '폐제廢帝'라는 용어를 사용하면서 '폐제들의 비참한 말로'를 계속 소개하고 있었다. 그런 기사들은 실제보다 훨씬 비참하게 과장된 것이었다.

물론 총독부에서 신문에 그런 기사가 계속 실리도록 사주하고 있는 이유를 태황제도 명백하게 파악하고 있었다. 그런 기사들이 노리고 있는 것은 뻔했다. 조선 왕실과 백성들을 상대로 "조선 왕실 가족은 일본의 덕택으로 그 보호 아래서 아주 행복하게 살고 있는 줄 알아라!", 또는 "우리 일본의 보호를 벗어나면, 조선 왕실 역시 그렇게 비참한 말로를 겪게 될 것이다!" 하는 뜻을 노골적으로 시사하는 일종의 협박인 것이다. 그렇기 때문에 더욱이나 무참해서 입 열어 겉으로 말은 안 내지만, 태황제는 요즘 그런 기사를 계속 읽으면서 받는 압박감과 공포로 인해 늘 참담한 심정이었다. 그런 기사들 중에서도 특히 러시아 황제 일가를 다룬 기사들은 매우 참혹한 묘사들로 가득 차 있었다. 제목부터 "노 폐제露廢帝의 혈흔血痕이 지금까지 마룻바닥에 역력하다"

왕세자 혼혈결혼의 비밀

와 같이 매우 자극적이었다.

폐제 '니코라스' 2세와 황후 왕녀들의 살해사건은 한날 밤중에 그들이 갇혀 있던 옥 속에서 일어난 것인데, 그 옥에는 벌집같이 탄환 자리가 많이 났고, 그 마루 위에는 폐제 이하의 붉은 피가 거의 내를 이루었다. 이것으로 보면 가해자들은 노제露帝 이하를 총살한 후 여러 시간을 놓아두었던 듯하다. 소문을 듣건대 가해자들은 왕녀에게 대하여 무한히 비참한 학대를 한 후 죽인 것이라는데……(《매일신보》, 1918. 12. 14).

지나간 칠월 십칠 일 '에까데린뿌르그'의 수도원에서 전 아라사 황제와 그 가족이 과격파에게 살해당하던 현장의 광경을 발표하였는데, 그 말을 들은즉 전 아라사 황제 이하는 컴컴한 웅덩이로 끌려가서 벽에다 등을 대이고 나란히 서게 한 후 차례로 쏘아 죽였더라. 노露 폐제는 마지막으로 나의 병든 처를 안고 죽게 하여 달라 하여 승낙을 얻어 안고 죽었으며 또 왕녀는 탄환을 맞고도 잘 죽지 아니하므로 총으로 때려 죽였고 그들의 시체는 화장하여 버렸더라. 동경(《매일신보》, 1918. 12. 15).

폐제는 실로 과격파가 놓은 열일곱 방의 총알을 받고 오십 평생을 끝막아 버리었다. ……과격파의 무리는 어찌하여서 폐제를 이다지도 학대하였느냐고 물어본즉, 안내하는 '최크' 사관의 대답은 극히 간단하게 "그것이 혁명이지요" 하였다(《매일신보》, 1919. 1. 12).

총살 전에 폐제는 삼십분 간의 산보를 감지덕지하였다(《매일신보》, 1919. 1. 13).

태황제는 그런 기사들이 스트레스를 크게 받도록 자신을 과녁 삼아 의도적으로 쓰인 기사라는 것을 잘 알고 있었다. 그래서 그런 기사들을 읽어 가노라면 기사 뒤에 자리 잡고 있는 일본 측의 목적이 새삼스럽게 끔찍해서 절로 몸서리가 쳐졌다.

　일제가 사용한 카드들은 아주 유효했다. 어떤 면에서는 너무 지나치게 유효했다. 파리강화회의가 개막된 지 사흘째이자 이은의 결혼식을 불과 나흘 앞둔 1919년 1월 21일, 그날 새벽에 돌연 경천동지할 일이 일어났다. 태황제가 갑자기 운명한 것이다. 태황제는 다방면으로 강력하게 죄어오고 있는 일제의 압박을 이기지 못하고 스트레스로 인한 급성 뇌일혈을 일으켜서 숨을 거두었다. 건강 상태가 양호했던 태황제가 돌연 사망한 것이라서 조선은 물론 일본에 준 충격도 대단했다.

　그날, 운명하기 전에 태황제 주변에서는 무슨 일이 있었던가? 먼저 꼽을 수 있는 것이 '3어사의 출발 소식'이었다.

　1919년 1월 25일에 동경에서 열리는 이은과 방자의 결혼식에 조선의 왕족들은 한 사람도 참석하지 않기로 확정되어 있었다. 시기가 시기니만큼, 일본 정부에서는 조선 측을 자극하여 곤란한 문제를 일으키지 않으려고 조선 왕족의 결혼식 참여를 강요하지 않기로 결정했다. 설혹 일본 측이 강요한다 해도 거절하고 버틸 판이던 조선의 왕족들은 "됐다!" 하고 좋아했다. 조선 왕족들은 직접 동경에 가는 대신에 자신들을 대리하여 결혼식 축하사절을 파견하기로 피차 양해가 되었다. 그래서 왕족들의 사절은 다음과 같이 선정되었다.

'이왕'을 대리하는 이왕직 장관 민병석 자작.
'이왕비'를 대리하는 찬시 윤덕영 자작.

'이태왕'을 대리하는 찬시 조민희 자작.

사절들의 공식 명칭은 '어사'였다. 그들 어사 세 사람이 함께 기차를 타고 동경을 향해 출발한 것은 1월 19일 오전 8시 40분이었다. 그들이 남대문역을 떠나는 광경이 커다란 사진과 함께 1월 20일자 저녁에 발간된 《매일신보》에 실려 세상에 알려졌다. 기사 제목도 생생했다.

"가례嘉禮에 참렬參列할 3어사三御使, 십구일 아침에 영광스러운 출발"

물론 태황제는 그들이 그때 동경으로 출발한다는 사실을 미리 알고 있었다. 그러나 막상 신문에 난 그들의 사진과 기사를 보면서 태황제가 느낀 압박감과 고통은 엄청난 것이었다.

아아, 축하사절까지 동경을 향해 출발했다…….

이리 되면 이은과 이본궁 방자의 결혼을 막을 힘은 세상에 전혀 없었다. 이제 남은 일은 막내아들 부부가 신혼여행을 겸해 파리강화회의에 가서 일본 정부가 구사하는 정략의 도구가 되어 태황제 자신이 지금 혼신의 힘을 다해 추진하고 있는 생애 최후의 대계획을 망치는 것을 지켜보아야 하는 일뿐이었다. 태황제의 죽음은 당시 절체절명의 곤경에 빠진 자로서의 스트레스와 고통을 견디지 못한 데서 온 비극이었다.

태황제(고종)가 승하하자 조선의 독립운동가들은 의도적으로 '일제의 사주에 의한 독살설'을 퍼뜨려서 조선 백성을 격앙시켜 독립운동전선으로 밀고 나갔다. 그래서 독살설이 오늘날까지도 사실로 받아들여져 각종 연구서들은 물론 전문적인 학술서적들에까지 그렇게 기술되고 있다.

그러나 이제는 사실을 바로보아야 할 때다.

당시 일본은 고종을 독살하지 않았다. 고종이 승하한 1919년 1월 21일, 당시 일본으로서는 절대로 고종의 죽음을 원하지 않을 때였다. 그 시점에서 고종이 죽으면 당장 이은의 결혼식이 불가능해지고 따라서 그들의 계획에 중대한 차질이 빚어지기 때문이다. 사실 예기치 않게 1월 21일 새벽에 고종이 승하하자, 일본 측은 처음에는 고종의 죽음을 감춘 채 이은의 결혼식을 강행하려고 시도했다. 그 때문에 상황은 더욱 악화되어 고종의 죽음을 감추려고 시도했던 행동이 더욱 세간의 의혹을 불러일으킨 소지가 되었다.

고종이 사망한 정확한 시각은 1월 21일 오전 1시 45분경이었다. 그리고 일제가 고종의 죽음을 공식 발표한 것은 이틀 후인 23일이었다.

고종(태황제, 이태왕)의 죽음의 실상은 어떠한가.

당시 전의들이 남긴 기록에 의하면, 고종은 별세 사오일 전부터 계속 불면증과 체증 증세를 보이고 있었다. 계속 잠을 제대로 자지 못하고, 음식은 소화가 안되어서 먹는 대로 얹히고……. 그런 상태였다.

또한 덕수궁 궁녀들이 남긴 증언에 의하면, 고종은 그 무렵에 한 자리에 가만히 있지 못했다고 한다. 계속 이 방에서 저 방으로, 저 방에서 대청으로, 대청에서 다시 이 방으로, 그렇게 전각 안을 계속 맴돌며 서성거렸다는 것이다. 아마도 바짝바짝 눈앞에 밀어닥치고 있는 아들 이은과 일본 여인의 결혼을 막을 길이 없는 것에 대한 처절한 고뇌 때문이었을 것이다.

그러는 중에 "1월 25일에 동경에서 거행될 왕세자 이은의 결혼식에 세 분 전하(이태왕, 이왕, 이왕비)를 대신하여 참석할 세 사람의 어사가 서울을 떠나는 모습"이 《매일신보》에 크게 보도된 1919년 1월 20일이 저물었다.

바로 그날 밤 9시 40분경부터 11시경까지, 고종은 평시 기거하는 함녕전 서온돌에서 궁녀들을 불러 편을 갈라 윷을 치게 하고 그 모습을 지켜보았다. 윷놀이 시합을 보면서 즐기고자 했다기보다는 잠시나마 고뇌를 잊으려는 노력이었을 것이다.

11시쯤 되자, 고종은 곁에서 놀고 있던 어린 덕혜옹주에게 "벌써 열한 시가 되었으니 가서 자거라!"고 분부하여 내보낸 뒤, "식혜를 가져오라"고 일렀다. 알다시피 식혜는 소화에 도움이 되는 음료로, 고종은 불우했던 말년에 특히 즐겼다고 한다. 먹은 음식이 제대로 소화가 되지 않아서였을 것이다. 명을 받은 지밀내인 신희선이 은그릇에 담은 식혜를 가져와서 관례대로 기미(독이 들지 않았는가 먼저 먹어 보는 것)를 본 뒤에 고종에게 드렸다. 8홉 정도의 양이었는데, 고종은 오분의 일 정도만 마시고 물렸다. 그래서 나머지 식혜를 옆에 모시고 있던 궁녀들이 나누어 마셨다.

고종은 밤 12시경에 자리에서 일어나 서온돌에서 동온돌로 건너가 이리저리 거니다가 서온돌로 돌아왔다. 12시 40분경, 졸음이 온다면서 서온돌 한쪽에 놓인 안락의자에 기대앉아 졸기 시작했다. 오전 1시 15분경, 갑자기 고종이 "어!" 하고 외마디 소리를 지르는 것이 들렸다. 옆에 모시고 있던 상궁들이 놀라서 바라보니 고종은 이미 몸의 균형을 잃어 팔을 허우적거리고 왼쪽 다리가 의자 아래로 미끄러져 내려 허리가 의자에 걸쳐져 있었다. 모시고 있던 상궁들이 놀라서 의자에서 자리로 모셔 내리고 숙직하는 전의와 사무관에게 급히 연락했다.

숙직하던 전의 김형배는 곧 들어와 배진한 뒤 뇌일혈 증상인 '동풍(중풍)'으로 진단하고 청심환을 드시게 하면서 치료를 시작했다. 이어 급보를 받은 덕수궁 촉탁 의사들인 조선인 전의 안상호와 일본인 전의 신강일형이 달려왔고, 뒤이어 전의보典醫補인 일본인 의사 지부의웅과 호천금자가 치료에 가세했다. 나중에는 총독부 의원의 삼안 박사와 원장인 방하 박사 등 일본인 의사들이 계속 불려왔다. 당시 일본 측은 고종이 발병한 시기가 너무 공교로운 데 크게 당황하여 어떻게 하든지 살리려고 필사적으로 애를 썼다.

 1월 21일 1시 15분경에 쓰러진 고종은 겨우 30분이 지난 45분경에는 이미 숨이 끊어진 상태가 되었다. 고종이 의식을 되찾지 못하고 숨이 멎자, 총독부의 일본인 관리들은 대책 마련을 위해서 황황하게 움직였다.

 급보를 받고 덕수궁에 달려왔던 이왕직의 일본인 관리 권등사랑개는 고종의 별세를 확인한 뒤 대책을 논의하기 위해 황급하게 자동차를 타고 총독부 정무총감을 관저로 찾아갔다. 당시 장곡천호도 총독은 왕세자 이은의 결혼식에 참석하려고 동경에 가 있었기에 조선총독부 최고 책임자는 산현이삼랑山縣伊三郞 정무총감이었다. 그때부터 서울의 조선총독부 당국자들과 동경의 일본 정부의 총리대신 및 궁내성 책임자들은 극비의 지급전보를 황급하게 주고받으면서 처리방안을 의논하기 시작했다.

 물론 의논의 핵심은 왕세자 이은의 결혼식 문제였다.

 "지금 우리가 취할수 있는 길은 두 가지입니다. 하나는 이태왕이 훙거했음을 감추고 왕세자의 결혼식을 강행한 뒤에 훙거를 밝히는 것, 다른 하나는 아예 훙거를 밝히고 결혼식을 연기하는 것이오."

 논의는 두 갈래로 갈라졌다.

 "현재 우리 일본의 국익을 위해서는 왕세자의 결혼식이 반드시 이 시점에서 치러져야 합니다. 그래야 프랑스 파리로 가게 할 수가 있어요. 그러니까 일반 백성들은 물론 왕세자에게도 이태왕의 훙거를 감추고 일단 결혼식을 먼저 올리게 한 뒤에 훙거를 발표합시다."

 "아니오! 그건 곤란할 것 같소! 만약 그리했다가 결혼식 전에 이태왕이 이미 훙거한 것을 속였다는 사실이 밝혀지면, 그땐 수습하기 어려운 곤란이 야기될 겁니다."

"그렇기는 하지만, 이 왕세자 전하 내외를 파리강화회의에 파견한다는 일은 도저히 다른 사람으로 대체할 수 없는 막중국사에 해당하지 않습니까!"

"그렇지만, 이태왕의 훙거를 감춘다는 것은 도저히 감당할 수 없는 부작용이 일어날 위험성이 너무도 큽니다!"

총독부 관리들이 그런 논의를 하고 있을 때, 창덕궁의 순종은 그런 사실을 전혀 모르고 있었다. 일본인들이 의도적으로 알리지 않은 것이다. 그것은 혹시라도 '이태왕의 훙거를 감추고 이왕세자의 결혼식을 강행하기로 결정될 경우'를 염두에 둔 조치였다. 그래서 고종이 21일 새벽 1시 15분경에 발병한 이래 그렇듯 황급하게 일본인 의사들을 동원하여 계속 덕수궁에 들여보내면서도, 덕수궁에서 멀지도 않은 창덕궁에 있는 '이왕(순종)'에게는 전혀 연락하지 않았다.

새벽 6시가 지나서, 의학상식이 전혀 없는 문외한의 육안으로도 고종이 이미 운명한 지 한참이나 지난 시신임을 인정할 수밖에 없게 되자, 일본인 당국자들은 그제야 순종에게 알리도록 지시했다.

부친이 별세한 줄도 모르고 자고 있던 순종은 덕수궁에서 걸려온 전화로 "덕수궁 이태왕 전하의 병환이 위중하시다"는 소식을 듣고 황황하게 침소에서 일어났다. 그가 급히 어용마차에 올라타고 창덕궁을 나선 것은 6시 35분, 마차는 폭풍처럼 덕수궁을 향해 달렸다.

순종이 덕수궁에 도착했을 때, 그를 맞은 것은 이미 싸늘하게 식은 태황제의 시신이었다. 고종이 발병한 즉시 연락했더라면, 순종은 부친의 마지막을 지키고 임종할 수 있었는데 일본인 당국자들의 정략 때문에 임종도 못한 것이다.

조선의 상사 풍습으로는 사람이 죽으면 즉시 '초혼招魂'을 해야 한다. 육신을 떠난 혼에게 아직 식지 않은 몸으로 어서 돌아와 달라고 비는 중요한 행사다. 그러나 아직도 본국의 궁내성과 극비전보를 급박하게 주고받으면서 대처 방책을 의논하고 있던 총독부 당국자들은 고종의 죽음을 세상에 드러내지 않으려고 초혼도 하지 못하게 하고 발상도 하지 못하게 가로막았다. 그래서 순종은 그저 부친의 시신을 지키고만 있을 수밖에 없었.

그렇지만 계속 덕수궁에 아무 일도 없는 것처럼 아예 시치미를 뗄 수는 없는 일이었다. 덕수궁으로 의사들이 계속 황급하게 불려 들어가고 또 창덕궁에 있는 순종이 어둔 새벽에 어용마차로 황급하게 달려서 덕수궁에 입궐한 것을 목격한 백성들이 상당수 있을 터이기 때문이다.

"일단 공식적으로 무언가 발표하기는 해야 하지 않겠습니까?"

"그렇소. 그냥 놔두면 유언비어가 불 일 듯 일어날 게요."

"결국은 '왕세자 결혼날인 1월 25일 이후냐 이전이냐' 하는 단지 사오일간의 차이가 있을 뿐, 어차피 어느 쪽 방책을 선택하든 간에 이태왕이 훙거했음을 세상에 밝힐 수밖에 없지 않소?"

"오늘은 일단 '이태왕이 환후가 계셔서 중태'라는 선으로 조절해서 일반에 알려두는 것이 어떻겠습니까? 그러면 어떤 경우든 간에, '훙거 공표'에 대비한 유효한 사전 준비 작업이 되지 않겠습니까?"

총독부 당국자들은 다시 구수회의를 거친 뒤, 본국의 궁내성 당국자들과 극비전보를 주고받으면서 협의했다.

그 결과, 일단은 오늘 날짜로 "현재 이태왕이 위중한 병환 중"인 것으로 공표하기로 결정되었다. 겨우 그런 정도의 결론이라도 정해진 것은 1월 21일 오후 1시였다. 총독부 당국자들은 그때서야 신문기자들을 불러서, "덕수궁 이태왕 전하의 환후가 침중한 상태"라고 공식 발표했다. 그래서 총독부 기관지인 《매일신보》 1919년 1월 22일자에는 큰 활자로 박은 "덕수궁의 환후患候 침중沈重"이란 제목 아래 당시의 허위발표를 그대로 받아 쓴 기사들이 실려 오늘날까지 전해진다. 그리고 같은 지면에 그 비극을 처음 알던 순간의 이왕(순종)의 동정에 관한 거짓 보도도 다음과 같이 게재되어 있었다.

"창덕궁昌德宮 양兩 전하殿下 급거急遽 어출문御出門"
오전 여섯시 삼십오 분에 어출문
함녕전에서 지성으로 시탕侍湯하심
태왕 전하 환후가 몹시 중하시다는 급보가 덕수궁으로부터 창덕궁에 도달하매, 침소에 드셨던 이왕 동비 양 전하께서는 황황히 내전을 나오셔서 날이 미처 밝지도 못하던 오전 여섯시 삼십오 분에 얼음길에 마차 바퀴소리도 급급히 덕수궁에 가림하시와 즉시 함녕전 서온돌의 태왕 전하 병실에 문안하옵시고, 열성으로 시탕을 하셨으며 모 근시의 말을 들은즉 이왕 동비 양 전하께서는 이십일 일 새벽부터 오후까지에 아무런 음식도 드신 일이 계시지 아니하여 근시가 뵈옵기에도 황송하다 승문하였으며, 이강공 동비 양 전하께서 어친척인 이재완 이재각 이해창 이해승 각 후작과 기타 어친척의 문안이 있었으며 이강공 동비 양 전하께서는 함녕전에 계옵시다더라(《매일신보》, 1919. 1. 22).

이 기사를 세심하게 읽어 본다. 소제목과 기사 본문에, 순종이 당시 부왕의 병환에 '지성으로 시탕' 하시고 '열성으로 시탕' 하셨다고 나온다. 시탕이라 함은 환자에게 탕약을 달여 올리면서 간병을 하는 것이다. 그렇기 때문에 그 기사에 따르면 순종은 덕수궁에 가서 살아 있는 고종을 대면했으며 시탕을 하면서 간병했다는 이야기가 된다. 그러나 그러한 《매일신보》의 기사는 터무니없이 조작된 거짓 보도이었음이 일 년여 뒤에 《동아일보》가 창간되면서 백일하에 세상에 밝혀졌다.

1920년 4월 1일에 창간된 《동아일보》는 창간 다음날인 4월 2일에 발행된 지령 제2호의 1면에다 "지효至孝이신 이왕전하李王殿下"라는 제목 아래 순종에 관한 기사를 길게 실었는데, 그 기사 안에 이런 대목이 들어 있다.

무오년 12월 20일에 태왕께오서 갑자기 승하하오실 때에 덕수궁 찬시가 전화로 위중하오시다 말씀드린 즉 전하께오서 주무시다가 그 전화를 들으시고 황황하게 덕수궁에 들어가시니 태왕께오서는 이미 승하하오신지라. 전하께오서 앞에 나가셔서 "소신 왔습니다" 한 말씀 하시옵고 천지가 아득하셔서 이내 기절하오시더라.

말이나 마차로 달리면 창덕궁과 덕수궁은 불과 십 분 이내에 닿는 가까운 거리다. 그처럼 가까이 있으면서 부친이 운명한 것조차 알지 못했던 순종은 뒤늦게 연락받고 덕수궁에 달려가서 이미 차갑게 식어 버린 부친의 시신을 대하고는 그대로 기절해 버렸던 것이다. 일본인 폭도들에게 모친인 명성황후를 시해당해 비명에 잃은 한에다 더하여, 다시 일본인들의 농간 때문에 부친의 임종조차 못한 한이 너무도 커서 그대로 기가 막혀 넘어간 모양이다.

앞의 비화가 보도된 때는 고종의 국상이 치러진 뒤 1년 1개월이 지난 시기였다. 왜 하필 그 시점에서 그런 기사가 나온 것일까.

새로 창간된 《동아일보》로서는 독자를 확보하기 위해서 세상이 깜짝 놀랄

왕세자 혼혈결혼의 비밀

특종기사를 마련할 필요가 있었다. 그래서 당시 공식적으로 써야 했던 일본의 연호 및 양력을 피해 굳이 음력을 써서 "무오 12월 20일에 태왕께오서 급거히 승하하셨다"고 명확하게 못 박음으로써, 고종이 승하한 정확한 날짜를 세상에 새롭게 공표했다. '음력 무오년 12월 20일'은 '양력 1919년 1월 21일'이다. 그간 고종이 승하한 날이 '양력 1919년 1월 22일'이라고 잘못 알려져 왔던 것을 바로잡은 것이다. 특히 그날 순종은 부친이 별세한 뒤에야 덕수궁에 갔기 때문에 임종도 못했고, 그 충격으로 부친의 시신 앞에서 그만 기절했다는 특급비화를 공개한 것이다.

특종기사의 제일 구성요건은 세인들이 큰 관심을 가질 만한 사안이다. 새로 창간된 《동아일보》에서 창간 제2일에 발행한 지령 제2호의 1면에다 고종 승하 때의 진상을 밝히는 기사를 실은 것은, "당시 사람들에게 고종 승하 때의 미스터리가 얼마나 큰 관심사항이었던 것인가?"를 반증하는 것이기도 하다. 《동아일보》로서는 창간 즉시 그런 기사를 실음으로써, 총독부 기관지 따위의 신문으로서는 따라올 엄두도 못 낼 새로운 신문이 세상에 나왔음을 천하에 과시하여 단숨에 세상의 주목을 끄는 효과를 거두었다.

어쨌든 고종 승하 당시 순종의 처지는 필설로 형용할 수 없이 처연했다. 명색이 한 나라의 왕으로서 지척에 있으면서도 부친의 임종도 못한 죄 많은 상주가 되자 그만 기가 넘어 의식을 잃고 기절했다가 깨어났다. 그러고도 초혼도 하지 못하고 발상도 하지 못한 채 부친의 차가운 시신을 지키고 앉아서 일본 당국자들에게서 승하를 공표하고 발상해도 된다는 허락이 떨어지기만을 기다리고 있어야 했다. 그 심정이 어떠했을지 추측하기 어렵지 않다.

"하여튼 덕수궁 그 노인네! 정말 사람을 질리게 하는구먼!"

"그렇게 말입니다. 살아생전 늘 음모를 꾸며대어 줄창 마음을 놓지 못하게 하더니 숨이 끊어진 시신까지 우리를 골탕 먹입니다!"

조선총독부 당국자들은 음울한 낯으로 계속 불평했다. 본래 그들은 처음에는 본국의 위정자들과 긴급협의한 결과, 일단 "이태왕의 환후 위중!"이라는 정도로 세상에 알려서 연막을 쳐 놓은 상태로 왕세자 이은의 결혼식을 예정대로 추진하려고 작정했다. 그래서 고종이 승하한 21일이 다 저물도록 초혼도 하지 못하게 하고 발상도 하지 못하도록 막았던 것이다.

그러나 이내 일본 위정자들의 그 다급하고도 비열한 계략을 아주 간단하게 깨뜨려 버린 사람들이 재빨리도 나타났다. 바로 조선의 상인들이었다. "한 푼을 보고 오 리를 가고 두 푼을 보고 십 리를 간다"는 것이 본래 상인들의 생리, 그래서 정보는 늘 상업상의 이익과 직결된다. 일본 측의 인도人道와 천도天道를 짓밟는 비열한 정책에 반감을 가진 조선 궁중의 누군가가 은밀하게 연락해 준 것일까. 극비로 추진되고 있던 일본 당국자들의 '죽은 이태왕을 살아 있는 이태왕으로 만들기 작전'은 조선 상인들에게 누설되었다.

"뭣이라! 태황제께서 환후 중이신 게 아니라 이미 붕어하셨다고? 오호! 그렇다면, 시급히 해야 할 일이 있구나!"

상인들은 무릎을 치면서 일어났다.

일단 태황제가 붕어하셨다고 하면, 불원간 국상이 거행될 것은 불문가지의 일이었다. 조선의 상례 풍습으로는, 상사가 나면 제일 먼저 필요해지는 것이 상복의 재료인 삼베다. 그러나 현재 시중 포목전에는 삼베가 없다. 지금은 엄동의 한겨울이라 여름용 옷감인 삼베가 거래되지 않기 때문이다. 상인들은 즉각 우편국으로 사람을 보내어 삼베 산지에다 전보들을 치기 시작했다. 그들은 구입할 삼베의 물량을 남보다 더 먼저 남보다 더 많이 확보해 놓으려고 저마다 서둘렀다.

왕세자 혼혈결혼의 비밀

"뭐야? 조선 상인들이 삼베 산지에다 전보들을 쳐대고 있다고?"

우편국에서 즉각 올린 정보에 총독부 당국자들은 그만 실색했다.

"예. 그래서 국상이 났다는 소문이 이미 시골에까지 낭자해지고 있답니다."

"이런 낭패가 있나! 즉각 우편국에 연락해서 삼베 주문전보라면 일절 접수하지 않게 하랏!"

그러나 이미 워낙 크게 엎질러진 물이었다. 말끔히 닦아낼 수도 없고 그대로 덮어버릴 수도 없었다. 어둔 골방에서 극비로 은밀하게 추진해도 태황제의 붕어를 완벽하게 숨기기란 어려운 일인데, 하물며 전혀 생각지도 않은 엉뚱한 틈새로 사건이 불거져 나와서 백주에 시장바닥에다 대고 목청껏 외치듯이 소문을 낸 셈이다.

붕어 당일인 21일에 이미 이렇듯 뜻하지 않은 곳을 통해서 사건이 불거져 나오는 판이다. 왕세자 이은의 결혼날인 1월 25일까지 계속 '이태왕'이 사망한 사실을 숨기면서 시간을 끌어 무사히 결혼식을 치른다는 것은 도저히 불가능하다는 사실이 총독부 당국자들 그 누구의 눈에도 한밤에 불을 보듯 환하게 들어왔다.

"조짐이 아주 좋지 않소. 잘못하다가는 의외의 부작용이 크게 일어날 염려가 있겠소이다!"

"그렇습니다! 이젠 한시바삐 이태왕의 훙거 사실을 공표하는 것이 상책일 듯합니다!"

그날 밤, 총독부 당국자들은 어두운 얼굴로 구수회의를 거듭했다. 결국 본국 정부에 다시 급전을 쳐서 총리대신 및 궁내상과 다급하게 의논을 나눈 끝에 새로운 방침이 정해졌다. 사태가 더 이상 숨길 수 없게 진전된 이상, 실제보다 하루 뒤로 물린 '대정 8년(1919) 1월 22일 오전 6시'에 승하한 것으로 훙거를 공표할 수밖에 없다고 결론이 내려졌다.

"폐하! 방금 총독부에서 새로운 연락이 왔습니다."

함녕전 서온돌에서 부친의 시신을 모시고 앉아 있는 임금(순종)에게 찬시장이 무릎걸음으로 다가와서 작게 속삭였다.

"태황제께서 내일 아침 6시에 붕어하신 것으로 공표하겠다고 합니다. 그러니 우리 왕실에서도 그 틀에 맞추어서 상례를 진행시키라는 전갈입니다."

"……"

순종은 으스러져라 두 주먹을 부르쥐었다. 아무리 약자가 감수할 수밖에 없는 모욕이라 해도 이건 너무 처참해서 원통함과 치욕스러움이 심장을 찢는 듯했던 것이다.

이리하여, 조선 왕실에서는 고종이 붕어한 지 만 하루 이상이 지난 뒤인 1월 22일 6시가 되어서야 비로소 발상하는 의식인 '고복皐復'의 절차부터 정식으로 밟기 시작했다. 그러고 보면, 세상사의 속내가 때때로 심히 오묘하다. 단순히 이利를 탐하는 상인의 욕심이 거연히 의義를 추구하는 지사의 충정에 못지않은 힘으로 세상사의 뒤틀림을 바로잡아 놓기도 한다.

1919년 1월 22일 새벽 6시.

고종의 시신이 안치되어 이젠 빈전이 된 함녕전의 당상과 당하에 시립한 상주인 순종 이하 종친들과 관리들과 궁인들이 모두 지켜보는 중에, 고종이 생시에 입으시던 옷을 든 이가 궁궐 지붕으로 올라갔다. 때늦은 초혼을 하기 위해서다. 돌아간 이의 혼을 부르는 초혼을 할 때는 "혼령께서 육체로 되돌아오소서!"라는 뜻으로 '복復' 자를 세 번 외쳐야 한다. 지붕을 딛고 선 이가 옷을 허공에 흔들면서 혼령이 돌아오시도록 크고 길게 세 번을 거듭하여 외쳤다.

"복!"

왕세자 혼혈결혼의 비밀

"복!"

"복!"

이미 정당한 격식과 체제를 잃은 것이어서 더욱 비통한 초혼의 외침이 아직도 캄캄하게 어두운 덕수궁 하늘 위로 아득하게 울려 퍼졌다. 초혼하는 소리가 흩어져 사라진 막막한 허공은 비수를 품은 듯 냉랭했다.

파란으로 점철된 만 67년에 걸친 고종의 긴 생애는 그렇듯 처연하게 막을 내렸다. 그는 43년 동안 한 나라를 통치했던 군주였다. 그러나 그에게서 나라를 빼앗아 간 일본인들이 그의 막내아들 이은을 제물 삼아 벌이는 정략적인 혼혈결혼 및 그를 이용하여 국제 관계에 영향을 미치려는 사악한 계획을 눈앞에 두고, 그는 견딜 수 없는 고뇌와 고통에 짓눌려서 죽었다. 그리고는 그 비통한 죽음의 시기가 일본인들이 계획하고 있는 정략에 맞지 않는다는 오직 그 이유 하나만으로 운명한 날짜까지 조작당하는 수모와 치욕을 당한 것이다.

1월 22일 아침 8시에 조선총독부는 고종의 죽음을 공식발표했다.

"이태왕 전하께서 1월 22일 오전 6시에 훙거하셨다."

절대왕정 시대에 지배자인 군주의 격格은 살아생전의 호칭에만이 아니라 죽음의 자리에도 따라간다. 황제의 죽음은 '붕崩'이고, 왕의 죽음은 '훙薨'이다. 그래서 황제들은 붕어崩御하고 왕들은 훙거薨去한다. 고종은 사망 당시 공식 칭호가 '이태왕'이었다. 그래서 조선총독부 당국자들은 그의 죽음을 '훙거'라고 지칭했다.

그렇게 삶을 마친 고종은 실로 특이한 생애를 살았던 인물이었다. 한 사람의 군주로서, 고종처럼 여러 번 존호가 바뀐 군주도 세계 역사상 그 사례가 드물다.

왕세자 혼혈결혼의 비밀

1864(등극)~1895년(독립 서고誓告 이전) : 조선국 왕 전하

1895(독립 서고 이후)~1897년(대한제국 수립 이전) : 조선국 대군주 폐하

1897(대한제국 수립 이후)~1907년(강제 양위 이전) : 대한제국 황제 폐하

1907(강제 양위 이후)~1910년(국망 이전) : 대한제국 태황제 폐하

1910(국망 이후)~1919년(붕어할 때까지) : 조선 이태왕 전하

생전에 이처럼 다섯 번이나 존호가 바뀌었던 그의 죽음을 두고도 여러 가지 용어가 쓰였다. 일반 조선 백성들은 '붕어'라고 일컬었고, 친일파들과 일본인들은 '훙거'라고 일컬었다. 그 말을 쓰는 이의 심정과 생각이 즉각 드러나는 '붕' 자와 '훙' 자를 피하느라고, 조선 전래의 관습적인 어법을 써서 "승하하셨다"고 일컫는 사람들도 많았다.

아무튼 "이태왕 전하 1월 22일 새벽 6시에 훙거"라는 1월 22일의 조선총독부 공식 발표는 1월 23일자 《매일신보》에 실려 조선 천지에 전해졌다. 아무리 조선총독부 기관지라 해도 《매일신보》 소속 조선인 기자들은 역시 조선인의 피와 살을 가진 이들이었다. 망국의 태황제를 비명에 보내는 슬픔에다가 총독부의 지시에 따라 붕어하신 날짜를 허위로 보도하면서 느끼는 망극함과 슬픔이 덧붙여져서 붕어 관련 기사들의 문면이 구구절절 애절했다.

"이태왕李太王 전하殿下 훙거薨去"

← **고종의 장례식.** 1919년 1월 21일 고종 황제가 덕수궁 함녕전에서 승하했다. 일본의 삼엄한 경비 속에서 많은 인파의 조문행렬이 밤낮으로 계속되었으며(❶), 상례 기간 동안 함녕전에 빈소가 설치되었고(❷) 이곳에서 2월 9일 봉고제가 진행되었다(❸). 일본은 고종황제의 인산일에 발생할 소요사태에 대비하기 위해 인천항에 군함 두 척을 파견하기도 했다(❹). 고종의 영여는 1919년 3월 3일 대한문을 나와 4일에 홍릉에 안장되었다(서울대학교박물관 소장).

1월 22일 오전 6시

오호嗚呼!비통悲痛한 어발상御發喪의 일日

시민市民은 철시애도撤市哀悼, 구신舊臣은 호읍궁문號泣宮門

슬프도다, 서럽도다. 아— 대정 팔년 일월 이십이일 오전 육시! 경성의 삼십만 시민은 육십팔 년 모셨던 덕수궁 이태왕 전하의, 승하하시는 슬픔을 당함이여! 돌연히 환후의 중하신 급보를 승문하고, 황황망조하는 중에도, 차도가 계실까 옹축하던 시민들은 한 줄기 희망이 아주 끊임을 듣자옵고 대한문 외에, 눈물을 흘리며, 전하의 승하하심을 슬퍼하도다. 아 슬픈 날이여, 대정 팔년 일월 이십이일의 매운바람이 서리 가지에 오열하던 오전 여섯시여!

그들은 특별히 큰 활자를 써서 지면 첫머리에 이러한 애도문을 게재한 뒤, 고종의 사진을 비롯한 각종 붕어 관계 기사들로 지면을 가득 채웠다. 이렇게 시작된 고종의 국상 관계 보도기사는 인산날인 3월 3일까지 계속되었다.

고종의 부음이 이런 곡절을 거쳐서 세상에 전해진 탓에, 그 뒤 오랜 세월 동안 고종이 붕어한 날짜가 '1919년 1월 22일'로 세상에 잘못 알려지는 혼란을 일으켰다. 박은식의 저서에조차 광무황제(고종)의 붕어는 '1919년 1월 22일'이라고 나온다.

"죽은 제갈공명이 산 사마중달을 쫓았다"는 이야기는 파란만장한 《삼국지》 중에서도 특히 유명한 대목이다. 광무황제(고종)가 1919년 1월 21일 1시 15분에 급성 뇌일혈 증세를 일으켜서 의식을 잃고 45분 만에 붕어한 비극에서도 그와 흡사한 일이 벌어졌다.

파리강화회의야말로 조선의 국권을 회복시킬 천재일우의 기회라고 믿어지는데 그 호기를 송두리째 망칠 뿐더러, 오백년 내려온 조선 왕가의 고귀한 혈

왕세자 혼혈결혼의 비밀

통을 처참하게 오염시킬 자신의 막내아들 왕세자 이은과 일본 여인의 결혼……

 살아 있는 고종은 자신의 힘으로는 도저히 그 사태를 막을 수가 없어서 죽음에 이르도록 고통스러워했을 뿐 무력하기 짝이 없었다. 그리고 끝내 그토록 절통했던 고뇌를 이기지 못하고 죽었다. 그러나 죽은 고종은 산 고종과 달랐다. 그 차가운 시신이 즉각 이은의 결혼식을 중단시키는 힘을 발휘했다. 유교를 생활의 기본 도덕으로 삼고 있는 동양 제국의 풍습으로는 부모의 친상을 당하면 탈상하기까지 혼인할 수 없기 때문이었다.

 1919년 1월 21일.

 부친이 별세한 그날 아침, 왕세자 이은은 평소와 마찬가지로 아침 7시에 근무처인 근위보병 제2연대에 출근했다. 일본 육군 소위의 정장 차림이다.

 "전하! 오늘 이본궁에서 방자 여왕 전하의 조도품調度品들을 보내실 거라고 합니다."

 그가 저택을 나설 때 고희경 사무관이 귀띔했다. 결혼식 이전에 신부의 혼수인 살림살이들을 미리 신랑집에 보내어 정리해 두는 것이 일본의 혼례 관습이었다.

 "알았습니다."

 이은은 고개를 끄덕이고 애마에 올랐다. 신부의 혼수품들이 저택에 실려 온다니 새삼 '이젠 정말 결혼하게 되는구나' 하는 실감이 들었다.

 열 살 내외의 어린 나이에 결혼하게 하는 조선 왕가의 관습대로라면 그는 이미 십여 년 전에 결혼하여 가정을 이루었을 터였다. 1897년생으로서 1919년 새해 들어 만 스물두 살의 청년이 되었으니, 조선의 풍습으로 치면 왕가는커녕 일반 백성들의 관습으로도 아주 만혼인 셈이었다.

돌이켜 보면 이본궁 방자 여왕과 약혼했다고 처음 보도된 것이 1916년이었으니, 그때로부터 사 년 만에 결혼을 하게 되는 것이었다. 그토록 오래 끌면서 곡절 많았던 혼삿날이 이제 내밀면 손에 닿을 듯 다가와 있다. 나흘 뒤로 다가온 결혼식을 앞두고 일본 신문들은 요즘 매일같이 그의 혼사 관계 보도에 뜨거운 열기를 뿜어 올리고 있었다. 혼사 절차는 물론이고, 이본궁에서 마련하는 각종 혼수품들까지 세세하게 보도하고 있는 터였다.

또한 얼마 전에 궁내성의 통지로, 결혼식 이틀 전인 1월 23일에 천황이 그에게 일본국 최고위의 훈장인 '대훈위大勳位'를 수여할 것이라는 전갈을 들었는데, 바로 그 소식 또한 오늘 아침에 나온 일본 신문들마다 도배를 하듯 대대적으로 보도하고 있다. '대훈위' 훈장은 일본인이라면 조야를 막론하고 최상최대의 광영으로 치는 최고위 훈장이다. 그가 일본 황족인 방자 여왕과의 결혼으로 내선융화와 일치의 대업에 막중한 공헌을 한다 해서 그처럼 큰 훈장을 주는 것이라고 들었다. 십여 일 전에는 방자 여왕이 '훈2등勳二等 보관장寶冠章'을 하사받았다는 보도기사도 있었다. 역시 같은 공로 때문이었다.

결혼식은 일본 황실의 별궁인 하관霞關 이궁離宮에서 거행하기로 되어 있다. 왕세자 어용저인 조거판의 저택도 결혼에 대비해 새로 증축하여 면모를 일신하는 등 결혼 준비는 아주 완벽하게 진행되고 있다. 총독을 비롯한 조선총독부의 최고위 간부들이 이미 동경에 들어와 있고, 조선 왕가의 축하사절들이 경성을 출발하였다는 전보도 이미 그저께 아침에 들어왔다.

처음에는 그도 일본 여인과 결혼하라는 강요에 경악했고, 말할 수 없는 반감을 느꼈다. 그러나 시간이 흐름에 따라 날이 갈수록 그 반감의 강도가 점점 옅어져 갔다. 어린 시절에 일본으로 끌려와서 지금까지 일본인들 속에 살면서 익히 체험한 것, 곧 "일본인들은 약자를 상대로는 자신들이 원하는 것을 결코 양보하지 않는다"는 사실이 자꾸 그의 기를 죽였던 것이다. 약자인 조선 왕실로서는 이 정략결혼 문제 역시 강자인 일본 황실의 요구대로 따를 수밖에 없다는 체념이 점차 마음에 크게 자리 잡았다. 시키는 대로 순종할 수밖에 다른 도리가 없다고 체념하자 점차 시각이 바뀌기 시작했다. 이 결혼이 지닌 장점들이 하나 둘, 자꾸 눈에 들어왔다.

우선 신부는 물론 신부의 가문과 가족 구성원들이 크게 마음에 들었다. 황족이라면 신성불가침의 존재처럼 높이 떠받드는 일본에서 당당한 황족 규수인 신부는 예쁘고 부드럽고 명랑하고 사랑스러웠다. 또한 황족 여인들 중 가장 아름답다는 장모는 물론이고 황족인 장인 수정왕 또한 답답한 섬나라 사람답지 않게 열린 마음을 지닌 사람이었다.

더구나 장인은 슬하에 아들이 없이 딸만 둘을 두었다. 그렇기에 그 집에 놀러 가면 꼭 화창한 꽃밭에 들어선 듯 마음이 편했다. 만 열 살 어린 나이에 그처럼 끔찍하게 사랑해주던 어머니 엄귀비의 슬하를 떠나서 이역 땅에 온 이래, 그는 지금까지 계속 남자들 속에서만 둘러싸여 긴장을 풀지 못하고 힘겹게 살아왔다. 그래서 아름답고 부드럽고 명랑하고 사랑스러운 여인들과 함께 있는 한가한 시간이 제공하는 따스한 위무가 참으로 반갑고 소중했다. 당연히 지난달에 납채의식을 거행하여 정식으로 약혼이 성립된 뒤로는 쇠붙이가 자석에 이끌리듯 절로 발걸음이 약혼녀의 집인 이본궁으로 옮겨지고는 했던 것이다.

"이본궁에서 왔습니다아!"

왕세자 이은이 근무처로 나간 뒤 얼마 되지 않아 혼수품들이 가득 실린 궁내성 소속 트럭들이 왕세자저의 정문을 들어섰다. 혼수품이 많기도 하고 호사스럽기도 하다고 뜨르르 소문이 난 그대로였다. 검은 옻칠을 한 장롱, 흰색

오동나무 장롱, 백동으로 만든 장롱, 다섯 벌의 함……. 각종 장롱들과 함들은 물론 삼면경에서 손거울까지 모든 물건에 이본궁가의 문장인 이국裏菊 꽃무늬가 금가루 은가루를 써서 돋을새김으로 새겨져 있고, 장롱과 함 안에는 특별히 직조하고 염색한 일본 옷은 물론, 프랑스와 영국산 옷감으로 만든 화려한 양복들이 가득 채워져 있었다. 각종 실내장식품들이며, 두꺼운 비단으로 만든 겨울용 침구와 결 고운 모시로 만든 여름용 침구들도 볼만 했다.
　"호! 과연 대단한 혼수품들이구먼!"
　"정말 엄청나네!"
　왕세자저의 직원들은 감탄을 금치 못하면서 이본궁에서 온 사람들과 함께 그 많은 짐을 들여 놓고 풀어서 정리해 놓기에 바빴다. 그러나 세상사는 도처에 함정 투성이었다. 신부의 혼수짐 들이기가 거의 일단락된 오전 10시 30분, 느닷없이 한 장의 전보가 왕세자저에 들이닥쳤다.

　"이태왕 전하 환후 계심."

　서울 덕수궁에서 보낸 전보였다. 전보가 왕세자의 동경 저택에 오전 10시 30분경에 배달되었으니 서울에서 전보를 치러 우편국에 간 시각은 그때로부터 적어도 한 시간 정도는 일렀을 것이다. 그렇다면 서울에서 전보를 친 시각은 아직 일본 당국자들이 고종의 신상에 관해 아무런 공식 발표도 하지 않았을 때였다. 덕수궁에서는 상제인 왕세자에게 정확한 진실을 알리고 싶었겠지만, 일본 관리들이 고종이 붕어한 사실을 일절 발표하지 못하게 막고 있던 시각이기에 병환 중이신 것으로 알릴 수밖에 없었던 것이다.
　"오! 이런!"

왕세자 혼혈결혼의 비밀

"빨리 부대로 사람을 보내어 전하께 알려야겠다!"

전보를 받고 경악하여 서두르는 왕세자저의 직원들 앞에 대뜸 관리들 특유의 양복 정장 차림인 일본인이 나섰다.

"안되오! 이 전보, 아직 왕세자 전하께는 알리지 마시오! 경성에서 다시 소식이 올 때까지 기다리면서 하회를 보기오!"

낮으나 아주 위압적인 음성이었다. 이본궁 방자 여왕과의 결혼식을 주관하고 참례하려고 조선에서 미리 건너와서 동경에 머물고 있는 조선총독부 산하 이왕직의 국분상태랑國分象太郎 차관이다. 그는 좀 전에 왕세자저에 들어왔다.

"그럴 수 없습니다!"

고희경 사무관이 굳은 얼굴로 맞섰다.

"이것은 다름 아닌 태왕 전하께 환후가 계시다는 전보입니다. 이처럼 중요한 급보를 어찌 당장 왕세자 전하께 고하지 않고 한가롭게 다음 소식을 기다리겠습니까!"

상대방을 똑바로 건너다 보는 그의 얼굴이 노골적인 혐오로 일그러져 있었다. 일개 이왕직 차관으로서 방자하게도 감히 제 분수를 넘는 참견을 한다고 욕해 주고 싶은 것을 참는다, 하는 기색이 역력했다.

"이보시오! 내 말 잘 들으시오!"

국분 차관은 얼굴을 찌푸리며 내뱉었다.

"이태왕 전하의 환후 문제는 지금 이태왕 전하께만 관계된 문제가 아니오. 목하 지금은 막중한 이본궁 방자 여왕 전하와 왕세자 전하의 경사로운 어경전御慶典을 앞두고 있는 때가 아니오. 따라서 지금은 조선 왕실 관계 일은 어떤 일이든 간에, 모두 궁내성과 이왕직의 지시를 받아서 처리해야 하오. 실은 지금까지 말을 하지 않았을 뿐, 나는 아까 이른 아침부터 이태왕 전하께서 환후 중이심을 알고 있었소. 바로 그 문제로 지금 궁내성 대신과 장곡천 총독이 함께 의논 중이오."

왕세자저의 직원들은 그만 입을 다물었다. 불길한 예감이 심장을 쳤다. 무엇보다도 "궁내성 대신과 장곡천 총독이 함께 의논 중"이라는 말이 매우 석연치 않았다. 그들이 '이태왕 전하의 환후' 문제를 두고 무슨 의논을 함께하고 있다는 말인가. 그러나 그들은 감히 더 캐어묻지 못하고 묵묵히 각자 자리로 흩어졌다.

그날 오후 2시경, 다시 조선으로부터 두 번째 전보가 들이닥쳤다.

"이태왕 전하 환후 극히 위중하심".

조선총독부 당국자가 오후 1시에 "이태왕 전하의 환후가 침중하다"고 공식적으로 발표한 뒤에 덕수궁에서 다시 친 전보였다. 이때는 이미 국분 차관도 궁내성으로부터 앞으로의 방침에 대한 새로운 통고를 받은 뒤였다. 그는 왕세자저의 직원들에게 이제는 전하께 알려도 좋다고 허락했다. 고희경 사무관은 곧 부대로 전화를 걸어 "급한 일이 있으니 곧 저택으로 돌아오십시오"고 고했다. 영문을 모른 채, 오후 2시 30분쯤 김응선 무관과 함께 저택으로 돌아온 왕세자는 부친이 갑작스러운 환후로 위독하시다는 소식을 듣고는 비수에 찔린 듯 외쳤다.

"오! 아바마마!"

이럴 때의 "위독하시다"는 말이 무엇을 뜻하는지 이미 짐작하는 얼굴이었다. 팔 년 전 어머니인 엄귀비가 승하하셨을 때도 바로 그런 문구의 전보가 왔었지 않은가. 곧 그런 짐작을 확인해 주는 조치들이 잇따랐다. 황궁에서 천황의 사자가 와서 이은에게 조선으로 귀성하는 것을 허락한다는 대정천황의 칙허를 전했다. 왕세자 저택에서는 모두들 침통한 모습으로 서울로 귀성할 준비를 시작했다.

이본궁에서는 21일 저녁에 '이태왕의 환후' 소식을 들었다. 조거판의 왕세자 저택에 혼수품을 보내 정리해 놓는 일이 잘 끝났다는 보고를 받은 뒤 가족들은 모두 큰일을 해낸 것처럼 흐뭇한 마음으로 저녁을 먹고 있는데, 왕세자 저택의 고희경 사무관이 갑자기 찾아왔다.

"오늘 경성에서 좋지 않은 소식이 왔습니다. 이태왕 전하께서 뇌일혈로 쓰러지셨다는데 매우 위독하시답니다. 그래서 왕세자 전하께서 내일 아침 8시 20분 열차편으로 조선으로 출발하시기로 결정되었습니다. 이미 귀성을 허락하는 천황 폐하의 칙허도 내렸습니다."

"무어라고요!"

이본궁에서는 위로는 수정왕에서부터 아래로는 말단 하녀에 이르기까지 상하가 모두 경악했다. 그 소식은 곧 결혼 예정일인 1월 25일에 도저히 혼례식이 진행될 수 없음을 명확하게 밝히는 통고인 셈이었기 때문이다.

일본 동경에서 조선의 서울까지는 해륙 사 천 리, 가장 빠른 교통편으로 연결해서 여행한다고 해도 최소한 2박 3일의 일정이었다. 왕세자가 22일 아침 일찍 동경을 출발하면 빨라야 24일 오전에 서울에 도착한다. 천만다행히도 그동안 이태왕이 회복되어, 왕세자가 선 채로 부친의 얼굴만 잠깐 보고 그 자리에서 되돌아서서 동경으로 돌아온다고 쳐도, 아무리 빨라야 26일 내지 27일이나 되어야 돌아올 수가 있는 것이다. 그렇다면 이미 예정된 결혼일은 지난 때인 것이다. 그리고 얼굴만 보고 곧 되돌아올 수 있을 정도로 가벼운 병환이면 이 시점에서 조선으로 가게 하지 않고 예정대로 결혼식을 올리게 했을 것이 아닌가. 그리고 만에 하나, 이태왕이 승하한다면 더군다나 혼례는 치를 수가 없게 된다.

잔칫날을 코앞에 두었을 뿐더러 더욱이 혼수품까지 모두 신랑댁으로 옮겨 놓고 난 뒤에 일어난 돌발상황이라서 특히 충격이 컸다. 가장 충격을 받은 사람은 물론 결혼 당사자인 방자 여왕이었다.

1919년 1월 22일 오전 8시.

조선의 서울에서 총독부 당국자가 "이태왕이 훙거하셨다"고 공식적으로 발표하고 있던 바로 그 시간에, 왕세자 이은은 동경역의 플랫폼에 있었다.

지난밤에 조선으로부터 다시 연락을 받고서 이미 부친이 승하하셨음을 정확하게 알고 나선 분상奔喪의 길이었다. 모친의 승하 때도 임종은커녕 돌아가신 뒤에 뒤늦게 소식을 듣고 분상하려고 동경역에 나왔었는데, 부친의 승하 때 역시 똑같은 상황을 되풀이겪는 것이 새삼 그의 마음을 찢었다.

이미 동경 정계의 조야에도 '이태왕 훙거' 소식이 전해진 뒤이기에, 동경역에는 조선으로 귀성하는 그를 배웅하려는 사람들이 많이 나와 있었다. 약혼녀 집안인 이본궁을 비롯한 각 황족 가문에서 보낸 어사御使들, 장곡천호도 조선 총독, 파다야 궁내상, 궁내성 차관, 이등박방 식부 차관 등이 다가와서 그에게 조문하는 말들을 건네었다.

그날 아침, 방자 여왕 역시 왕세자 이은을 전송하려고 동경역으로 직접 나갔다. 이미 결혼식은 연기된다고 확정된 뒤였다. 그때 동경역에서 두 사람이 대면하던 정경이 이방자의 회고록에 다음과 같이 기록되어 있다.

1919년 1월 21일, 결혼식이 4일 앞으로 다가왔다. 그날 내 혼수품들이 도리이 사까鳥居坂의 이은 전하 댁으로 운반되었다. 저녁 때에야 운반이 모두 끝났으므로 겨우 숨을 돌려 저녁을 먹고 있는데 갑자기 이은 전하의 고희경 사무관이 뛰어들었다.

"서울로부터 좋지 않은 소식입니다."

그는 말을 더듬고 있었다. 겨울인데도 뛰어오느라 이마에 땀방울이 맺혀 있었다. 그의 갑작스러운 말에 모두 숨을 죽이고 있는데

"고종황제께서 새벽에 쓰러지셨는데 중태시랍니다. 병명은 뇌일혈이라고 합니다. 전보가 방금 도착해서 왕세자님이 곧 서울로 떠나십니다."

그는 이렇게 전하고 황급히 되돌아나갔다.

나는 놀라서 정신이 없었다. 나흘 후면 결혼식인데 지금 조선으로 가시면 언제 오실까? 우리의 결혼은 어떻게 되나? 우리 가족 중에는 아무도 입을 여는 사람이 없었다. 결혼식을 앞두고 이 무슨 불길한 징조인가. 우리의 결혼생활에 닥칠 먹구름을 암시하는 것 같은 예감에 모두가 망연히 앉아 있을 뿐이었다.

그러나 그대로 앉아 있을 수만은 없었다. 나는 정신을 차려 옷을 갈아입고 전하가 떠나는 역으로 뛰어갔다. 앞날이 어떻게 될지 모르지만 부친의 위급을 듣고 떠나가는 그 분을 배웅하고 위로해야겠다는 생각에서였다.

도오꾜東京역은 몹시 붐비고 있었다. 나는 열차의 창가에 우두커니 서 있는 전하를 찾을 수 있었다. 정신없이 역으로 올 때는 어둡고 슬픈 여행을 하는 그 분을 무어라고 위로해 드리고 싶었지만 막상 전하의 창백한 얼굴을 대하니 아무 말도 나오지 않았다.

이은 전하는 일본에 와 있느라 모친 엄비의 별세도 보지 못했다. 그런데 이제 또 부친인 고종황제가 별세하신다면, 혹은 그 임종도 보지 못하게 된다면 얼마나 슬픔이 사무칠 것인가는 상상하고도 남음이 있었다. 우리는 한참을 서로 얼굴을 쳐다보기만 했다. 전하의 눈에 눈물이 괴어 있었다.

"미안하오."

마침내 전하가 말했다. 나는 말을 하면 울음이 터질 것 같아 머뭇거리다가 겨우 "돌아오실 때까지 기다리고 있겠습니다."

고 대답할 뿐이었다. 집에 돌아와서 전하가 너무 불쌍하고 위로의 말을 드리지 못한 것이 안타까워 뜬눈으로 밤을 새웠다.

이튿날 22일. 정식으로 고종 황제의 승하 발표가 있었고 우리의 혼인식은 내년 봄까지 연기하기로 결정이 됐다. 경사스러운 날을 눈앞에 두고 들뜨고 부산하던 우리 집은 하룻밤 사이에 다시 암울하고 무거운 분위기로 가라앉아 버렸다. 도대체 나는 앞으로 어떻게 될 것인가. 이은 전하의 슬픔은 얼마나 클까. 전하는 언제 돌아오시게 될까. 닥쳐올 내 운명에 대한 불안과 괴로움으로 밤마다 잠을 못 이루고 몸이 말라갔다(이방자, 《세월이여 왕조여》).

왕세자 이은과 수행원들을 태운 관부연락선 고려환이 검은 물결을 헤치면서 현해탄을 건너 부산항에 입항한 것은 1월 23일 밤이었다. 왕세자 일행은 철도 호텔에 들어가서 잠깐 쉰 뒤에 밤 11시 30분 발 서울행 열차에 올라 다음 날 오전 9시 10분에 남대문역에 도착했다.

"황태자 전하! 오오! 태자 전하!"

그들 일행이 조선 영역 안에 들어온 때는 이미 모든 조선인들이 태황제가 붕어하셨다는 소식을 들은 뒤여서, 그가 가는 곳마다 슬피 우는 백성들이 엎드려 절하면서 그를 맞았다.

1919년 1월 24일에 서울에 도착한 이은은 곧 상복으로 갈아입었다. 이미 조선 천지는 들끓는 물 솥 안처럼 한껏 격앙되어 있었다. 태황제의 죽음이 너무도 갑작스러운 급변이었는데다가, 일본인들이 태황제가 붕어하시던 때 순종에게조차 알리지 않았고, 또 운명하신 뒤로도 돌아가신 사실을 감추려고 한동안 발상조차 못하게 했으며, 끝내는 붕어하신 날짜를 조작해서 발표했던 일련의 부정직하고 부자연스런 일들에 관한 소문들이 즉각 사방으로 퍼져 나가면서 타는 불에 기름을 붓듯 의혹을 불러일으켰던 것이다.

즉각 '독살설'이 튀어나와 사람들 사이로 빠르게 퍼져 나갔다. 독살설은 한 입 두 입 건너갈수록 점점 뚜렷하게 뼈대가 세워지고 살이 붙어서 이내 큰 형체를 이루었다.

↘ **고종의 장례식에 참가하기 위해 귀국한 왕세자 이은.** 고종의 사망 소식을 접한 이은은 1월 25일에 예정된 결혼식을 미루고 장례식에 참가하기 위해 급히 귀국했다. 사진은 귀국 후 윤덕영 자작의 안내를 받으며 함녕전으로 들어가는 모습이다(서울대학교박물관 소장).

"태황제께서는 총독부 놈들의 사주를 받은 전의 안상호에 의해 독살되셨다!"

"왜놈들이 태황제를 독살한 이유는, 바로 파리강화회의에 보낼 문서 때문이었다더라!"

"맞다! 나도 들었다. 파리강화회의에서 민족자결주의에 의해서 조선이 독립되는 것을 막으려고 왜놈들이 그동안 '일본국과 조선국의 합병은 조선의 군주와 백성들의 자발적인 청원에 의한 것'이라고 쓴 문서를 만들어 파리강화회의에 제출할 준비를 하고 있었다더라. 왜놈들이 바로 그 문서에다가 태황제의 서명을 받고 옥새를 찍게 하려고 했는데, 태황제께서 '짐은 팔이 잘리는 한이 있어도 그런 문서에는 서명할 수 없다!'고 단호하게 거부하셨다더라. 그래서 왜놈들이 독살한 것이라더라."

그렇게 체계가 세워진 독살설을 확실하게 뒷받침하느라고, 단순한 심정적 증거가 아니라 명확한 물리적 증거에 해당한다고 할 만한 소문들도 잇따라 만들어져서 등장했다. 예를 들어 "태황제의 시체를 염할 때 보니까, 피부에 독살된 시체에만 나타나는 반점들이 퍼져 있었고 독이 퍼진 살들이 이미 썩어 만지는 대로 미어져서 손끝에 묻어났다더라"와 같은 소문들이 만들어져 적을 맹렬하게 공격하는 참벌떼처럼 윙윙 사방으로 세차게 날아다녔다.

총독부 입장에서는 아주 공교롭고 껄끄러운 일이 있었다. 그런 식의 소문들을 전부 믿을 만한 것으로 받아들이게 하는 정황적 뒷받침을 확실하게 한 것이 다름 아닌 조선총독부 기관지 《매일신보》의 보도기사들이었다. 《매일신보》가 1월 22일에 내보낸 "덕수궁의 환후 침중"이란 기사를 효시로 시작된 태황제의 붕어에 관련된 일련의 초기 보도기사들은, 아예 크고 작은 기사 제목들부터 의도적으로 세상 사람들의 의혹을 불러일으키려고 작정한 것이 아닌가 싶을 정도였다.

21일 오전 1시 45분에 돌연 발병하심.
이십 일의 저녁 수라까지 평일과 같이 진어하시고 침전에 듭실 때에도 아무 이상이 없으셨는데 돌연 중환이 되심.

작하昨夏 중환重患 이후로 어건강이 쾌히 회복되오신 터인바 의외에 중환이 드심.

20일 오후의 수라도 평일과 같이 진어. 오전 한시에 돌연 중태.

이런 정황 속에서 '독살설'은 아주 빠르고 세차게 번져갔다. 물론 삼일운동이 대대적으로 발발한 이후에 《매일신보》는 총독부 기관지답게 "이태왕에 대한 독살설이 얼마나 터무니없는 거짓말인가!"를 강조하는 기사들을 계속 써대었지만, 이미 아무도 귀담아듣지도 않고 주목하지도 않았다. 그런 기사들은 흡사 활활 타오르는 화톳불에 떨어지는 여리고 희미한 눈발 같았다.

당시의 '독살설'은 기본적으로는, 미국 대통령 윌슨이 제창한 '민족자결주의'에 크게 고무된 지하의 조선독립운동 추진 세력들이 의도적으로 만들어 유포시킨 심리전 수법의 하나였다. 세상에 새로 등장한 놀랍고 거창한 화두였던 윌슨의 '민족자결주의'에다 고종의 죽음에 관한 독살설을 결합하자, 그 폭발력과 파괴력은 실로 가공할 만했다. 그래서 당시 대다수 조선인들과 수많은 일본인들은 물론이고, 이은의 약혼녀인 이본궁 방자와 그 가족들까지도 그 소문을 사실로 믿었다.

윌슨이 제창한 세계대전의 전후 처리방침의 하나인 민족자결주의에 관한 소문이 조선 땅에서 특히 조선인들 사이에서, 그처럼 폭발적인 동력을 가졌던 것에는 그럴 만한 시대적 정황이 있었다. 굳이 다른 자료들까지 들출 것도 없다. 파리강화회의 동안에 조선총독부 기관지인 《매일신보》 지면에 계속 보도되었던 수많은 파리강화회의 관련 보도기사들 중에서, 다음과 같은 기사 하나만 들여다보아도 금세 그 시대의 풍향을 알아보게 된다. 고종이 승하한 지 7일 만인 1919년 1월 28일자 《매일신보》 제1면에 실린 "휴전강화(休戰講和)"라는 제목 아래 실린 여러 기사들 중에서 첫머리 기사의 내용은 다음과 같다.

"세계 각국에 통고"
24일 최고군사회의가 산회된 후 '윌슨' 씨와 영, 미, 불 각국 수상과 외상은 짧은 시간 동안 일본 대표자와 모여 상의한 끝에 무선전신으로 세계 각국에 "강제수단으로 영토를 점유함은 도리어 그런 행동을 하는 나라들의 요구권을 박약하게 함에 이를지니 저들이 올바른 취급을 받고 싶으면 위력을 쓰는 것을 중지하고 공명정대하게 강화회의에 그런 요구를 제출하도록 하라"고 통고하였더라. '파리 전보'.

프랑스의 수도 파리에서 온 전보를 전재했다는 이 기사가 말하는 것은 무엇인가.
"파리강화회의를 이끌어 가는 세계 최강대국 지도자들인 영국과 미국과 불란서의 수상과 외상들이 일본 대표와 회담한 뒤에 세계 각국에 '국가 간에 영토에 관한 분쟁이 있을 경우, 강제로 점령하는 나라는 도리어 불리해질 것이다. 올바른 대우를 받고 싶으면 위력을 쓰지 말고 그 요구하는 바를 공명정대하게 강화회의에 제출하라'고 무선전신으로 통고했다더라"는 소식을 파리발 통신을 인용해서 보도한 것이다.

당시는 '파리강화회의' 관련 보도로서, 총독부 기관지인 신문에조차 위와 같은 기사가 실리고 있던 시절이었다. 당연히 그 시대의 조선인들로서는 '파리강화회의'가 지닌 힘과 기능과 역할에 관해서 엄청난 환상을 가지게끔 되어 있었다. 그리고 바로 그런 시대적 정황이야말로, 당시 한민족사상 최대의 평화시위운동이었던 삼일독립만세운동이 고종의 인산 이틀 전에 거센 불꽃처럼 폭발할 수 있게 한 원동력이 되고 기본 정서가 되었다.

이런 시기에, 태황제의 돌연한 죽음은 두 가지 중요한 요소를 조선 백성들에게 제공했다.

첫째는 독살설에 의해서 침략자 일본에 관한 적개심이 거대한 불기둥처럼 타올라 두려움을 잊게 만든 것이오,

둘째는 인산因山 때문에 자연발생적으로 사람들이 많이 모일 수 있는 계기와 장소가 제공된 것이다.

왕세자 이은이 부친의 인산을 치르려고 서울에 들어와 머물고 있는 지 35일째인 1919년 3월 1일, 고종의 인산을 이틀 앞두고 저 유명한 삼일독립만세운동이 폭발했다.

여기서 우리 민족의 항일독립운동사와 관련해서 한 가지 궁금증이 일어난다. 만약 그 시기에 그런 형태로 고종이 죽지 않았더라도 삼일독립만세운동과 같이 거대한 규모와 형태와 동력을 지닌 독립운동이 폭발적으로 일어나는 것이 가능했을까?

물론 대답은 "절대 아니다!"다.

그리고 보면, 나라와 민족의 입장에서 생각할 때 이 또한 기이한 인생의 아

이러니가 아닐 수 없다. 산 고종이 자신의 전 생애를 통해서 나라를 위해서 그의 역량과 정성을 모두 쏟아 이룩해낸 것보다 죽은 고종의 차가운 시신이 오히려 더욱 거대하고 장렬하고 가치있는 기여를 말없이 성취해 낸 것이기 때문이다.

'삼일독립만세운동'이란 눈부시도록 장렬한 역사의 뒷면에 묻혀 후세에 제대로 전해지지 않은 사실이지만, 1919년 3월 3일에 거행된 고종의 장례는 조선식 국장이 아닌 전통적인 일본식 장례로 치러졌다. 일본 황실과 정부에서 "조선의 이태왕을 일본의 황족으로 예우"한답시고 '일본국의 국장'으로 장례를 치른다고 결정하고 그대로 추진하는 바람에 그리되었다. 조선의 군주였던 이가 일본식 장례를 거쳐서 흙으로 돌아간 것이다.

삼일독립만세운동이 일어난 지 10일째요, 부친인 고종이 금곡 땅에 묻힌 지 7일째인 3월 10일, 왕세자 이은은 독립만세운동으로 전국이 기름 끓듯 계속 거세게 격동하고 있는 조선 땅을 떠나서 동경으로 돌아갔다.

그가 그렇듯 황황하게 일본으로 돌아간 것은 일본 측의 요구 때문이었다. 독립만세운동이 일어난 뒤, 조선인들의 기대와 신망이 급격하게 왕세자 이은에게 쏠리고 있었다. 그런 인심의 쏠림을 날카롭게 드러내는 사례로 《매일신보》에 실린 '이왕가에 대한 유언비어' 문제를 보도한 기사를 들 수 있다.

이왕직의 모 당국자는 말하되 " '세상에서는 파리강화회의에 보낼 문서에 이태왕 전하가 도장을 찍지 아니하셨다고 독살을 하였다고 어리석은 자들이 믿도록 이유를 붙여서 말을 전하나 파리강화회의에서 조선의 문제가 의론에 오를 이치가 없는 것' 등등의 이야기를 하더라고 전한 뒤에, 근일에 자꾸 허설이 뒤를 따라 생겨서 '왕세자 전하께서 이완용 백작을 죽이려고 치셨다' 느니 그러

왕세자 혼혈결혼의 비밀

한 말을 꾸며내는 자까지 생겨서 '이왕가 전체를 곤란하시게' 하고 있다고 하더라"는 것이다(《매일신보》 1919. 3. 15).

"왕세자 전하가 이완용을 죽이려고 치셨다"는 소문……. 따지고 보면 그것은 이은이 그렇게 행동해 주었으면 하고 바랐던 조선 민중의 소원들이 응어리져서 그런 형태로 세상에 모습을 드러낸 것일 터였다. 일제 당국은 조선 사회 민심의 그런 추이가 두려워서 이은을 급하게 동경으로 돌려보낸 것이다.

왕세자 이은과 일본 황족 이본궁 방자 여왕의 결혼.

그 현안이 조선인들의 역사에 그렇듯 큰 굉음을 불러일으키는 통렬한 부호가 되었던 1919년 3월은 금세 저물었다.

그러나 삼일운동이 일으킨 격렬한 파동은 계속 굽이굽이 겨레의 역사 속으로 용트림하면서 흘러들어갔다. 삼일정신은 일제의 포악한 억압에 짓눌려 있던 민족정신을 크게 각성시켰다. 민중은 두려움을 떨치고 일어섰고, 일본에서 작위를 받아 귀족이 된 자들 중에서도 작위를 반납하는 자가 잇따랐다. 우리의 민족사가 삼일운동을 계기로 새로운 지평을 연 것이다.

4월에는 중국 땅 상해에 대한민국 임시정부가 수립되었고 만주를 비롯한 해외동포들 사회에서 독립군들이 일어섰다. 9월에는 일본 해군 장성인 재등실이 신임 조선 총독으로 부임하는 길에 남대문역에서 강우규 의사의 폭탄 세례를 받았다. 11월에는 이처럼 격변하는 세상의 변화에 자극을 받은 이강공李堈公 곧 전날의 의친왕 이강이 상해의 임시정부로 가려고 만주행 열차를 탔다가 신의주에서 일경에게 잡혀서 서울로 돌아왔다.

역사의 수레바퀴는 때로 신비하게 구른다. 여러 우여곡절 끝에 정해진 '조선 왕세자 이은과 일본 황족 이본궁 방자 여왕'의 결혼 예정 날짜였던 '1919

년 1월 25일'은, 이리하여 이은의 개인사는 물론 한국 근대사에서도 운명적인 날이 되었다. 그날은 고종황제를 죽음으로 끌고 간 직접적인 동인이 되었고, 또 고종황제의 죽음은 우리 민족사의 장려한 대서사시인 삼일운동의 직접적인 촉매가 되었다. 그런 점에서 본다면, 이은의 그 결혼식 날짜는 곧 우리 민족사의 거대한 활화산이었던 삼일독립만세운동의 형태와 시기가 그 때 그런 모습으로 이루어지도록 만들었던 배후의 운명적 요인이었던 것이다.

여기서 고종황제의 밀사로 파리강화회의에 파견되기로 선택되었던 두 사람의 후일담을 알아본다. 신흥우와 하란사는 1919년 1월 21일에 고종이 갑자기 별세하자 너무도 경악했다. 그들이 밀사로 선정되었던 일에 대한 신흥우의 증언은 다음과 같다.

……그때에 누구가 이래라 저래라 한 것이 아니라 다수한 사람의 생각이 들어가기를 우리나라에 어떤 비고서류秘庫書類가 있는데, 강화조약을 하는 자리에 그러한 비고서류를 가지고 가서 국내에서 일본을 배척하며, 우리가 자유를 원한다는 이 두 사실을 드러내면, 미국이 앞장서고 했으니 무슨 희망이 있겠다 하는 것으로 생각이 들어갔습니다.

……그때 덕수궁 안의 고종께서도 그 기회에 무엇이든지 하려고 애를 썼습니다. 고종의 둘째 아드님 되는 의친왕도 그렇고…… 부자父子와 종종 만났어요. 그래서 일본 사람들이 늘 지키고 있으니까 조용한 말을 할 수가 없으면 화장실에까지 들어가서 두 분이 만나시게 됐어요. ……하란사씨가 미국에서 유학할

때부터 의친왕하고 친했습니다. 오하이오 델라웨즈에서 얼마 동안 같이 있었습니다. 그래서 하란사씨가 의친왕하고 매일 연락을 하다시피 했습니다. 어떤 때는 궁녀라고 할는지 나인이라고 할는지 하는 사람이 심부름해서 만났는데, 우리의 요구는 일본 사람이 찾으려고 해도 못 찾고 있던 1882년에 우리나라와 미국이 맺은 한미조약의 원문을 찾으면 그것을 가지고 파리에 가서는 윌슨 대통령에게 보이면서, "미국이 우리에게 대해서 이런 조약을 맺었소, 제3국에서 우리 두 나라 중 어떤 나라를 침략하면, 다른 나라가 청할 것 같으면 도와준다고 했소. 왜 일본이 우리나라를 합병할 때 그냥 무시해 버렸소", 하자는 것이었습니다.

⋯⋯고종께서 전에 있던 루즈벨트 대통령에게 헐버트씨를 밀사로 보냈는데 핑계하고 만나주지 않았단 말이에요. ⋯⋯ 그때 이승만씨하고 윤병구씨가 하와이와 미주에 있으면서 ⋯⋯ 이승만씨가 헐버트씨와 같이 가서 애를 썼지만 성공하지 못했는데 이번 파리 강화 담판하는 곳에 누구든지 원문原文을 가지고, 누구든지가 아니라, 우리가 갈 것 같으면 우리는 어느 정도 힘을 얻겠다 하는 그런 일이 있었습니다. 그래서 매일 덕수궁에서 소문이 나왔습니다. 고종께서 그것을 찾고 있다고. 그 때가 섣달쯤 되던 때인데 그것이 나올 것 같으면 우리들이 도망질 해서든지 압록강을 건너서 만주를 거쳐 상해로 가서는 배를 타고서 가보겠다고 그러던 것인데⋯⋯

▶ 신흥우. 배재학당에서 5년간 신학문을 배운 후 학생운동으로 체포되어 3년 동안 복역했다. 1903년에 미국에 유학하여 1911년 남가주대학University of Southern California에서 석사학위를 받고 귀국하여 한국인으로서는 최초로 배재학당의 당장堂長이 되었다. YMCA 총무로 크게 활약했고, 감리교 평신도 대표로 1912년에 북경 대회에 참가하고 1916년에는 하란사와 함께 미국 새러토가스프링스Saratoga Springs에서 열린 감리교세계대회에 참가했다. 이 책에 실린 증언은 1958년 말에 기독교 방송에서 자신의 생애에 대해서 녹음 방송한 내용 중에 일부다(사진은 《人間 申興雨》, 전택부, 대한기독교서회).

이상의 증언을 보면, 드러나는 사실이 있다. 신흥우와 하란사가 파리강화회의에 고종의 밀사로 가되, 예전의 밀사들이 실패한 것을 교훈 삼아서 그냥 빈손으로 가는 것이 아니라 조미조약의 원문을 찾아서 갖고 가기로 했다는 것이다. 그 조약의 원문을 찾으면 그걸 갖고 압록강을 건너고 만주를 거쳐서 상해로 가 거기서 배를 타고 파리로 가려고 미리 노선까지 정해 놓았음을 알 수 있다. 당시 유럽을 가려면 일본으로 가서 배를 타고 태평양을 건너는 것이 일반적인 항로였는데, 그들은 밀사로 가기 때문에 일본인들에게 잡히지 않으려고 노선을 반대로 잡았던 것이다.

그런 계획을 세워놓고 덕수궁에서 '조약의 원문'을 찾아서 내보내 주면 곧 파리로 떠나려고 기다리고 있던 중에 그들은 갑자기 고종이 별세했다는 소식을 알게 되었다. 그때의 상황에 대한 신흥우의 증언은 다음과 같다.

어느 날 오후에 이화학당 서양 교수들의 식당에서 그 교장하고 나하고 차를 마시는데 누구가 문을 두들겨서 들어오라고 그랬더니 하란사씨가 문을 여는데 얼굴이 그냥 새파랗단 말이에요. 침이 말라서 말을 못하다가 하는 말이 '태황제께서 돌아가셨습니다' 그래요. 그 말을 듣고 참 기가 막혔습니다. 그토록 여러 날을 두고 고대하고 희망하고 궁금해서 사람을 보내서 알아보고 하던 것이 그렇게 되니까 문득 마음속에 '아마 고종께서 그것을 내어 보내려고 하는 그때에 (의친왕이 가지고 나오기로 했었습니다) 아마 일본 사람에게 발견되어서 해를 당했나 보다' 하는 것이 우리 마음속에 들어갔던 것입니다. 그래서 의심을 많이 했습니다. ……파리로 가지고 간다던 그 조약문은 지금까지도 어디 있는지 알 수 없습니다. 그걸로 해서 일본 사람이 우리나라 사람들을 잡아다가 가두고 문초하고 해서 고생한 사람이 많았습니다. 허나 아직까지도 그게 불분명합니다. 지금 와서는 해방이 되고 이렇게 되니까 형편이 좀 달라졌다고 하겠지마는 지금까지도 그것이 궁금하다 하겠습니다.

당시 그들은 '밀사 파견'에 관련된 일이 발각되어 고종황제가 해를 입어 사망했다고 생각했기 때문에 당연히 자신들의 신변 안전에 대해서 거대한 공포를 느꼈다. 고종의 갑작스러운 승하 소식을 먼저 들은 하란사가 그 사실을 알리러 왔을 때 '새파랗게' 질린 얼굴로 '침이 말라서 말을 못할' 상태였다는 것은 그 공포가 얼마나 컸던 것인가를 방증한다. 그들 두 사람은 각자 황급하게 대책을 세웠다.

하란사는 이화학당의 교사 일을 포기하고 급히 중국 북경으로 망명했다. 그러나 망명한 지 얼마 되지 않은 1919년 4월 20일에 북경에서 사망했다. 그래서 오늘날까지도 '독살설'이 강력하게 제기되고 있다. 당시 일본 밀정이었던 배정자가 북경까지 그녀를 따라가서 독살했다는 이야기가 현재 널리 퍼져 있고, 대부분의 하란사 관계 서적들에 그렇게 쓰여 있다. 그 외에 북경에 있는 교포들이 베푼 환영만찬회에 초대되어 갔다가 거기서 먹은 음식이 잘못되어 죽었다는 설도 있다.

그러나 '독살설'은 신뢰하기가 매우 힘든 것임을 보여주는 아주 명확한 증

➤ **하란사.** 신흥우와 하란사가 지닌 최대의 장점은 영어로 자유로운 의사소통이 가능하다는 점이었다. 게다가 그들은 현재 기독교계에서 크게 활약하고 있는 기독교인으로서, 그간 기독교 관계의 국제대회에 참석한 경험들이 있었다.

거가 있다. 하란사가 별세한 뒤 이듬해인 1920년 1월 17일에 대한민국 임시정부가 있던 중국 상해에서 도산 안창호를 비롯한 임시정부 요인들이 참석한 추모회가 열렸다. 그날의 추모 대상은 김경희(32세, 숭의여학교 출신의 독립운동가), 이인순(27세, 임시정부 국무총리 이동휘의 장녀인 독립운동가), 하란사(45세, 교육가인 독립운동가) 3명의 여성이었다. 이때 추모회 석상에서 상해 애국부인회 회장 이화숙이 하란사의 약력을 보고했다. 그 전말이 상해 《독립신문》 1920년 1월 22일치에 보도되었는데, 기사 중에 다음과 같은 내용이 있다.

……4년 전에 감리회 평신도 대표로 미국 총회에 참석하여 한국 교회와 신도에 관한 상황을 상세하게 보고하여 많은 좋은 영향이 있었고, 폐회한 후 일 년간 미국에 머무르며 신학을 연구한 후 귀국하여 이화학당에서 다시 교편을 잡았더니 작년 봄에 의친왕의 은밀한 부탁을 받고 파리강화회의에 출석하려고 북경에 와서 여행을 준비하던 중 불행히 유행성감모流行性感冒에 걸려서 동년 4월 10일에 북경에서 45세의 장령壯齡으로 별세했다.

하란사가 별세한 지 불과 9개월이 된 시점에서, 그것도 당시 독립운동의 본산이었던 상해에서 열린 추모회에 참석한 임정 요인들 앞에서 공식적으로 보고된 '하란사의 약력'에서 하란사의 죽음의 원인이라고 지적된 것은 다름 아닌 '유행성 감모(유행성 독감)'였다. 후대에 튀어나와서 널리 믿어지고 있는 '독살설'이 얼마나 허황한 것인지를 알 수 있다.

신흥우는 하란사와 다른 길을 걸었다. 그는 국외로 망명하는 대신에 국내에 남아 있으면서 일본인들에게 자신들의 일이 발각되었는지 아닌지를 알아보려고 했던 것 같다. 그는 고종의 별세 이후 이내 배재학당 일을 내팽개치고 평양으로 가서 기독교 선교사가 세운 병원인 기홀병원記笏病院에 입원했다. 그는 "치질과 이질이 심한데 다른 병원에서는 치료해도 도무지 낫지 않는다"는 핑계를 앞에 내세우고 계속 입원해 있었다. 그런 중에 삼일운동이 일어나서 온나라 안이 온통 뒤집어지다시피 했다. 그런데도 그는 삼일운동과 일체 관련을 갖지 않고 계속 입원한 상태로 버티었다. 그것은 일반인들이 보기에 독립운동가들을 많이 배출해 민족의식의 본산과도 같았던 배재학당의 최고 책임자의 처신으로서는 매우 납득하기 어려운 것이었다. 그래서 당시 그에게 매우 거센 비난이 쏟아졌다.

그런 상태로 지내고 있던 1919년 3월 상순에, 신흥우는 감리교 선교사로부터 "5월에 미국에서 '감리교 백주년 기념대회'가 열리는데, 한국의 평신도 대표로 거기 다녀오시지요!"라는 권유를 받았다. 그는 즉시 응낙하고 3월 20일에 출국하여 미국으로 건너가서 대회에 참가했고, 그해 11월까지 머물러 있다가 귀국했다. 미국으로 가기 전에 평양의 병원에 장기 입원하고 있을 때도 그랬지만, 귀국한 뒤에도 일본 측에서는 그에게 일체 별다른 연락이나 조치를 취하지 않았다. 그제야 신흥우는 자신이 '태황제의 밀사'로 선정되었던 일이 일본 정보기관에는 전혀 알려지지 않았다고 판단하여 안심하고 정상적인 일상생활로 돌아갔다.

태황제의 밀사……

파리강화회의에 밀사를 파견하여 윌슨의 '민족자결주의'에 의지하여 잃은 나라를 되찾겠다는 태황제의 간절한 소망은 결국 태황제 자신을 죽였다. 그리고 밀사로 선정되었던 하란사를 죽였다. 생각해 보면 참으로 처연한 죽음들이었다. 역사는 그런 아픔들을 뒤에 남긴 채 흐르는 강물처럼 앞으로 앞으로 흘러갔다.

참고문헌

《고종실록》,《순종실록》,《순종실록부록》.
《璿源寶鑑》,《官報》,《日省錄》,《承政院日記》,《各司謄錄》.
《十八史略》,《春秋左傳》.
《연행록 선집》 IV,〈燕行日記〉.
《연행록 선집》 IX,〈赴燕日記〉.
《연행록 선집》 X,〈燕轅直指 卷之一 出彊錄〉.
《駐韓日本公使館記錄》.

《獨立新聞》,《皇城新聞》,《大韓每日申報》,《신한민보》,《공립신보》,《每日新報》,
《경향신문》,《동아일보》,《조선일보》.
잡지《서우》제3호.

權藤四郎介,《李王宮秘史》, 朝撫新聞社, 大正十五年(1926).
小田部雄次,《梨本宮 伊都子妃の 日記》, 小學館, 1992.
李王垠傳記刊行會,《英親王 李垠傳》, 共榮書房, 1978.
梨本宮 伊都子,《三代の 天皇と 私》, 講談社, 1975.
日本 宮內廳,《明治天皇紀》, 吉川弘文館, 1968.

姜東鎭,《日帝의 韓國侵略政策史》, 한길사, 1980.

_____,《日本言論界와 朝鮮》, 지식산업사, 1987.

宮崎市定,《中國史》, 역민사, 1983.

김구,《백범일지》, 서문당, 1980.

金命吉,《樂善齋 周邊》, 중앙일보 동양방송, 1977.

金用淑,《朝鮮朝 宮中風俗 硏究》, 일지사, 1987.

김을한,《人間 李垠》, 한국일보사, 1971.

김정동,《일본을 걷는다》, 한양출판, 1997.

까를로 로제티,《꼬레아 꼬레아니》, 숲과나무, 1996.

도널드 킨, 김유동 옮김,《명치천황》, 상·하권, 다락원, 2002.

레너드 모즐리, 팽원순 옮김,《일본천황 히로히토》, 깊은샘, 1994.

릴리어스 호톤 언더우드, 김철 옮김,《상투잽이와 함께 보낸 십오년 세월》, 뿌리깊은나무, 1984.

민갑완,《백년한》, 문선각, 1962.

민두기,《日本의 歷史》, 지식산업사, 1989.

本田節子, 서석연 옮김,《비련의 황태자비 李方子》, 범우사, 1989.

버튼 홈즈, 전종숙 옮김,《전차표 사셨어요?》, 미완, 1987.

비숍, 신복룡 역주,《조선과 그 이웃 나라들》, 집문당, 1999.

숙명대학교사 편찬위원회,《숙명대학교사》, 1968.

샌즈, 김훈 옮김,《조선의 마지막 날》, 미완, 1986.

小早川秀雄,《閔后弑害事件의 眞相》, 민우사, 1946.

스즈키 마사유키,《근대 일본의 천황제》, 이산, 1998.

S. 시그레이브·P. 시그레이브 공저, 강만진 옮김,《일본인도 모르는 천황의 얼굴》, 신영미디어, 2000.

안중근 의사 숭모회,《안중근 의사 자서전》, 1986.

안천,《황실은 살아 있다》상·하권, 도서출판 인간사랑, 1994.

尹炳奭,《李相卨傳》, 一潮閣, 1984.

윤치호, 김상태 편역,《윤치호일기》, 역사비평사, 2001.

이광수, 《나의 고백》, 《이광수 전집》 7권, 삼중당, 1971.
이경석, 《壬辰戰亂史》, 임진전란사 간행위원회, 1974.
이기동, 《비극의 군인들—일본 육사 출신의 역사—》, 일조각, 1982.
이방자, 《비운의 왕비》, 신태양사, 단기 4293.
＿＿＿, 《세월이여 왕조여》, 정음사, 1985.
＿＿＿, 《지나온 歲月》, 여원사, 1967.
＿＿＿, 《지나온 歲月》(비매품), 남영문화사, 1980.
＿＿＿, 《바람부는 대로 물결치는 대로》, 한진출판사, 1980.
이해경, 《나의 아버지 義親王》, 도서출판 眞, 1997.
좌목융삼佐木隆三, 《이등박문伊藤博文과 안중근安重根》, 문예춘추, 1992.
전택부, 《人間 申興雨》, 대한기독교서회, 1971.
정교, 《대한계년사》, 국사편찬위원회, 1957.
정진석, 《한국언론사》, 나남출판, 1995.
中村菊男, 강창일 옮김, 《이등박문》, 중심, 2000.
진단학회, 《한국사(현대편)》, 을유문화사, 1981.
진명여자중·고등학교, 《진명75년사進明七十五年史》, 1980.
친일문제연구회, 《조선총독 10인》, 가람기획, 1996.
韓相一, 《일본제국주의의 한 연구》, 까치, 1985.
헐버트, 신복룡 옮김, 《대한제국사 서설》, 탐구당, 1973.
혼마 야스코, 이훈 옮김, 《대한제국 마지막 황녀 덕혜옹주》, 역사공간, 2008.
황현黃玹, 《매천야록》, 문학과지성사, 2005.
후지무라 미치오, 허남린 옮김, 《청일전쟁》, 소화, 1997.